国家出版基金项目
NATIONAL PUBLICATION FOUNDATION

高校主题出版
GAOXIAO ZHUTI CHUBAN

"一带一路"系列丛书

"一带一路"国别概览

叙利亚

李向阳　总主编
李绍先　主　编

胡耀辉　编著　　　周秀华　审定

大连海事大学出版社

图书在版编目(CIP)数据

叙利亚 / 胡耀辉编著. — 大连：大连海事大学出版社, 2019.12

（"一带一路"国别概览 / 李向阳总主编）

国家出版基金项目

ISBN 978-7-5632-3907-8

Ⅰ.①叙… Ⅱ.①胡… Ⅲ.①叙利亚－概况 Ⅳ.①K937.6

中国版本图书馆CIP数据核字(2019)第295806号

大连海事大学出版社出版

地址：大连市凌海路1号　邮编：116026　电话：0411-84728394　传真：0411-84727996

http://press.dlmu.edu.cn　E-mail:dmupress@dlmu.edu.cn

大连海大印刷有限公司印装　　　　　　　　　　大连海事大学出版社发行

2019年12月第1版　　　　　　　　　　　　　　2019年12月第1次印刷

幅面尺寸：155 mm × 235 mm　　　　　　　　　　印数：1~3000册

印张：14　　　　　　　　　　　　　　　　　　字数：212千

出 版 人：余锡荣　　　　　　　　　　　　　　项目策划：徐华东

责任编辑：于孝锋　　　　　　　　　　　　　　责任校对：陈青丽

装帧设计：孟　冀　解瑶瑶　张爱妮

ISBN 978-7-5632-3907-8　　　　　　　　　　　　定价：70.00元

"一带一路"国别概览

丛书编委会

总序

　　2013年秋，国家主席习近平在哈萨克斯坦和印度尼西亚出访期间，先后提出共建"丝绸之路经济带"和"21世纪海上丝绸之路"的倡议，倡导共商、共建、共享理念，得到国际社会广泛关注和积极响应。"一带一路"倡议旨在积极发展与沿线国家的经济合作伙伴关系，共同打造政治互信、经济融合、文化包容的利益共同体、命运共同体和责任共同体。

　　"一带一路"倡议源自中国，更属于世界，它面向全球、陆海兼具、目的明确、路径清晰、参与方众、反响热烈。五年间，"一带一路"倡议从理念转化为行动，从愿景转变为现实，在顶层设计、政策沟通、设施联通、贸易畅通、资金融通、民心相通等方面都取得了显著的成果，为实现世界共同发展繁荣注入推动力量、增添不竭动力。目前，我国已与100多个国家和国际组织签署了共建"一带一路"合作文件。共建"一带一路"倡议及其核心理念被纳入联合国、二十国集团、亚太经合组织、上合组织等重要国际组织成果文件。

　　"一带一路"沿线国家地理地貌、风俗人情、经济发展、投资环境各不相同，极有必要对其进行系统的介绍和分析。此外，目前针对"一带一路"沿线国家的研究仍不够深入，缺少系统、整体的研究资料。大连海事大学出版社组织策划的"'一带一路'国别概览"丛书（首批65卷）适逢"一带一路"倡议提出五年后下一个阶段深入推进的需要之时，也填补了国内系统地介绍"一带一路"沿线国家国情的学术专著的空白，获得了国家出版基金项目资助，并入选教育部全国高校出版社主题出版选题。

　　"'一带一路'国别概览"丛书（首批65卷）联合中国社会科学院、北京大学、山东大学、宁夏大学、广西民族大学、上海对外经贸大学、黑龙江大学等多家高校及研究机构编写，并组织驻"一带一路"沿线65个国家的前大使对相关书稿进行审定。本套丛书不仅涵盖了各国地理、简史、政治、军事、文化、社会、外交、经济等方面的内容，突出了各国与丝绸之路或海上丝绸之路的历史渊源，力争为读者提供全景式的国情介绍，还从"一带一路"政策出发，引用实际案例详细阐述了中国与各国贸易情况及各国的投资环境，旨在为"一带一路"的推进提供强大的智力支持，加快科技成果转化，促进合作人才培养，帮助我国"走出去"的企业有效地防控风险，从而全方位地助推"一带一路"建设。

"'一带一路'国别概览"丛书（首批65卷）的顺利出版得益于大连海事大学出版社的精心策划和组织，也凝聚着百余位相关领域专家学者的心血，在此深表感谢。

国家主席习近平曾深情地说："'一带一路'建设承载着我们对美好生活的向往，将把每个国家、每个百姓的梦想凝结为共同愿望，让理想变为现实，让人民幸福安康。"我们也希望本套丛书可以为"一带一路"建设架起一座沟通的桥梁，推动"一带一路"倡议在沿线国家向更深远和平稳的方向发展。

"'一带一路'国别概览"丛书编委会
2018年6月

前言

　　现代叙利亚共和国,缘于历史上的大叙利亚地区,亦称黎凡特,是中东地区的"十字路口",具有非常重要的地缘战略地位。叙利亚是一个有着悠久历史和文明的国度,历经罗马帝国、阿拉伯帝国和奥斯曼帝国等大国统治。第一次世界大战后由法国委任统治,1944年独立。独立后,叙利亚政治和社会一度处于动荡之中。进入20世纪70年代,叙利亚步入以阿萨德为首的复兴党泛阿拉伯民族主义时期,曾拥有强大的军队和政治体系,并一度成为反以、反美的激进阿拉伯国家的代表。21世纪后,叙利亚与美国交恶,导致以美国为首的西方对叙利亚进行经济制裁和政治打压,并迫使叙利亚于2005年从黎巴嫩撤军。"阿拉伯之春"爆发后蔓延至叙利亚,导致了2011年以来的叙利亚危机和内战。西方国家的干预和怂恿,以及海湾阿拉伯国家支持反对派发动内战,要求巴沙尔政权下台,致使叙利亚国家面临崩溃。俄罗斯支持巴沙尔政权,中国也积极参与叙利亚的政治和谈进程。虽然当前叙利亚国家的生存与发展仍然面临着国内政治和解与经济重建,以及国外力量干涉的威胁,但叙利亚统一与和解的前景越来越光明。

　　叙利亚是阿拉伯世界乃至整个中东最重要的国家之一,素有"地理上最大的小国""东西方文明的摇篮""阿拉伯民族跳动的心脏"等美称。叙利亚地区有长达4000年的文明发展和交往历史,古老的亚伯拉罕系三大一神教,现代的阿拉伯民族主义思潮皆发轫于此。其首都大马士革作为自古以来西亚地区重要的政治、经济和文化中心,一直是古老丝路贸易的关键节点。今天叙利亚的政治地位依然举足轻重,其在泛阿拉伯主义实践、"大叙利亚地区"诸国关系以及中东和平等问题上长期扮演着关键角色。可以说,叙利亚是中东战略链条的核心环节,有着"牵一发而动全身"的特殊地位。同时,作为中东地区的典型国家,中东地区的一系列固有问题,如种族、教派、部落、极端主义、民族国家建构等都在叙利亚有集中体现。因此,有西方学者认为"了解叙利亚就意味着了解半个中东"。

2011年叙利亚危机爆发以来,叙利亚国内问题、矛盾激荡,愈演愈烈并且呈现出大规模外溢的状态,牵动着整个中东地区甚至全球治理的神经,叙利亚问题已成为国际社会必须直面的重要问题。

叙利亚是联结中国与中东的重要十字路口,处于丝绸之路经济带的枢纽位置,可以在"一带一路"建设中发挥积极作用,在经贸、工业和金融等领域与中国开展合作。当前,叙利亚政府和人民也非常欢迎中国的"一带一路"倡议。了解叙利亚的国情、历史、政治、经济、外交及其与中国的关系,对"一带一路"建设具有极其重要的意义。

基于以上几点,本书将从纵向问题分析与横向要素概述两个角度入手,全面描绘和还原叙利亚国情的基本面貌,并梳理出"一带一路"倡议与叙利亚的内在联系、对接点和交互建设性意义。

本书的编写以历史分析法为基础,力求较为系统、全面和科学地展开对叙利亚国家概貌的阐述与解读。本书上篇的主要内容包括地理、历史、政治、军事、文化、社会、外交、经济和对外经济关系;下篇的主要内容包括叙利亚在"一带一路"建设中的作用、中国和叙利亚经贸合作的发展、中国和叙利亚投资与基础设施建设合作,以及"一带一路"建设与中叙人文交流的现状与展望。

本书由西安航空学院马克思主义学院讲师、西北大学叙利亚研究中心特约副研究员胡耀辉编著。本书是陕西省社会科学基金项目"黎巴嫩在'一带一路'建设中的角色与前景研究"(项目编号:2019H004)的阶段性研究成果。本书得到西北大学叙利亚研究中心主任王新刚教授的鼎力支持,特致谢意!曾担任中国驻叙利亚大使的周秀华女士认真审阅了全稿,并提出了宝贵的修改意见,在此表示诚挚的谢意!本书得以顺利出版,大连海事大学出版社于孝锋编辑付出了巨大的心血,一并鸣谢!

由于水平和资料等所限,本书难免会有疏漏和不当之处,还请相关专家学者和广大读者批评指正。

编　者
2019年10月

目录

上
篇

第一章　地理

阿拉伯叙利亚共和国，简称叙利亚，国土面积约为 18.518 万平方千米。

第一节　地理位置

叙利亚位于亚洲大陆西部、阿拉伯半岛北部和地中海东岸，介于北纬 32°43′～37°20′ 和东经 35°43′～42°25′ 之间。叙利亚北邻土耳其（国境线长 845 千米），东接伊拉克（国境线长 596 千米），南连约旦（国境线长 356 千米），西南与黎巴嫩（国境线长 359 千米）、以色列和巴勒斯坦接壤。它的西面与塞浦路斯隔海相望，濒临地中海，有 196 千米长的海岸线。

第二节　气候

叙利亚的气候因地形差异而变化，从湿润的地中海海岸，经过半干旱的草原地带，到东部干旱的沙漠。叙利亚总体降水稀少，且分布严重不均。从气候上看，叙利亚沿海地区与西部山区地带受地中海影响，属于地中海海洋性气候，而内陆地区靠近阿拉伯大沙漠和叙利亚沙漠，属于热带沙漠气候。南部地区属于热带沙漠气候。

叙利亚沿海平原和西部山区地带冬季温暖湿润，夏季炎热干燥。沿海地区夏季天气炎热，日平均最高气温可达 29 ℃，而温暖的冬季日平均最低气温为10 ℃。

叙利亚内陆地区属于干燥的大陆性气候，冬季寒冷，夏季炎热，气温日差较大。以叙利亚内陆地区最大的两座城市大马士革和阿勒颇为例，夏季日平均气温为33～37 ℃，冬季日平均气温为1～4 ℃，而在沙漠地区，夏季日平均气温为37～40 ℃，最高可达46 ℃。内陆地区冬季常有降雪和霜冻天气。

叙利亚冬季是雨季，夏季是旱季，一半以上的国土面积年降水量不足250毫米。沿海地区及西北山区受地中海气候影响，降水相当丰富，年均降水量达762～1 016毫米。11月—次年5月，地中海海风带来了大部分的降雨。雅斯艾尔山脉以西受地中海降水影响较大；山脉以东，气候相对干旱、温暖。此外，湿润的地中海沿岸和干旱的沙漠地区之间横贯着半干旱草原地带并延伸到全国各地，其中热的、干旱的风吹过沙漠。沙漠地区冬季降水量不足100毫米。

第三节　地势地貌

叙利亚在地形上多为西北向东南倾斜的高原，具体可分为四个地形带：

西部地中海沿岸平原。地中海沿岸平原地带从北部的叙土边境延伸至南部的叙黎边境，长约180千米，呈北宽南窄分布，北部最宽处19千米。这一地带拥有丰富的地下水资源，适合在全年进行农业生产。位于这一地带的拉塔基亚平原、杰卜莱-巴尼亚斯平原、塔尔图斯-哈米迪耶平原均为叙利亚重要的农业生产基地及叙利亚人口最为稠密的地区。

中部山区。中部山区地带包括从北到南绵延于地中海海岸的山地和高原。该地带西部地区是由一系列崎岖山脉组成的阿拉维山脉，它从北部的土耳其边境一直蜿蜒至西南部的黎巴嫩边境；与黎巴嫩交界的是东黎巴嫩山。谢赫峰海拔2 814米，为全国最高峰。在到达黎巴嫩边境和东黎巴嫩山脉前，存在一个走廊，称为霍姆斯缺口。通过这里，从霍姆斯到黎巴嫩的黎波里港开通了高速公路和铁路。几个世纪以来，霍姆斯缺口一直是外敌从沿海到叙利亚内陆和其他亚洲地区最青睐的入侵路线之一。山区内有一条重要河流阿西河，也称奥龙特斯河。中部地区由于多山，人口密度较低。

内陆平原。内陆平原地带位于中部山区以东，包括大马士革、霍姆斯、哈马、阿勒颇、哈塞克、德拉等大中型城市，其中阿勒颇高原约占全国土地面积的1/6。叙利亚中部的大部分地区是平原。最南端邻接约旦的地方是德鲁兹山，这里曾经火山活动频繁，因而成为世界最大的玄武岩地带，面积达33 700平方千米。从霍姆斯向东到代尔祖尔横贯着泰德穆尔山脉。东北部是杰济拉高原（包括幼发拉底河谷），其制高点是阿齐兹山。内陆平原地带是叙利亚的棉花产区，具有重要的经济意义。此外，霍姆斯、哈马、大马士革地区的山地中还交错存在一些低地。

东南部沙漠地带。东南部沙漠地带位于与伊拉克和约旦交界的地区，面积为424.4万公顷，占全国土地面积的23%。从阿拉伯山半岛延伸到幼发拉底河东北部的贫瘠沙漠地区称为哈马德沙漠。贾巴尔·瑞瓦克的北部和霍姆斯市的东部是另一个贫瘠的地区，称为霍姆斯沙漠。叙利亚沙漠地带的主要组成部分是沙砾和岩石，这里气候干燥，土地贫瘠，人烟稀少。只有沙漠北部边缘地带的一些绿洲上生活着一些阿拉伯游牧民族。

叙利亚国土主要分为平原、山地、沙漠三种类型，且沿海地区与内陆地区气候差别较大，因此在历史长河中叙利亚逐渐以这三种自然地理类型为基础，分别形成了城市工商业、农村种植业及游牧业三种社会经济形态。此外，叙利亚的多山、多沙漠的地理状况还导致以上三种经济形态在地理区域上相对隔绝，经济上联系较少，彼此之间依赖性与互补性不强，因而导致各地区具有较强的独立性以及区域认同性。

除东南部沙漠地区外，叙利亚自然环境良好，特别是与西亚其他国家相比，它的气候及地理条件相对优越，自古以来就被称为"肥沃的新月地带"。

第四节   水文

由于湿润空气无法翻越叙利亚西部高山，叙利亚内陆地区越往东降水量越少，阿勒颇年降水量为360毫米，大马士革为230毫米，沙漠地区则不到100毫米。而降水是叙利亚最重要的补给水源，约占国家全部水源的55%（河流和山泉占40%，井水占5%），对叙利亚国民经济和人民生活发展具有重要意义。据统计，2016年叙利亚总可再生水资源为46.1立方千米。

与此同时，叙利亚国内河流分布较少，境内河流主要有属于海湾水系的幼发拉底河、属于地中海水系的阿西河。阿西河流域有山泉、雨水、雪水的补给，水量相当充沛，历史上其沿岸地区一直是叙利亚重要的农业地区，叙利亚最古老的两座城市霍姆斯和哈马都在其流域范围内。

幼发拉底河是叙利亚最大的河流，发源于土耳其境内，然后从叙利亚的北部边境流入叙利亚境内，再自北向东南穿过叙利亚国土进入伊拉克境内，在下游和底格里斯河汇合后称阿拉伯河，最后注入波斯湾。幼发拉底河全长2 750千米，流经叙境内的部分长600千米。

内陆河巴拉达河是叙利亚境内最大的内陆河，发源于大马士革附近的山地，全长约81千米。流经地区由于有丰富的山泉作为补给，水量比较充沛，从而为大马士革及其附近的古塔绿洲提供了足够的水源，成为大马士革居民的重要饮用水源和古塔绿洲的农业生产用水。雅尔穆克河是约旦河的支流，同样也是叙利亚和约旦的界河。它长约45千米，是叙利亚南部地区重要的灌溉水源。

叙利亚最大的湖泊为阿萨德湖（即幼发拉底河水坝水库），面积为674平方千米。此外，在罗马统治时期，阿西河上修建了一个人工水坝水库，即霍姆斯湖。霍姆斯湖位于霍姆斯西南12千米处，也是叙利亚较大的淡水湖之一。

第五节　　自然资源

　　肥沃的土地是叙利亚最重要的自然资源，叙利亚政府采取增加灌溉农田等方式增加耕地数量。约28%的土地是可耕种地，4%的土地适宜作物生长，46%的土地为草地和牧场，3%的土地是森林林地。幼发拉底河和阿西河流域的叙利亚西北部地区，可耕地面积占国土面积的25%。靠近南部约旦边境的哈兰地区是另一个富饶的可耕地区域。叙利亚全国各地的灌溉土地分布不均，大部分集中在幼发拉底河沿岸、沿海地区和中部地区。2003年，叙利亚灌溉土地为13.56平方千米。叙利亚的森林覆盖面积约占国土面积的3%，有限的林业活动集中在高海拔的山区。

　　叙利亚动植物资源较为稀少，有的物种已经濒临灭绝。植物资源包括红豆杉、冷杉、橄榄树、漆树、开心果树、月桂和用于养蚕的桑树。由于森林砍伐严重，木材不再是一种重要的自然资源。生活在叙利亚的哺乳动物主要有：狼、狐狸、獾、野猪、骆驼、野山羊、鹿、熊、松鼠、瞪羚和跳鼠等。叙利亚是候鸟迁徙的必经之路，但由于自然栖息地的破坏、人类活动的增多、城市的发展和农业的扩张，许多鸟类濒临灭绝。为保护叙利亚境内生物多样性，叙利亚环境部在全国建立了24个生物保护区，总面积达222 591公顷。其中最著名的三大自然生物保护区是：位于叙利亚中西部哈马省的艾布·卡巴斯保护区，西北沿海地区拉塔基亚省的法伦鲁克保护区，东北部哈塞克省贾拜勒山的艾布·阿兹保护区。

　　此外，叙利亚还有一些重要的矿产资源，如石油、天然气、磷酸盐、铬和锰矿石、岩盐、沥青、铁矿石、大理石、石膏等。叙利亚已探明石油储量为25亿桶，石油及其产品基本自给，并部分出口；天然气储量为6 500亿立方米；磷酸盐储量为6.5亿吨；岩盐储量为5 500万吨。

　　在叙利亚，磷酸盐是可利用的主要矿物。叙利亚生产全球磷矿总产出的1.9%左右，在2009年是世界排名第九的磷矿生产国。

第六节　　生态环境现状

    叙利亚的生态环境堪忧，沙尘暴、地震等自然灾害时有发生，工业化和城市化发展也给环境带来了诸多问题。叙利亚主要的环境问题有：乱砍滥伐、过度放牧、水土流失、荒漠化、水污染以及饮用水供应不足等。此外，人口增长、工业规模扩大、水污染加剧了叙利亚的水资源短缺，这不利于其经济的可持续发展。

❁ 一、水资源短缺

    叙利亚的水资源短缺。2006—2011年，连续的干旱导致了叙利亚最大的人道主义危机。干旱的气候严重影响了叙利亚农业的发展，导致其农业大面积减产，牲畜大量死亡。此外，叙利亚政府的农业发展政策缺乏变化。哈菲兹·阿萨德执政时期，为改善农业生产，制定了重新分配土地和增加灌溉项目的政策，再加上大量使用农药和化肥，农业用水量逐年增加，水资源管理不善，这些都成为叙利亚水资源短缺的原因。多雨的年份，叙利亚农业生产较好，如2003年，冬季降雨充沛，农业产值占当年国内生产总值的25%。2007年和2008年，由于经历了有史以来最干旱的冬季，叙利亚几乎未能产出小麦，畜牧产品产量下降，小麦和大米价格大幅上涨。2010年，干旱进一步破坏了叙利亚的农业生产，人们开始向城市迁移或去往邻近的阿拉伯国家。

    此外，叙利亚缺乏科学管理水资源的机制，导致水污染和水质恶化，进一步加剧了干旱。叙利亚农业用水量很大，有的地方使用未经处理的废水灌溉庄稼和牲畜，造成地下水和地表水的污染。人们饮用受污染的地下水后，会患上肾结石等疾病，对健康有很大影响。干旱造成大量的叙利亚农村人口迁移到城市，加重了城市的负担，如基础设施、就业等问题凸显，加剧了社会的不稳定，成为叙利亚危机产生的原因之一。

❀ 二、废物管理不善

内战前，叙利亚国内废物处理极其落后，环保部门缺乏科学管理，工业废物和医疗垃圾大量堆积。放射性废物、化学废物和传染性废物构成了叙利亚的医疗危险废物。叙利亚医疗中心缺乏处理医疗垃圾的能力，致使医疗垃圾堆积，严重影响医护工作者、病人的健康。此外，由于叙利亚市政和环保部门对固体废物管理不善，约80%的家庭固体废物在郊区露天垃圾场填埋。叙利亚政府对废物缺乏科学管理，致使其产生了有害气体，造成大马士革和阿勒颇空气污染严重。

❀ 三、矿业污染

磷酸盐岩石的放射性很强，磷酸盐工业严重破坏了环境。在磷酸盐开采中，需要运输磷肥，这些磷肥中含有铀，当这些铀在空气中蒸发时，会对环境造成破坏。叙利亚磷矿主要位于巴尔米拉附近，开采和运输过程中缺乏有效的管理。这些开采的废料污染了周边的环境，影响了叙利亚的环境和人民的生活。因为开采位置大都处于地中海附近，也对地中海地区造成了污染，产生了一系列污染物，如污水、城市固体废物、持久性有机污染物、重金属、有机卤素化合物、放射性物质和悬浮固体等。

❀ 四、内战使叙利亚环境进一步恶化

叙利亚内战的爆发，严重影响到国家的经济、社会和环境。战争期间使用的常规武器，如炮弹、枪弹、炸弹和导弹，是造成环境破坏的重要原因。内战中，毒性武器的使用也严重污染了环境，造成人们生活条件的恶化。

2015年，"伊斯兰国"控制了叙利亚的炼油厂后，点燃了炼油厂中的石油。当石油在空气中燃烧时，会释放有害物质，如二氧化硫、二氧化氮、一氧化碳、多环芳香烃、碳氢化合物和铅。这些有毒气物会严重破坏环境，对人的健康影响很大，会导致呼吸紊乱、肝病、肾病和癌症等。

五、政府的环保政策

当前，叙利亚环境部负责制定有关环境保护的法规与政策。环境部采取各种措施改善环境问题，如2002年颁布的第50号法律，旨在保护林业、农业、水资源和渔业。2012年，叙利亚环境部部长纳扎拉·法拉·萨基斯参加了联合国会议，制订了可持续发展计划，旨在防治叙利亚的荒漠化和保护生物多样性。然而，政府的工作重点在于改善经济，基本无暇顾及社会和环境方面，这对于叙利亚的可持续发展计划颇为不利。

第七节   行政区划

叙利亚是一个单一制国家，全国行政区域划分为13个省和1个自治市。1个自治市为大马士革市；13个省分别为：大马士革农村省、阿勒颇省、霍姆斯省、哈马省、拉塔基亚省、伊德利卜省、塔尔图斯省、拉卡省、代尔祖尔省、哈塞克省、德拉省、苏韦达省、库奈特拉省。

由共和国总统任命的省长是各省的最高行政长官，他有权根据国家政策领导省内的活动，监督该省所有机关的活动，执行政府的命令。省长负责行政、卫生、社会服务、教育、旅游、公共工程、运输、国内贸易、农业、工业、民防，并维持省内的法律和秩序。地方政府长官与每个省长密切合作，协调和监督地方发展计划。省议会协助省长管理省内事务，其成员均为民选，任期为四年。此外，每个委员会从其成员中选出一位组成高管局，负责管理省级议会的日常事务。

叙利亚各省进一步划分为60个市（Manatiq），市长称为Mudir el-Mantika；每个市设立若干县，县长称为Mudir el-Nahia；县辖一定数量的乡和村，乡长或村长称为Mokhtars。乡村是最小的行政单位，但是有些乡村直属于省，有些乡村直属于市，这些乡村被称为省直辖乡村或者市直辖乡村。省长任命的官员治理区县，这些官员管理与民选的区议会有关的地方事务，并担任中央政府和地方领导人，如村长、部落首领和长老之间的仲裁者。

　　叙利亚重要城市有大马士革、阿勒颇、霍姆斯、拉塔基亚、哈马、拉卡、代尔祖尔和德拉等。首都大马士革是叙利亚的政治、经济、文化中心，人口450万（含大马士革农村省）。阿勒颇是叙利亚第二大城市，位于叙利亚北部，也是主要的工商业城市。拉塔基亚和塔尔图斯是叙利亚最为重要的两个港口城市。

第二章 简史

第一节 上古简史

　　无论时代、疆域及其称谓如何变迁，今天的叙利亚依然是一个拥有5 000年历史的文明古国，是西亚地区除两河流域和古埃及之外，另一个人类文明的摇篮。在这里，最初的人类痕迹源自旧石器时代早期。早在公元前2000年前后，这里便出现了一些独立王国，如阿勒颇、卡特纳、卡克米希等。公元前1200年左右，阿拉米人迁徙至此。公元前8世纪，亚述帝国征服了叙利亚地区，将其变为亚述帝国的附属国。公元前612年，亚述帝国灭亡，新巴比伦王国成为叙利亚的新主人。公元前538年，波斯兴起，叙利亚又成为波斯人的领地。公元前4世纪，马其顿亚历山大一世东征，经伊索斯战役，大马士革被占领，叙利亚从此开始了希腊化进程。在希腊人统治叙利亚近300年之后，公元前64年，叙利亚沦为罗马帝国的属地，罗马人对叙利亚的统治持续了近600年。

一、石器时代的文化

　　古代叙利亚地区以今天的叙利亚、黎巴嫩、以色列、约旦、巴勒斯坦等国为主体，是一个地域广泛、历史悠久的古老文明发祥地。根据史前考古学研究，从旧石器时代早期开始，这里就存在原始人类的活动，并遗留下了丰富的原始文化遗址和遗物。

　　1.凯巴拉文化与纳吐夫文化

　　公元前1.5万年前后，古叙利亚地区（又称黎凡特地区）进入中石器时代，其下限大约为公元前8000年。古叙利亚地区中石器时代前期文化源于旧石器时代文化——黎凡特-奥瑞纳文化，并逐步演变发展为凯巴拉文化，之后又发展为纳吐夫文化。纳吐夫文化仍以狩猎、采集为主，但经济已向农业方向发展，其石制农具有镰刀、磨盘等，皆属收割和碾磨工具，可看作农业生产的最早起源。

2.古叙利亚新石器时代和铜石并用时代

在今天的叙利亚境内发现的最主要的新石器时代文化遗址是穆赖拜特遗址、阿布胡赖拉遗址和布格拉斯遗址，它们均分布在幼发拉底河沿岸。穆赖拜特遗址位于今天的叙利亚第二大城市阿勒颇东南约86千米的幼发拉底河东岸。在穆赖拜特发现有农耕及饲养家畜的迹象，但在整个新石器时代这里始终以狩猎和采集野生植物为主。阿布胡赖拉遗址是迄今所知叙利亚最大的新石器时代遗址。

铜石并用时代开始于公元前4000年—前2000年。这一阶段的文化遗存与遗物在今天叙利亚拉塔基亚附近的乌加里特，以及叙利亚西北部其他地区都有发现。

二、古代闪米特人的迁徙、交往与文明的传播

闪米特人是古代西亚地区说闪语族诸语言的人的泛称。闪语族主要包括阿卡得语、阿摩利语、腓尼基语、阿拉米语、希伯来语、阿拉伯语等。使用上述语言的民族分别又称阿卡得人、阿摩利人、腓尼基人、阿拉米人、希伯来人和阿拉伯人。在闪米特人历时两千余年的大迁徙过程中，先后进入和争夺叙利亚地区的民族还有喜克索斯人、胡里安人、埃及人、赫梯人、亚述人、迦勒底人和波斯人。古老的叙利亚地区成为各民族交往融合的大熔炉，形成了举世瞩目的古叙利亚文化，为世界文明的发展做出了贡献。

最早迁徙到叙利亚的闪米特人被苏美尔人称作阿摩利人。公元前2100—前1800年，阿摩利人在北起亚述南至拉尔萨之间建立了巴比伦等王朝国家。叙利亚北方近邻赫梯王国形成于公元前19世纪中叶，它的势力逐渐向南扩展，阿摩利人被迫向南迁移。腓尼基人是继阿摩利人之后进入叙利亚的闪米特人。腓尼基人生活的区域即用卡尼基地区泛指的古叙利亚的沿海地区，它北起苏克苏，南至阿科，东起黎巴嫩山，西至地中海，大约相当于今天的以色列沿海、黎巴嫩及叙利亚西

北沿海地区。他们与阿摩利人一样是古代埃及和美索不达米亚之间文明的传递人，特别是古希腊人不仅从腓尼基学会航海和经商，而且部分地继承了他们的文化和宗教。

公元前13世纪末，阿拉米人的迁徙基本结束。阿拉米人早期国家兴起于美索不达米亚与叙利亚之间的广大区域。在阿拉米人建立的诸多小王国中，最主要的国家是建都于祖巴赫、公元前11世纪后期又迁都大马士革的阿拉米-大马士革王国。公元前732年，大马士革被提格拉特帕拉沙尔三世率军攻陷。阿拉米-大马士革王国在亚述人的铁蹄下沦为废墟，国王被处死，阿拉米人在叙利亚地区的统治正式终结。

❀ 三、外族入侵与闪米特人时代的结束

亚述帝国对叙利亚的征服大约始于公元前1094年前后提格拉特帕拉沙尔一世执政时期。公元前734年，大马士革统治下的16个省及591座村镇陷入亚述人之手。公元前732年，在被围困近两年之后，大马士革被攻陷。

新巴比伦王国于公元前612年攻陷亚述帝国的首都尼尼微，灭亡了亚述帝国。公元前604年，尼布甲尼撒二世即位为新巴比伦王国国王，叙利亚地区立即归顺了新巴比伦王国。

波斯帝国建国后，居鲁士二世率军于公元前539年兵不血刃占领了坚固的巴比伦城，并轻而易举地征服了新巴比伦王国。包括叙利亚地区在内的新巴比伦王国臣服于波斯帝国，标志着闪米特人时代的终结。从此，叙利亚地区进入了波斯人、希腊人、罗马人等印欧语系人的统治时期。叙利亚、巴勒斯坦和腓尼基地区是波斯帝国西部的重要地区，这些地区在大流士的帝国行政区划改革中，与塞浦路斯一同被划为帝国的第五行省，史称阿巴尔·纳哈拉省。公元前334年，马其顿国王亚历山大一世灭亡了波斯帝国，结束了波斯帝国在叙利亚地区的统治。

❀ 四、希腊化与罗马时代

公元前333年，亚历山大一世派遣军队沿奥伦河而上，并占领大马士革。亚历山大一世的东征加速和强化了希腊世界的商业与文化对叙利亚的影响的过程。公元前323年，亚历山大一世病逝，他所建立

的帝国迅速解体。塞琉西王国因以叙利亚为统治中心，历史上又称叙利亚王国，中国史书称其为条支。公元前301年，塞琉西一世再次击败安提柯一世，巩固了他在叙利亚的统治。塞琉西王国的统治者们继续奉行亚历山大一世的希腊化政策。

公元前64年，古罗马前三头政治人物之一的庞培将军彻底征服已十分孱弱的塞琉西王国。地理上和传统上的叙利亚地区被纳入罗马人的统治之下，统称叙利亚省，其首府设于塞琉西王国的故都安条克。公元前40—公元前38年，帕提亚再度入侵叙利亚，除提尔等少数城市之外，帕提亚人几乎将罗马人赶出叙利亚全境。1世纪前后的奥古斯都统治时期，叙利亚地区完全纳入罗马帝国的统治之下。作为防范帕提亚帝国的边境省份，叙利亚自始至终由罗马帝国皇帝直接委任的全权总督治理。

第二节　中古简史

一、伊斯兰教兴起前的叙利亚

4世纪末，作为拜占庭帝国的一个省，叙利亚被划分成7个地区。拜占庭帝国对叙利亚的控制，在7世纪随着阿拉伯帝国的兴起及其对叙利亚的征服宣告结束。

拜占庭帝国时期，因基督教在其境内的传播，特别是在君士坦丁一世等皇帝的推动下，叙利亚成为基督教世界的一部分。这一时期是叙利亚历史上唯一一个基督教化的历史时期，教会成为重要的社会公共机构，教会的圣徒们成为社会中最令人敬重的人物。5世纪初，基督教聂斯脱利派兴起，并流行于叙利亚东部地区。其创始人聂斯脱利出生于西里西亚，428年升任君士坦丁堡主教。继聂斯脱利派之后，一性论派在叙利亚西部流行开来。一性论派也否认基督耶稣集"神性"与"人性"于一体的信条。一性论派宗教观念在5世纪末—6世纪初期被叙利亚北部多数地区所接受，同时在叙利亚南部赢得主导地位。

🔅 二、阿拉伯帝国统治时期

1.阿拉伯穆斯林对叙利亚的征服

7世纪初，穆罕默德创传了伊斯兰教，进而在伊斯兰教的旗帜下，号召阿拉伯半岛各个部落消除氏族部落间的分裂。第二任哈里发欧麦尔执政时，叙利亚被阿拉伯伊斯兰国家所征服。633年秋，阿拉伯伊斯兰国家的军队首先沿地中海东岸向叙利亚推进。635年秋，大马士革被围困6个月之久，城内文官、牧师们变节，全城被迫投降。636年8月20日，雅尔穆克战役之后，阿拉伯人收复大马士革、霍姆斯等战略要地，继而向北攻占阿勒颇、安条克，直抵陶鲁斯山脉。

2.伍麦叶王朝的建立、巩固

657年7月26日，以穆阿维叶为首的伍麦叶家族与阿拉维派在叙利亚北部幼发拉底河畔爆发激战。在阿拉维派同伍麦叶家族的斗争中分裂出来的哈瓦立吉派于661年1月24日刺杀了第四任哈里发阿里，正统哈里发时代结束。阿里死后，在内乱中占得优势的伍麦叶家族的穆阿维叶被叙利亚及埃及上层社会拥立为哈里发，成为伍麦叶王朝的缔造者。他以叙利亚大马士革为首都，建立了伍麦叶家族的世袭王朝——伍麦叶王朝。该王朝自661年建立到750年灭亡，经历了14任哈里发，存在了89年。伍麦叶王朝将叙利亚作为统治中心，并从这里再次掀起对外征服运动的高潮，最终建立横跨三大洲的庞大的阿拉伯穆斯林帝国。

3.阿拔斯王朝时期的独立王朝和外族入侵

750年1月，伍麦叶王朝最后一任哈里发麦尔旺二世率政府军在底格里斯河上游大扎卡河一带与阿拔斯王朝首任哈里发艾卜·阿拔斯的叔父阿卡·杜拉指挥的军队及其他起义军展开决战。8月，麦尔旺二世在卜绥尔城被杀身亡，伍麦叶王朝就此宣告结束。在阿拔斯王朝统治前期一个多世纪的全盛时代，叙利亚沦为阿拔斯王朝的地方行省。哈里发赖世德及其儿子麦蒙执政期间，在大马士革任命了一些精干的总督，他们赢得了叙利亚人的好感。

在麦蒙时代，叙利亚进入了相对和平的时期，直到哈里发瓦西格（842—847年在位）执政时期，叙利亚人一直都享有较为安定的生活。瓦西格的兄弟穆台瓦基勒（847—861年在位）执政时，叙利亚人平静的生活被打破。阿拔斯人近一个世纪的统治时期，是叙利亚迅速伊斯兰化和阿拉伯化的时期，在这一时期，叙利亚人与帝国其他地区的居民大部分改奉伊斯兰教。阿拉伯语在阿拔斯王朝时期逐步取代古叙利亚语，这是叙利亚阿拉伯化最重要的特征。

4.阿拔斯王朝中期统治叙利亚的独立王朝

阿拔斯王朝在8世纪中叶—9世纪中叶度过了它的全盛时期后，迅速走向衰落。叙利亚地区在阿拔斯王朝中期走向分裂，先后经历了图伦、伊赫什德、法蒂玛、塞尔柱等王朝的统治。图伦王朝是640年阿拉伯人进入埃及后第一个诞生于尼罗河流域并摆脱中央政府管辖的独立王朝，创立者名为艾哈迈德·伊本·图伦。880年，图伦自任埃及、叙利亚的统治者。

935年，穆罕默德·伊本·突格只被委任为埃及总督，并被封以古代波斯王侯的高贵称号"伊赫什德"，因此他建立的王朝被称为伊赫什德王朝。伊赫什德死后，太监艾卜勒·米斯克·卡夫尔专权。卡夫尔一度经哈里发御准任埃及、叙利亚和汉志总督。

909年，北非的阿格拉布王朝灭亡，仍在狱中的艾卜·欧贝杜拉被拥立为哈里发，尊号为"信士们的长官马赫迪"，并新建马赫迪城为国都。他自称为先知穆罕默德女儿法蒂玛的后代，因而该王朝史称法蒂玛王朝。法蒂玛王朝大将昭海尔于969年灭伊赫什德王朝，将埃及和叙利亚南部地区纳入法蒂玛王朝的控制之下。法蒂玛王朝鼎盛时期的哈里发阿齐兹于977年亲率大军进军叙利亚，将法蒂玛王朝的势力扩展至阿勒颇以南的广大地区，特别是在叙利亚沿海和黎巴嫩地区确立了法蒂玛王朝的统治。

1070年前后，法蒂玛王朝在叙利亚的统治遭遇到强劲对手塞尔柱人的进攻之后，开始走向终结。塞尔柱帝国的缔造者托格卢尔·伯克于1055年12月进入巴格达。他被哈里发封为"东西方之王"，并第一个获得了"苏丹"的称号。1063年，托格卢尔·伯克去世，他的继承人阿勒卜·阿尔斯兰向西方扩张，其势力扩展到叙利亚和小亚细亚地区。1092年，阿尔斯兰的继承人马立克沙去世后，塞尔柱帝国的黄金时代宣告结束，名义上控制着巴格达的塞尔柱帝国仍然是中央政府，但事实上塞尔柱帝国已经分裂。

5.十字军东侵与阿尤布王朝

1096年秋，以西欧封建主和骑士为主力的十字军开始了第一次东侵，其矛头直指叙利亚及其沿海地区。在先后占领尼西亚、爱德沙、安条克和耶路撒冷等地后，十字军依照西欧封建制度在地中海东岸的叙利亚及周围地区建立了拉丁化的耶路撒冷王国、安条克公国、的黎波里伯国和埃德萨伯国。

1127年，幼发拉底河上游摩苏尔地区的塞尔柱人埃米尔伊马杜丁·赞吉聚集起强大力量，建立赞吉王朝。1112年，伊马杜丁将阿勒颇并入赞吉王朝，随后又将哈马、霍姆斯、巴勒贝克纳入自己的统治。与此同时，伊马杜丁向十字军大举进攻，1144年收复爱德沙。至此，叙利亚内陆地区多数重要城镇落入赞吉王朝之手。由于埃德萨伯国失守，罗马教皇尤金三世应耶路撒冷国王请求，发动第二次十字军东侵（1147—1149）。在十字军的压迫下，各族穆斯林日趋团结，在伊马杜丁·赞吉及其长子赛西丁和次子努尔丁的奋力抵抗下，第二次十字军东侵在叙利亚遭到惨败。其间，努尔丁在与其兄赛西丁的争斗中占得上风。1154年，努尔丁从突格特勒家族手中夺取大马士革，成为叙利亚地区的统治者。

1169年，法蒂玛王朝哈里发艾迪德诛杀了维齐尔（宰相）、沙瓦尔，任命施勒科为宰相。3个月后施勒科亡故，撒拉丁继任。1171年，撒拉丁正式废黜法蒂玛王朝哈里发，建立阿尤布王朝，宣布拥护阿拔斯王朝的哈里发为"正统"，命令全国民众效忠哈里发。1174年，趁赞吉王朝统治者努尔丁逝世之际，撒拉丁宣布独立，自封为第一任"苏丹"。撒拉丁即位后，迅速平息阿萨辛派叛乱，继而挥师北上，攻占巴勒斯坦，统一叙利亚。1187年7月，他率军首先攻取塔巴利叶，接着在该城以西的哈廷大败十字军，俘虏耶路撒冷国王律西安及城防司令雷古纳德，并于同年10月攻陷耶路撒冷。

阿尤布王朝在十字军第七次东侵时于1250年灭亡于自己的突厥奴隶军团——马穆鲁克之手。阿尤布王朝从建立到灭亡历时79年，它与赞吉王朝前后相继在叙利亚英勇抵抗外来侵略，虽然其抵抗十字军的未竟事业最终由马穆鲁克王朝完成，但阿尤布王朝的历代君主自撒拉丁至图兰沙，几乎将全部精力投入到抵抗十字军的战争之中。时至今日，叙利亚与埃及的穆斯林们仍把撒拉丁称颂为反抗侵略的伟大英雄，常常引证他英勇斗争的事迹来激励本国人民，更是把高耸于埃及莫干丹山上的撒拉丁堡看作民族精神的象征。

6.马穆鲁克王朝

马穆鲁克王朝（1250—1517）是阿拉伯中世纪最后一个王朝，1250年由原阿尤布王朝突厥人奴隶军团——马穆鲁克禁卫军建立。1193年，撒拉丁去世后，阿尤布王朝陷入诸子相争的分裂状态。马穆鲁克禁卫军各埃米尔公推艾伊贝克为苏丹。艾伊贝克1250年登基后，马穆鲁克王朝正式建立。马穆鲁克王朝第四任苏丹拜伯尔斯（1260—1277年在位）被认为是王朝最著名的苏丹和王朝真正的奠基人。1260年蒙古大军占领伊拉克后西进叙利亚，攻陷阿勒颇、大马士革等重要城市，占领叙利亚及巴勒斯坦大部地区，并进逼埃及。拜伯尔斯统领马穆鲁克军队在耶路撒冷以北艾因·扎卢特迎击来犯的蒙古军队。经浴血苦战，击毙蒙古军统帅怯的不花，蒙古军队全线崩溃，蒙古军的西进被阻止了。

1340年，马穆鲁克王朝颇有作为的纳绥尔苏丹去世后，王朝内乱四起，战祸不断。崛起于撒马尔罕的帖木儿率蒙古大军于1400年席卷叙利亚北方重镇阿勒颇等地。这座赞吉王朝、阿尤布王朝和马穆鲁克王朝时期的叙利亚北方名城三日之内被夷为平地。1401年，大马士革落入帖木儿之手。1402年，帖木儿放弃进攻埃及的计划，转向进攻小亚细亚地区，1404年回师向东进军中国，1405年死于途中。穆艾叶德·舍赫苏丹（1412—1423年在位）继位后，调集军队向奥斯曼土耳其人进攻，要求奥斯曼土耳其人承认他在埃及和叙利亚的权力。虽然奥斯曼土耳其人被迫承认了他的地位，但奥斯曼土耳其人的威胁并未解除，日后奥斯曼土耳其人便成了马穆鲁克王朝的掘墓人。穆艾叶德死后，苏丹职位更迭频繁，仅甘骚·古里在位时间较长，其他苏丹或在位时间极短或为无能之辈，因而无力治理国家。马穆鲁克王朝国势日衰，日益走向覆灭。奥斯曼军队于16世纪首先向伊朗、伊拉克等地扩张，1516年将矛头转向叙利亚。1516年，奥斯曼军队统帅——苏丹攻占阿勒颇时，俘获阿拔斯王朝最后一位名义上的哈里发穆台瓦基勒。1543年，在哈里发穆台瓦基勒获准返回开罗前，他将哈里发职权移交给奥斯曼土耳其统治家族，至此麦加古莱什家族占据哈里发职位800余年的历史彻底结束。从此，奥斯曼帝国苏丹开始使用哈里发称号，并兼有苏丹国（君主国）与哈里发国（教长国）君主的双重职能，统治横跨欧、亚、非三洲的奥斯曼帝国达4个世纪之久。叙利亚地区也从此进入奥斯曼帝国统治时期，直到20世纪初第一次世界大战奥斯曼帝国崩溃。

✤ 三、奥斯曼帝国统治时期

奥斯曼帝国征服叙利亚地区后，奥斯曼土耳其人将叙利亚地区划分为3个省（亦称帕夏区），即阿勒颇省、大马士革省和的黎波里（特里波利）省。阿勒颇省以阿勒颇为首府，管辖叙利亚北部；大马士革省（闪姆帕夏区）以大马士革为首府，管辖叙利亚中部和南部，黎巴嫩的贝鲁特和西顿，以及巴勒斯坦地区；的黎波里（特里波利）省管辖叙利亚沿海地区和黎巴嫩山区，也包括叙利亚中部的霍姆斯和哈马。土耳其语称这些行政区为"桑贾克"，直接隶属于叙利亚的奥斯曼总督（帕夏）管辖。奥斯曼帝国在叙利亚委任的帕夏，更迭频繁，1517—1697年的180年间，大马士革的帕夏就更换了133人。

奥斯曼帝国统治初期，西方势力开始渗入，特别是17—18世纪，西方势力利用通商特惠条约和治外法权侵入叙利亚、黎巴嫩地区。欧洲商人在一些大城市建立贸易机构，进行不等价交换，并在西顿、贝鲁特设立领事馆。18世纪后，法国人在阿勒颇及其他城市的商业活动日益普遍。在阿勒颇还逐渐形成了以经商为主的欧洲侨民区。

叙利亚和黎巴嫩是阿拉伯地区反奥斯曼帝国运动的主要中心之一。18世纪初，叙利亚本地阿拉伯贵族逐渐崛起，其中首先发迹的是阿兹姆家族的伊斯玛仪·阿兹姆。伊斯玛仪·阿兹姆是大马士革人，1724年被任命为大马士革省督。但是与黎巴嫩的封建主们不同，阿兹姆家族效忠奥斯曼帝国最高波尔特，然而他们并未得到善终。伊斯玛仪·阿兹姆被奥斯曼帝国政府下狱，之后死于狱中。埃及的阿里·卡比尔贝伊在俄国舰队和巴勒斯坦谢赫扎希尔·奥马尔的支持下发兵北进，1771年6月夺取大马士革。1775年，扎希尔·奥马尔在阿卡被围，不久战死，起义被镇压。奥斯曼帕夏艾哈迈德·贾兹扎尔因为镇压扎希尔起义的特殊功劳，被任命为西顿的谢赫，从此叙利亚开始了在奥斯曼帝国统治历史中最黑暗的时期。1798年，大马士革发生大暴乱，居民们拒绝向贾兹扎尔纳贡。奥斯曼帝国最高波尔特派新的帕夏到达大马士革后，冲突才勉强平息，但骚动和混乱在叙利亚不断发生。1804年，"屠夫"贾兹扎尔染疾而亡，他在叙利亚的残酷统治宣告结束。

第三节　近代简史

奥斯曼帝国在叙利亚的统治持续了400年之久，其间经历了西方殖民列强的渗透与争夺。在奥斯曼帝国日益走向衰落、西方殖民者不断加紧争夺奥斯曼遗产和阿拉伯民族主义运动日趋高涨之时，叙利亚人民及阿拉伯其他民族看到了独立与解放的曙光。在奥斯曼帝国的统治区域内到处处于封建无政府状态，叙利亚、黎巴嫩也不例外。人民运动和独立解放斗争，震撼着奥斯曼帝国腐朽的封建统治，奥斯曼帝国的封建制度已濒临崩溃。

一、奥斯曼帝国后期在叙利亚的统治

19世纪初，叙利亚、黎巴嫩作为奥斯曼帝国的边远省份由地方专制封建主统治，但在形式上承认帝国的宗主权。19世纪20—30年代，奥斯曼帝国苏丹麦哈茂德二世开展西方化改革。随着改革的推进，经济状况恶化，人民对改革的抵触情绪上升，引发了席卷奥斯曼帝国各地的骚乱。叙利亚的阿勒颇和大马士革等地骚乱的规模非常大。1830和1831年，纳布卢斯和大马士革相继爆发新的动乱。1831年，第一次土埃战争爆发。在俄国、英国、法国等列强的干涉下，1833年4月，奥斯曼帝国与埃及签订和约，埃军撤出安纳托利亚，承认奥斯曼帝国的宗主权，埃及有权占领叙利亚、黎巴嫩等地区。1839年4月，第二次土埃战争爆发初期，埃军接连获胜。但英国、俄国、奥地利、普鲁士等列强支持奥斯曼帝国，于1840年9月对埃及宣战，叙利亚、黎巴嫩等地人民也继而反对埃及人的统治。1840年11月《英埃协定》规定，埃及帕夏穆罕默德·阿里放弃在叙利亚的全部属地。

1860年7月，大马士革穆斯林对基督教徒进行大洗劫，杀死2万多名基督教徒，摧毁300多个基督教徒村庄、560余间教堂和40所修

道院。法国以此为借口出兵干涉。1864年，奥斯曼帝国重新修订《黎巴嫩组织法》时还涉及了叙利亚。叙利亚被分为大马士革省和阿勒颇省，并各设总督一人，直接对伊斯坦布尔中央政府负责，由中央政府直接管理。1887年，叙利亚又被划分为大马士革、阿勒颇、贝鲁特三个省，以及黎巴嫩、耶路撒冷两个特区。

❧ 二、西方势力的渗透

1840年后，包括叙利亚、黎巴嫩在内的阿拉伯地区进入了一个新的历史时期，即外国势力加紧渗入的时期。外国势力渗入的渠道之一是传教团的活动。传教团在叙利亚、黎巴嫩开办学校，建立慈善机构，宣传基督教教义。其中受罗马教廷指派并得到法国支持的天主教传教团最为活跃。1866年，叙利亚基督教新教中专学校创立，它是今天在黎巴嫩很有影响力的贝鲁特美国大学的前身。

19世纪末20世纪初，英、法对叙利亚、黎巴嫩的争夺逐渐演化为法国占据优势的局面。法国在叙利亚和黎巴嫩的活动是多方面的，包括政治、经济、军事、文化、贸易、宗教等方面。19世纪初期，法国在经济上对叙利亚和黎巴嫩的渗透已经十分明显。法国将叙利亚和黎巴嫩变为自己廉价的农业原料产地，控制着叙利亚的生丝生产、销售和初级产品加工。法国雷诺公司掌握着叙利亚整个烟草种植产业。法国人还在贝鲁特扩建港口，修建雅法—耶路撒冷—贝鲁特—大马士革铁路，在叙利亚主要城市设立法资银行。第一次世界大战前，法国在叙利亚和黎巴嫩的势力已大为巩固，特别是在经济方面。实际上，法国就是要以既定事实迫使国际社会承认叙利亚和黎巴嫩是法国独家的势力范围。

第四节　现代简史

❧ 一、第一次世界大战中的民族独立运动

19世纪末叶是奥斯曼帝国日趋衰亡的时期，同时也是奥斯曼帝国

统治最黑暗的时期。1876年9月，阿布杜勒·哈米德二世即位执政，他把"祖留姆"（专制暴政）维持了30年（1878—1908）之久。这一时期黎巴嫩地区——主要是山区地带——在当地封建主的直接统治之下，并在外国势力的扶持之下保持着自治状态，但叙利亚地区仍处在奥斯曼帝国的统治之下。1864年之后，叙利亚地区根据新组织法分为两个省。1887年后，行政区划又有所变动，叙利亚地区被重新划分为3个省：大马士革省、阿勒颇省和贝鲁特省。这3个省直接隶属于奥斯曼帝国，因而同帝国政府联系和交往密切。

20世纪初，奥斯曼帝国已丧失了非洲所有的阿拉伯行省，但仍统治着亚洲的叙利亚、黎巴嫩等地。这一时期，不仅专制暴虐的哈米德二世的统治地位已摇摇欲坠，就连奥斯曼帝国也已濒临彻底崩溃。19世纪末20世纪初，由于奥斯曼帝国的专制暴政，也由于帝国主义的奴役与争夺，阿拉伯民族日益觉醒。叙利亚、黎巴嫩两地自近代以来一直是阿拉伯民族主义文化启蒙、文化复兴的中心地区之一。到20世纪初，阿拉伯民族主义文化运动在叙利亚、黎巴嫩又演变为政治运动。1911年，在巴黎求学的7位阿拉伯青年发起并建立了"青年阿拉伯协会"。青年阿拉伯协会的最初目标是争取阿拉伯民族的自治权，之后又立足于争取民族独立。

由于战略地位重要，叙利亚、黎巴嫩以及巴勒斯坦等肥沃的新月地带与阿拉伯半岛的希贾兹等地卷入第一次世界大战，并成为大战的东方战场。战争伊始，奥斯曼帝国对叙利亚、黎巴嫩实行军事恐怖统治。奥斯曼帝国政府又派青年土耳其党三巨头之一、海军大臣艾哈迈德·杰马尔帕夏执掌叙利亚、黎巴嫩、巴勒斯坦、希贾兹等行省的军政大权，指挥部设在大马士革。1915年6月，杰马尔首先下令查封报社，指控地方分权党、青年阿拉伯协会等组织的领袖犯有"叛国罪"，先后逮捕并处死58人。1916年5月，杰马尔又将另一批叙利亚地区的民族主义者送上军事法庭，其中21人被处死，罪名同样是背叛奥斯曼帝国，参与叙利亚等地脱离奥斯曼帝国、建立独立国家的阴谋。

1916年6月5日，希贾兹（汉志）的统治者侯赛因率阿拉伯军队进攻麦加附近的奥斯曼军队，掀起了阿拉伯大起义。1918年9月，在英军配合下，阿拉伯起义军队向叙利亚推进。9月28日，侯赛因三子费萨尔率领阿拉伯起义军占领叙利亚南部重镇德拉，30日抵达大马士革。

　　一战前，英国和法国就商定了如何瓜分奥斯曼帝国的东方领土。1916年3月，英国派遣东方问题专家赛克斯、法国派遣前贝鲁特总领事皮科与俄国政府对草案做进一步磋商，最后达成臭名昭著的《赛克斯-皮科协定》。按照协定，法国拥有西叙利亚、黎巴嫩以及南安纳托利亚的利益。

　　1920年3月，阿拉伯民族主义者在大马士革召开国民大会，宣布叙利亚独立，选举费萨尔为叙利亚国王。1920年4月，在协约国最高理事会会议上，英、法决定把叙利亚和黎巴嫩交由法国实行委任统治。同年7月14日，驻叙利亚、黎巴嫩的法军司令古罗将军向费萨尔及大马士革国防政府发出最后通牒：要求4天之内无条件接受法国对叙利亚的托管。同年7月25日，法国军队占领大马士革，费萨尔组织投降政府换取法国的谅解以保全王位。但法国政府命令古罗将军驱逐费萨尔，费萨尔被迫离开大马士革。费萨尔及阿拉伯民族主义者建立独立国家的计划被无情地粉碎了，叙利亚民族独立运动失败了。从奥斯曼帝国压迫之下解放出来的叙利亚人民没有获得所期望的自由与独立，而是落入了法国殖民统治的枷锁之中。随着费萨尔的离去，现代叙利亚民族独立与统一的重要一页暂告结束，一个新时代的历史帷幕即将开启。

❧ 二、法国的委任统治

1.委任统治初期的叙利亚

　　依据1920年4月协约国《圣雷莫协定》，法国通过其全权代表——法国高级专员，控制叙利亚地区的行政权力。在1920—1926年的委任统治初期，即法国委任当局直接统治时期，先后有三位法国将军充任高级专员，他们分别是古罗将军（1920—1922）、魏刚将军（1922—1924）和萨拉伊尔将军（1924年接任）。法国高级专员不仅是最高行政长官，掌握着委任统治当局的最高政治权力，同时又是委任统治当局的军事首领。

　　法国委任统治当局依据民族、宗教及教派格局重新划分行政区划，充分体现了殖民主义分而治之的本质。委任统治当局在拉塔基亚穆斯林阿拉维派教徒聚集区建立阿拉维派国，又称阿里教派国。之后，委任统治当局又宣布建立大马士革独立区和阿勒颇独立区。1921

年8月，委任统治当局宣布亚历山大勒塔为"自治区"，由委任统治当局任命的省长统治。1922年，委任统治当局又在叙利亚南部的德鲁兹人聚集区成立杰贝尔德鲁兹国。1922年6月28日，法国高级专员署又在叙利亚地区宣布成立所谓"叙利亚联邦"，包括原大马士革独立区、阿勒颇独立区和阿拉维派国。1924年12月5日，法国高级专员署又重新把阿拉维派国从"联邦"中划出，恢复其自治地位。同时，又将大马士革自治区和阿勒颇自治区合二为一，改称叙利亚国。亚历山大勒塔仍维持委任统治制度下的自治地位。叙利亚地区一分为四的局面一直持续到1936年。1936年，法国委任当局与叙利亚民族政府协商和草拟的法叙条约中，包括"在保持各自特殊的行政组织和财政制度的前提下，将阿拉维派国和杰贝尔德鲁兹国与叙利亚合并"的条款。但是在1939年，因法叙条约搁浅以及法国委任统治当局恢复直接统治，合并计划再次取消，直至1942年阿拉维派国和杰贝尔德鲁兹国最终并入叙利亚。

此外，在委任统治初期，法国委任统治当局建立起一整套从中央到地方的行政管理体系，加强对叙利亚的政治、军事控制。法国高级专员可谓是独揽一切行政大权，并且是最高军事首领，在加强行政及军事控制以及维持委任统治地的日常管理秩序上发挥着主导作用。在地方上"分而治之"的行政区域中，委任统治当局任命专职行政官员负责管理。在各级政府的行政机构中，管理、行政和技术指导等重要职务都由法国人担任。

2.政治协商阶段

法国委任统治当局的掠夺和统治政策，激起了叙利亚各地人民的起义，各地民众的自发起义此起彼伏。1925年7月，德鲁兹地区爆发了轰轰烈烈的反法起义。起义的导火线是德鲁兹人民要求撤换法国驻杰贝尔德鲁兹国长官加比埃上校。8月23日，民族革命军总司令苏尔坦·阿特拉什发表文告，号召人们拿起武器赶走法国统治者，为叙利亚的自由独立而战。10月，反法起义达到高潮。起义军一度占领了考卡巴、哈萨巴亚、迈尔季欧云和哈马。10月18日，法国殖民者对大马士革的野蛮轰炸引起全世界进步人士的愤慨与抗议，甚至国际联盟也不得不对法国委任统治当局在叙利亚的残酷统治加以谴责。为了缓解国际社会的压力，也为了进一步有效地控制托管区的形势，在加强军事行动的同时，新任高级专员戴·茹文尼尔及其法国委任统治当局转而与叙利亚民族主义者进行谈判，对叙利亚民族资产阶级做出一些政治、经济让步和妥协。由此，法国委任统治从直接统治阶段向政治协商阶段过渡。

为了防止强烈的独立愿望再次转变为行动，法国委任统治者又祭出立宪手段。1926年，老道的殖民主义者亨利·蓬索接替在职仅7个月的戴·茹文尼尔出任法国委任统治当局高级专员。1928年2月15日，蓬索宣布举行立宪会议选举，同时发布特赦令。但是一些著名的民族主义活动家，如法里斯·胡里、侯赛尼·阿里巴齐等并不在特赦名单中。法国委任统治当局的意图是把民族主义运动的活动家们排除在立宪会议选举之外。1928年4月24日，立宪会议选举正式举行。同年6月9日，立宪会议召开第一次大会。民族联盟领袖哈希姆·阿塔西当选为立宪会议主席。1930年3月，法国高级专员提出宪法修改稿，并欲强行实施。宪法修改稿虽然以原制宪委员会提出的宪法草案为蓝本，但是对多达23项条款的内容进行了修改，特别是增加了承认法国在叙利亚委任统治的地位，以及享有与此相关的一切权利的条款。

1931年11月，委任统治当局解散了侯赛尼民族过渡政府，宣布12月20日举行议会初选，1932年1月5日举行复选。由于法国委任统治当局极力扶持亲法分子，加之选举中舞弊事件频出，引起民族联盟和广大民众不满。迫于形势，委任统治当局对民族联盟提出的在大马士革和阿勒颇进行重新选举的要求做出让步。1932年3月20日和4月5日，两地分别重新选举。然而，选举的结果却是亲法分子52人进入议会，民族联盟仅获17个席位。1936年3月26日，以哈希姆·阿塔西为团长的叙利亚谈判代表团启程，4月2日到达巴黎。经过数月谈判，法国莱昂·布鲁姆政府答应了叙利亚代表团提出的要求，并承诺给予民族联盟一定的政治地位。同年9月9日，双方签订《法叙友好援助条约》。

3. 叙利亚实现独立

第二次世界大战为包括叙利亚、黎巴嫩在内的中东国家提供了摆脱殖民统治的机遇。战争前夕，法国委任统治当局已经用"执政委员会"取代了民族政府，叙利亚重新回到了委任统治当局的直接统治之下。战争爆发后，法国驻近东总司令魏刚在黎巴嫩废止了宪法，解散了议会，任命了新的政府人员，但法国顾问直接掌握着黎巴嫩政府各部门的权力。1940年夏，法国战败投降，法国维希政府根据停战协定把叙利亚和黎巴嫩交由德意委员会管辖。

1941年6月，戴高乐将军命令卡特鲁将军率领自由法国分遣队，进攻叙利亚和黎巴嫩。1943年7月，叙利亚在委任统治下举行议会选举。同年8月17日，议会以122票对2票选举民族联盟党团领袖舒克里·库阿特利为总统。法国殖民当局在强大的民族解放运动压力下，被迫于1943年12月同意叙利亚独立。1944年，美、英、苏等大国及其同盟国相继承认叙利亚独立。1943年年底，法国委任统治当局开始向叙利亚和黎巴嫩民族政府移交部分权力，但拒不交出特种部队的指挥权，同时在叙黎两国继续保留数量不等的军队的驻军权。当民族政府提出扩充和装备自己控制的宪兵部队的要求时，法国委任当局表示坚决反对，企图继续将叙黎两国置于自己的军事控制之下。因此，叙利亚、黎巴嫩民族政府及其人民与法国殖民主义者之间的矛盾再度激化。日益激化的矛盾终于以1945年1月25日大马士革人民举行大规模示威的形式爆发出来。同年6月21日，叙利亚和黎巴嫩民族政府在大马士革发表联合公报，宣布解除法国人在两国政府中担任的职务，要求撤出所有外国军队。同年10月，两国政府正式向英、法政府提出要求：立即撤出占领军。直到同年12月13日，法国政府才派出代表前往贝鲁特磋商黎巴嫩和叙利亚局势问题，21日协议达成，但协议仍拒绝撤出军队。法国的态度再次激起两国人民的强烈反对，法国政府增派部队，准备进行更大规模的镇压。叙利亚、黎巴嫩局势再度紧张起来。1946年2月5日，叙利亚、黎巴嫩政府就法国拒绝撤出军队向联合国安理会提出控告，在美、苏两个大国的支持下安理会做出决议，要求法军撤离。1946年3月1日，英法两国就撤军问题在巴黎举行会谈，最后达成一项两国军队同时撤出的决议。1946年4月17日，英、法占领军开始从叙利亚撤出，但法国军队仍保留一小部分兵力。1947年1月1日，最后一批法军撤出叙利亚。为了庆祝叙利亚人民争取民族独立的伟大胜利，叙利亚将法国撤军日定为国庆日。

叙利亚人民历经20多年的艰苦奋斗，终于取得了独立。国家的独立宣告了委任统治在叙利亚的彻底结束。民族独立主权国家的建立，客观上结束了自古以来政治上的混乱局面，从此叙利亚以民族独立主权国家的身份跻身于现代世界民族国家之林，为民族的统一、经济的发展、文化的建设奠定了基础。

🌸 三、现代叙利亚

（一）独立初期的叙利亚和阿拉伯联合共和国

1.独立初期的政治生态

从独立到20世纪60年代末，动荡一直主导着叙利亚政治。独立后，传统的民族主义者们继续扮演国家政治生活的主导力量，以库阿特利为党首的民族同盟（民族爱国同盟）实际上成为独立初期叙利亚的执政党。民族同盟是城镇工商业者及地主阶层利益的代表。独立初期，两个新兴的政治党派——阿拉伯社会党和阿拉伯复兴党开始崛起。

1947年，叙利亚举行独立后的首次议会选举。选举前夕，民族同盟分裂为国民党和人民党。尽管如此，传统的民族主义政治力量仍然在选举中取得了不俗的成绩，国民党及人民党分别获得了24个和20个席位，国民党成为议会第一大党，舒克里·库阿特利再度当选叙利亚共和国总统，贾米勒·马尔丹出任政府总理，法里斯·胡里当选议会议长。1947年的大选反映出叙利亚政治力量结构的基本特征，传统的逊尼派民族主义力量仍居于主导地位，部族及家族政治势力依然在延续，新兴政治力量崭露头角。

2.议会民主制的脆弱发展

1948年，叙利亚国内政局开始动荡。其起因主要是在1948年5月爆发的巴勒斯坦战争（又称第一次中东战争）中，叙利亚军队战败，引发国内民众对舒克里·库阿特利总统和贾米勒·马尔丹内阁的强烈不满。国民党政府滥用巴勒斯坦基金等也是原因之一。同年11月，叙利亚爆发大规模民众罢工和示威；12月，舒克里·库阿特利总统宣布国家进入紧急状态，哈立德·阿兹姆接替贾米勒·马尔丹出任总理，组建新内阁。当库阿特利总统下令逮捕叙军总参谋长胡斯尼·扎伊姆的亲信并指责其应为战争失利而承担责任时，胡斯尼·扎伊姆上校于1949年3月30日发动军事政变。政变后，胡斯尼·扎伊姆上校逮捕了总统库阿特利和总理哈立德·阿兹姆，并将库阿特利总统驱逐出境。同时，取缔国民党、人民党、复兴党等一切政党，实施党禁，解散议会和政府，对内实施严格的军事检查，禁止游行示威和民众集会，封闭报社和俱乐部。同年6月，胡斯尼·扎伊姆以全民公决的方式当选总统，并自封元帅，穆赫辛·巴拉兹出任总理。同年8月14日，另一位军事将领穆罕默德·萨米·辛纳维上校发动第二次政变，推翻扎伊姆政权，处决了扎伊姆及内阁总理，并自封叙军总司令。同年12月19日，美国支持的阿迪布·施舍克里上校领导军人集团发动第三次政变。这次政变后，叙利亚政治生态进入急剧动荡的阶段，政府内阁更迭如同走马灯般变幻莫测。1950年5月，哈立德·阿兹姆辞职，人民党领导人纳兹姆·库德希出任总理。1951年3月，纳兹姆·库德希辞职，哈立德·阿兹姆再度出任总理。同年11月19日，施舍克里第二次发动政变，并从幕后走上台前，开始了近3年的军人独裁统治。1954年2月，施舍克里被迫辞职，流亡国外。同年2月28日，哈希姆·阿塔西第四次出任总统。同年3月1日，阿塔西总统颁布成立新政府的法令，宣布废除军事独裁时期的宪法，恢复1950年宪法。1955年6月15日，成立民族联合政府，复兴党人首次进入内阁并获得外交部部长和经济部部长两个关键职位。同年8月，叙利亚举行总统选举，库阿特利再度当选总统，萨布里·阿萨里出任总理。这次总统选举表明，国民党等传统政治力量仍然具有较大影响力。

　　3. **阿拉伯联合共和国的建立与解体**

　　1957年年末，叙埃统一的步伐加快。1958年1月12日，叙利亚由14人组成的军事代表团秘密前往开罗，请求埃及总统纳赛尔首先实现两国军队的统一，以此作为两国统一的前奏。同年2月1日，纳赛尔总统和库阿特利总统在开罗阿伯丁宫正式宣布阿拉伯联合共和国（简称"阿联"）成立。同年2月5日，两国议会同时批准合并协议生效。同年2月21日，两国全民公决确认合并决议，并以99.5%的绝对多数选举纳赛尔为阿拉伯联合共和国总统，库阿特利为副总统。1958年3月5日，纳赛尔颁布阿拉伯联合共和国临时宪法。但在此之后，埃及人的强权统治损害了叙利亚人民的民族自尊，加之两国固有的政治经济差别，导致阿拉伯联合共和国很快就瓦解了。1961年9月28日，叙利亚资产阶级地方集团及右翼军官发动政变，宣布脱离阿联，成立独立的阿拉伯叙利亚共和国。

（二）复兴党政权的建立

1962年9月14日，叙利亚议会民主政治体制下最后一届国民议会在各方呼吁下复会。在通过宪法修正案——政府总理及新政府需通过议会信任投票——之后，哈立德·阿兹姆赢得议会信任表决，组建各党派的民族联合政府，复兴党及纳赛尔主义者和共产党被排除在外。哈立德·阿兹姆的主张遭到军人集团的反对。1963年1月初，纳赫拉维及其追随者回国，与军方反政府人士磋商，向阿兹姆政府施压，要求恢复被清洗军官的军职，重建最高安全委员会，举行全民公决，实现与埃及的再统一。1963年2月8日，伊拉克复兴党及纳赛尔主义者在伊拉克策动政变，卡赛姆政权倒台。这一事件在叙利亚引起很大反响，阿兹姆政府危机加深，先后又有6名部长退出政府。赛义德·哈里里少校于1963年3月8日发动政变，推翻阿兹姆政府后，政变军人立即组建全国革命指挥委员会。至此，叙利亚国家政治进程和政治体制开始向军政体制转变。政变成功后，复兴党领导层承认并接受军事委员会的作用和地位，但是同时又允许其保持相对独立性。

1963年5月，叙利亚政府重新推行国有化，致使私人资本信心动摇，大量外逃。1964年4月25日，哈菲兹政府首先从政治上采取措施，其措施之一是颁布新宪法。1966年2月23日，叙利亚复兴党地区领导机构副总书记贾迪德，以及空军司令哈菲兹·阿萨德等新复兴党人发动军事政变。此后，新复兴党人重组复兴党地区领导机构，将领导机构变成没有实际权力的虚设机构。政治强人萨拉赫·贾迪德在幕后操纵党政大权，阿萨德继续担任空军司令并兼任国防部部长，艾哈迈德·斯维丹尼出任叙军总参谋长。努尔丁·阿尔·阿塔西担任国家元首（即总统会议主席），尤赛夫·扎亚因任总理，易卜拉欣·马胡斯出任副总理兼外交部部长。新复兴党人一党专政的政治体制建立了起来。

（三）阿萨德时代（1970—2000）

1969年3月复兴党第四次地区紧急代表大会之后，叙利亚实际上形成了以两大阵营为背景的两个权力中心。由于复兴党内部矛盾加剧，努尔丁·阿尔·阿塔西被迫于1970年10月18日辞去总理和国家元首职务。同年10月30日—11月12日，复兴党召开第十次民族代表大会，大会在贾迪德等人的把持下，指责哈菲兹·阿萨德等军方领导人是造成两个权力中心的始作俑者，并做出将阿萨德和塔拉斯等调离党政领导岗位的决定。这是阿萨德等人再次发动政变的直接原因。因为自1966年2月23日政变后，复兴党民族委员会已被剥夺任命党政高级官员的权力，地区委员会握有党政一切权力，所以复兴党民族代表大会无权做出上述决定，阿萨德等人以此为理由反对该决定。1970年11月13日—16日，阿萨德等人调动军队占领党政机关，逮捕贾迪德等党政高级官员，再次上演了一场不流血的军事政变。自此，在阿萨德的领导下，复兴党进入了一个新的历史时期。而在复兴党的领导下，叙利亚国家政治乃至经济、社会、文化和对外关系迎来了长期稳定与相对繁荣发展的历史时代。

1970年11月16日，阿萨德宣布一系列改革承诺。关于政治改革，以阿萨德为首的复兴党临时地区领导机构宣布，将重建国民议会和全国进步阵线，颁布新的宪法等。1971年，首先恢复了国民议会；1972年，新的全国进步阵线建立起来；1973年，颁布新宪法。

政变后不久，阿萨德首先被复兴党临时地区领导机构任命为总理。1971年3月，阿萨德在全民公决中被选为总统。同时，复兴党修改1969年临时宪法，将总理内阁制改变为总统制。叙利亚政治体制重建中的另一项重大事件，是1971年2月建立新的国民议会，又称人民议会。复兴党临时委员会任命了这届议会及议员。1973年，进行了首次普选。1972年全国进步阵线建立后，议会议员按比例在进入进步阵线的各党派之间分配，具体分配人数在选举前临时确定。复兴党是议会中占据绝对多数的党派。

复兴党在阿萨德执政后进行了改组。阿萨德本人于1970年和1971年分别开始担任复兴党叙利亚地区领导机构和阿拉伯民族领导机构总书记。1973年宪法规定："阿拉伯复兴社会党是社会和国家的领导党。"宪法确定了复兴党一党执政的地位是国家政权的统治基础。至此，叙利亚一党制总统共和制政体确立起来，并延续至今。

阿萨德执政后，在大力推进"纠正运动"的同时，在经济方面也采取了一系列措施，稳定和推进经济的发展。阿萨德实行比较开放的经济政策，积极寻求外援，鼓励外国投资，国有化措施基本停止下来。1973年"十月战争"（即第四次中东战争）中，叙利亚与埃及等阿拉伯国家联手，取得自阿以冲突以来前所未有的胜利，叙利亚收复了被以色列占领的部分土地。由于国内政治、经济稳定，加之在军事上的胜利，阿萨德领导的复兴党政权在国内统治基础显著加强，阿萨德的政治声望明显提高，获得了广大民众的支持和拥戴。在国际舞台上，阿萨德以其稳健、睿智的外交风格，周旋于风云变幻的中东及世界政治舞台之上。阿萨德的务实外交政策，重新开启了与阿拉伯国家发展合作关系的大门，特别是与阿拉伯温和派国家沙特阿拉伯、科威特等国的关系开始改善，获得了政治与经济的支持和援助。

1978年2月，阿萨德在全民投票中获胜，首次连任总统。然而，此后叙利亚社会开始出现不稳定迹象。20世纪70年代末80年代初，叙利亚国内政治气氛日趋紧张，在1981年选举时，没有一位独立人士进入议会。1982年2月，哈马地区逊尼派穆斯林发动叛乱，提出结束复兴党一党专政等要求。政府派重兵围剿20多天后，骚乱才得以平息。这是阿萨德执政10多年来最严重的一次反政府事件，被称为"哈马事件"或"哈马血案"。1985年2月，阿萨德第二次连任总统。同年4月，阿萨德总统再次改组政府，至此一度失控的局势表面上被重新控制。1986年3月13日，大马士革发生多次炸弹爆炸事件，60多人死亡，100多人受伤。同年4月15日，叙利亚5个城市同时发生炸弹袭击事件，造成100多人死亡。国内形势笼罩在一片恐怖气氛之中。

20世纪90年代初，叙利亚国内政治改革呼声高涨。随着80年代末经济改革与调整的不断深入，国家在政治方面也做出了调整，在扩大议会议员总席位的同时，独立人士进入议会的人数明显增加。独立人士参加议会选举活动，一定程度上被认为是叙利亚政治生活的晴雨表。1990年5月，新一届人民议会举行选举。这一届议会议席从原有的195席大幅增加到250席，复兴党人占据了250个议席中的134席。1992年3月，阿萨德在人民议会发表讲话时暗示，将来会有新的政党组织建立。6月，祖阿比政府进行了新的改组，这次改组几乎完全保留了原内阁的主要成员，不过新政府坚持了推进经济改革的政策，经济形势继续朝好的方向发展。1994年年初，阿萨德总统的长子和政治继承人巴希勒在车祸中丧生。为了加强统治地位，避免可能出现暂时的政治真空，阿萨德将16位高级党政军领导人调离原工作岗位。20世纪90年代中期以后，叙利亚社会不安定因素又开始上升。1996年，大马士革、阿勒颇、拉塔基亚等城市又连续发生炸弹爆炸事件。社会各界对国家和政府不能有效地扭转经济发展的颓势表现出不满。

1999年3月，阿萨德第四次连任总统。2000年2月，阿萨德主持复兴党叙利亚地区领导机构成员会议，并在会上谈到两个重要问题：国内问题和与以色列和谈问题。同年3月7日，担任总理长达13年之久的祖阿比辞职；13日，以米罗为总理的新政府名单正式公布。2000年6月10日，中东国际舞台上的政治雄狮哈菲兹·阿萨德溘然长逝。哈菲兹·阿萨德去世后，全国进步阵线立即将其次子巴沙尔·阿萨德推上主席的职位。数日后，人民议会修改宪法，将担任总统的年龄从40周岁放宽至35周岁，巴沙尔顺利登上权力的顶峰，担任总统。至此，长达30年的阿萨德时代宣告结束。

（四）巴沙尔时期（2000—）

1. 巴沙尔执政的前十年（2000—2011）

2000年夏，巴沙尔出任总统后，强调实行复兴党领导的、通过全国进步阵线完成的政治多元化；巴沙尔认为叙利亚必须"在正常的地区过一种正常的生活"。他宣布实行自由选举，实行多党制度，释放政治犯，进行反腐败运动和经济改革，减少军费开支等。

在较为宽松的政治氛围下，叙利亚国内政治、经济论坛等大量涌现。2000年9月27日，部分知识分子发表公报，主张政府取消"自1963年起实行的《国家紧急状态法》，对政治犯进行普遍大赦，让所有流放者回国，给予普遍自由，承认政治和知识分子团体以及给予公民结社、出版和言论的自由"。2000年10月，政府释放了600名政治犯，穆斯林兄弟会恢复了政治活动。2001年5月，教皇约翰·保罗二世历史性地访问了叙利亚。

然而，各类政治论坛的活动及言论逐渐超越了政府容忍的底线，政府开始限制其活动。早在2001年2月，政府就宣布控制了形势，即压制了有关论坛的活动。政府命令主管部门向官方提供演讲及参与者的名单。2001年9月11日，叙利亚政府逮捕了"公民社会运动"中最著名的活动家，其中包括人民议会议员马木恩·胡姆西、利亚德·萨伊夫及共产党政治局总书记利亚德·图尔克等人。

2004年3月12日，库尔德人和阿拉伯人的两支足球队在卡米什利因比赛纠纷发生冲突，随后冲突演变为骚乱，并扩散到北部库尔德城市，叙利亚政府派遣警察部队展开了大规模镇压。"卡米什利事件"后，库尔德人的抗议活动愈加频繁，政府也开始逮捕库尔德政治活动家，一些库尔德组织开始走向激进。2004年4月25日，流亡欧洲的叙利亚库尔德人组织在德国召开会议，宣布成立"西库尔德斯坦流亡政府"。2005年4月，该组织在伦敦建立了第一个库尔德语广播电台与库尔德语电视台。2006年，叙利亚流亡议会叙利亚库尔德斯坦国民议会成立，其目标是实现库尔德人自治与叙利亚的政治民主。

2005年10月，反对派活动再次发生，米歇尔·卡里古和其他反对派人物推出《大马士革宣言》，批评叙利亚政府"专制、极权主义和小集团化"，并呼吁民主改革。2007年，持不同政见者卡迈勒·拉瓦尼和米歇尔·卡里古被判长期监禁；仅仅几周后人权律师安瓦尔·布尼尔被判入狱。2008年，大马士革郊区发生爆炸，造成17人死亡，这是巴沙尔执政数年来叙利亚遭受的最严重的恐怖袭击。

此时，叙利亚外交却进入了一段辉煌时期，叙利亚与中东地区、欧盟等的关系得到了改善与发展。2006年，打破25年的僵局后，叙利亚与伊拉克恢复了正常外交关系。2007年3月，叙利亚和欧盟重新开启了对话。5月3日，美国国务卿赖斯在埃及会见了叙利亚外交部部长瓦立德，这是双方近两年来第一次会面。

然而，外交关系的解冻却于2010年戛然而止。2010年5月，美国再次对叙利亚进行制裁，声称叙利亚支持恐怖组织，并寻求拥有大规模杀伤性武器，违反联合国决议向黎巴嫩真主党提供了"飞毛腿"导弹。

2. 叙利亚危机（2011—）

叙利亚危机（即之后的"叙利亚内战"）是一场叙利亚军队和多个不同分支的叛乱团体之间进行的内部冲突。叙利亚危机爆发于2011年3月，自此之后政局持续恶化，至2018年年中大致经历了四个阶段。

第一阶段为游行抗议阶段。受"阿拉伯之春"的鼓舞，2011年3月，在大马士革和南部城市德拉发生了要求改革的抗议。抗议者要求政治自由和释放政治犯。2011年3月18日，南部城市德拉爆发大规模民众示威游行，要求结束复兴党统治，废除自1963年起实施的《国家紧急状态法》，增加工资和社会补助等。抗议活动迅速蔓延至中部城市霍姆斯、哈马等地。2011年6月，巴沙尔政府开始积极推进改革，宣布废除《国家紧急状态法》和国家安全法庭，释放政治犯，放松对媒体控制，开展民族对话，实行多党制，提高库尔德人地位，改善民众生活等。

第二阶段为反对派逐渐形成、国际干预增多阶段。2011 年 7 月 29日，叙利亚反政府军人宣布成立"叙利亚自由军"，该武装起初主要由逊尼派穆斯林反政府官兵构成，总部设在土耳其。此后，通过招募其他反政府武装，"叙利亚自由军"成为反对派中最主要的武装组织。2011 年 8 月 23 日，流亡海外的叙利亚反对派在土耳其伊斯坦布尔宣布成立"叙利亚全国委员会"，该委员会包括穆斯林兄弟会、知识分子和世俗的政治精英，成为海外影响最大的政治反对派组织。在叙利亚国内也出现了不少反对派组织，其中"地方协调委员会"影响最大。2012 年年初，反对派在获得大量外国资助后逐渐壮大，他们不仅占据了一些中部城市，而且频频制造针对政府和安全机构的爆炸事件。与此同时，政府军也开始围攻这些地区。双方的冲突造成大量平民伤亡。

2011 年 10 月，西方国家试图推动联合国通过制裁叙利亚的决议，为军事干预叙利亚问题寻求合法性，但遭到中国和俄罗斯的否决。西方国家继续支持反对派、孤立巴沙尔政权。2012 年 2 月 25 日，西方国家和部分阿拉伯国家在突尼斯召开"叙利亚之友"国际会议。中东国家对叙利亚问题的立场并不一致。阿拉伯国家联盟（简称"阿盟"）曾就叙利亚问题进行外交斡旋，于 2011 年 11 月初提出"阿拉伯倡议"，要求各方停止针对平民的暴力行动、政府军撤出城市、释放政治犯等，并向叙利亚派遣观察团，但由于斡旋成效甚微，海湾国家转而推动阿盟中止叙利亚的阿盟成员国资格，积极支持叙利亚反对派，并提供武器、资金和情报等。而土耳其和伊朗则分别成为叙利亚反对派和巴沙尔政权的支持者。叙利亚危机日益国际化，并上升为中东地区什叶派和逊尼派之间的较量。

第三阶段为联合国斡旋夭折、叙利亚陷入内战阶段。2012 年 2 月24 日，联合国任命安南为特使斡旋叙利亚问题，试图通过政治手段解决危机。3 月末，安南提出"六点和平计划"，该和平计划获得叙利亚各方的赞同。4 月 21 日，联合国向叙利亚派遣了由 300 名非武装人员组成的监督团，监督安南和平计划的实施。叙利亚各派武装停火，局势相对缓和。5 月末，霍姆斯北部胡拉镇发生大规模屠杀平民事件，局势急转直下。反对派在全国范围内袭击政府军，巴沙尔也宣布镇压反对派。7月中旬以后，反对派大举进攻大马士革，与政府军展开激战。7月18日，叙利亚国家安全总部遭自杀式炸弹袭击，包括国防部部长在内的三名高官身亡，导使叙局势更趋恶化。联合国秘书长潘基文8月3日在联大表示，叙利亚危机已经演变成一场"代理人"战争。叙利亚政府军和反对派双方都摒弃了伸向他们的援助之手，而显示出了以武力解决问题的决心。此后，叙利亚逐步地陷入全面的内战之中。

第四阶段为内战的胶着时期。巴沙尔政权控制大多数大城市，主要是大马士革以及经霍姆斯、哈马通往阿拉维派传统据点沿海省份拉塔基亚的北方走廊。反政府势力则在北部和东北部不断扩大控制区，2012年10月控制了盛产石油的东部省份代尔祖尔，占领该地区一座军用机场和两个油田。在阿勒颇和霍姆斯等城市，双方不断爆发具有教派冲突性质的血腥的争夺战。

2016年12月12日，阿勒颇市被亲政府部队完全解放。此后，叙利亚政府军取得了全面的胜利，收复了大部分国土。2017年5月，叙利亚政府军发起代号为"伟大黎明"的军事行动，清剿极端组织"伊斯兰国"的战事频传捷报，大片失地被收复，战场形势发生了重要转折；9月初解围代尔祖尔市；10月沿幼发拉底河南下解放迈亚丁；11月收复边境重镇阿布凯马勒，控制区域已超过国土面积的60%，区域内人口占叙总人口的70%以上。

2018年1月7日，叙利亚政府军和盟军从"征服叙利亚阵线"恐怖团伙手中解放了伊德利卜省东南部的辛贾尔镇。2018年2月，俄罗斯和叙利亚军队加大了对反对派控制的地区伊德利卜省的炮轰力度。2018年5月21日，叙政府军自雅尔穆克难民营向大马士革南部郊区突破，攻占恐怖分子最后的抵抗据点哈贾尔阿斯瓦德居民点。叙利亚首都自2011年以来首次获得全面解放，大马士革成为和平之城。7月12日，叙利亚政府军在德拉市欧玛里清真寺附近广场上升起叙利亚国旗。9月17日，俄罗斯、土耳其和伊朗三国领导人就叙利亚问题特别是伊德利卜省局势协调立场，俄土双方就伊德利卜省问题达成"索契协议"后，活跃在伊德利卜省的各反对派则开始为协议中要求的交出重武器、撤出划设的15~20千米非军事区做准备。10月15日，俄罗斯总统普京和土耳其总统埃尔多安商定在叙利亚伊德利卜省政府军与反政府武装接触线之间建立非军事区。11月，第十一轮阿斯塔纳对话会召开。12月19日，美国总统特朗普宣布"在60～100天内"从叙利亚撤出大约2000名美国士兵。随着美军全面撤离叙利亚，当地库尔德武装将阿勒颇省巴卜所属的阿利玛镇移交给叙政府军。

2018年年底，叙利亚的外交困境也开始得到缓和。12月27和28日，阿拉伯联合酋长国和巴林分别在大马士革重新开放了大使馆，以修复同叙利亚的外交关系。12月30日，叙利亚总统阿萨德授权伊拉克战机和火炮在叙境内打击"伊斯兰国"目标，而无须事先征得大马士革的同意，这是两国关系改善的迹象。

但是，叙利亚边境地区仍存在着安全隐患。2019年2月21日，叙政府军和伊斯兰极端组织"沙姆解放阵线"在阿勒颇市和周边地区爆发激战。"沙姆解放阵线"猛烈炮击了政府军控制下的阿勒颇市西北的扎赫拉镇联合区，导致多处建筑物受损。作为回击，政府军方面炮击阿勒颇市西北部反对派控制的阿纳丹镇、毕亚诺镇、哈伊坦镇。政治解决叙利亚危机仍然任重而道远。

第三章　政治

　　1946年4月17日，叙利亚宣布独立，成立了阿拉伯叙利亚共和国。依据1973年宪法，叙利亚是一个共和制国家，实行行政、立法和司法三权分立，总统须经选举产生。1970年11月，哈菲兹·阿萨德发动"纠正运动"，结束了国内政局混乱的状况，叙利亚政党合一的总统制逐步建立起来。

　　阿拉伯叙利亚共和国的政治框架为总统制和多党代表制的共和国。叙利亚阿拉伯复兴社会党及其理论与实践在叙利亚现代政治发展历程中占有突出的地位，特别是对当代叙利亚国家和社会发展进程产生了十分深远的影响。2000年6月，巴沙尔·阿萨德就任总统，他稳定了国内局势，通过树立开放、自信的公众形象，排除了潜在的竞争对手，成为叙利亚新一代国家领袖。巴沙尔在政治、经济领域大刀阔斧地进行了一系列改革。

　　自叙利亚内战爆发以来，巴沙尔总统领导的叙利亚政权一直面临国内内战不止、外部势力干预的困境，直至2019年年初叙利亚政府逐渐控制了局势，但叙利亚仍未实现领土的统一，形成了政府控制区域、库尔德人控制的叙利亚东北部区域和反对派控制的叙利亚西北部少数区域等三大政治版块。

第一节　国家标志

❧ 一、国名

叙利亚国名全称为"阿拉伯叙利亚共和国"。"叙利亚"一词在不同的历史时期并非是指一个特定的一成不变的地理或政治实体，当今叙利亚国家只是经常提到的"地理上的叙利亚"，即从西亚北部的陶鲁斯山延伸至西亚中南部西奈山沙漠地区的自然地理区域的一部分。"叙利亚"这一名称的最直接起源是"亚述"（Assyria）一词的缩写。公元前6世纪末"叙利亚"这个名称开始出现，而中东古代文献中极少提及"叙利亚"一词，当地居民也不称自己为"叙利亚人"，而称自己是亚美尼亚人、腓尼基人、以色列人或者犹太人等。

历史上，诸多文明帝国或古国曾占领或统治着叙利亚所处的"大叙利亚"地区，"叙利亚"名称包括的地域范围也经历了不同的演变，这反映了"叙利亚"历史与文明发展的多样性。罗马史学家阿里安最早使用"叙利亚总督"来指代埃波纳里省的管辖者。随着7世纪伊斯兰教的兴起和阿拉伯人对叙利亚地区的征服，所有阿拉伯语文献资料以及后来的奥斯曼文献都使用阿拉伯语"al-Sham"（沙姆）一词指代西方文献中的"叙利亚"，即北从陶鲁斯山南到西奈沙漠的全部地区。

第一次世界大战后，沙姆地区被分为两个政治区域：南部地区，包括巴勒斯坦和外约旦，置于英国委任统治之下；北部地区，包括多个政治单位，总称为"Les Etats du Levant"或"黎凡特诸国"，置于法国委任统治之下。1920—1936年，法国委任统治当局在沙姆地区划建了四个国家：叙利亚国（1920年建立，包括阿勒颇和大马士革）、大黎巴嫩国（1920年建立，包括贝鲁特、的黎波里、西顿、提尔等沿海地区，贝卡谷地和巴勒贝克、拉谢亚、哈斯拜亚等黎巴嫩山区）、"阿拉维派国"（1922年建立，包括拉塔基亚省及其周围地区）以及1922年杰贝尔德鲁兹地区的"杰贝尔德鲁兹国"。1941年9月28日，"自由法国"总司令卡特鲁将军宣布叙利亚在它现在的边界内独立。实际上，1946年4月17日叙利亚才实现完全独立。

❧ 二、国旗

　　阿拉伯叙利亚共和国国旗呈长方形，长与宽之比为3：2。旗面自上而下由红、白、黑三个平行的横长方形相连构成，在白色部分中有两个大小一样的绿色五角星。红色象征勇敢，白色象征纯洁和宽容，黑色是穆罕默德已赢得胜利的象征，绿色是穆罕默德的子孙所喜爱的颜色，五角星象征阿拉伯革命。

❧ 三、国徽

　　国徽的图案是一只昂首展翅的阿拉伯雄鹰，其胸前有一枚盾徽，绘着红、白、黑三色竖条的国旗图案，中央有两颗绿色五角星。国徽基部是两穗象征农业的稻谷。饰带上用阿拉伯文写着庄严的国名"阿拉伯叙利亚共和国"。

❧ 四、国歌

　　阿拉伯叙利亚共和国国歌名为《神圣的领土守护神》（又译作《卫国战士》），歌词如下：
　　祖国的战士，和平属于你。
　　我们意志坚强，不向人屈膝。
　　你神圣的殿堂，阿拉伯故乡，
　　你星星的座位将安然无恙。
　　叙利亚的平原是山上的城，
　　耸立在云中，高出云层。

阳光普照祖国的壮丽江山,
使人相信有一天它会更加昌盛。
我们的故乡啊美丽的天堂,
说她像天堂,其实就是天堂。
让思想跳动,让梦想飞翔。
统一的旗帜在大地飘扬。
每个人的眼睛都泛出黑色光芒,
烈士的鲜血汇成红色海洋。
祖国的精神是强大的保障,
纯洁的信仰挂在白色天上。
热情的人民穿戴着爱的衣裳,
历史的绿色一定会永远沧桑。
我们的精神啊强大的保证,
美丽的祖国必将会繁荣昌盛。
我们的子孙啊品德高尚,
将要让祖国重新变成天堂。

五、首都

　　叙利亚首都大马士革是世界上持续有人居住的最古老城市之一,是黎凡特和阿拉伯世界的主要文化中心之一,面积105平方千米,位于叙利亚西南部的前黎巴嫩山脉东部丘陵地带,距地中海东岸80千米,平均海拔为680米,以半干旱气候为主。大马士革是西亚地区重要的交通枢纽,铁路北通土耳其,西接黎巴嫩,南连约旦、埃及和沙特阿拉伯。大马士革国际机场是连接欧、亚、非三大洲的中继站。

　　大马士革被誉为"天国里的城市",迄今已有4 500多年的历史。公元前2000年,大马士革城出现大规模居民。公元前1259年,埃及法老拉美西斯二世控制了大马士革地区。公元前11世纪,来自美索不达米亚的闪米特人的分支阿拉米人曾以大马士革为中心建立了阿拉米-大马士革王国。公元前965年,国王埃兹龙向南扩张,阻止了以色列王国向北扩张。此后双方为争夺贸易霸权,发生多次冲突。到公元前8世纪,大马士革几乎被亚述人控制。提格拉特帕特沙尔三世执政后,镇压了叙利亚各地的大规模起义,于公元前732年完全征服了大马士革。公元前572年，新巴比伦人征服了大马士革。公元前538年，波斯国王居鲁士二世征服了大马士革。公元前333年，马其顿国王亚历山大一世征服了大马士革。公元前323年亚历山大死后，大马士革成为塞琉西和托勒密帝国之间斗争的场所。公元前64年，罗马将军庞培占领了大马士革。636年，大马士革被阿拉伯人征服。661—750年，大马士革成为倭马亚王朝的首都。阿拔斯王朝时期，大马士革成为地方城市。13—16世纪，大马士革沦为马穆鲁克王朝的统治区。

2011年内战爆发后，大马士革郊区战事较为激烈，首都安全局势骤然紧张。2012年1月初，叙利亚自由军控制了大马士革郊区杜马市大部分地区。1月31日，叙利亚政府军收复了杜马。2012年11月，叙利亚自由军占领了大马士革郊区塔达蒙东区。2015年4月，极端组织"伊斯兰国"占领了大马士革郊区耶尔穆克难民营。2017年10月，叙利亚政府军对大马士革农村省东区的"伊斯兰国"和叙利亚自由军的控制区发起攻势，叙利亚政府军全面控制了大马士革及周边地区的局势，首都的社会和政治局势趋于稳定。

今天，大马士革是叙利亚中央政府和所有政府部门的所在地。截至2019年8月，大马士革人口为450万，大马士革的大都市区包括杜马、哈斯塔、达拉雅、阿尔特托尔和贾艾尔马纳。大马士革城中著名的古迹有倭马亚大清真寺、阿拉伯医学博物馆、努尔丁浴池，以及基督教徒心目中的圣物凯桑门和圣保罗教堂等。

第二节　现代叙利亚政治体制的演变

一、自1946年以来的叙利亚政治概况

1946年4月17日，叙利亚宣布独立，走上了自主的发展道路。独立初期，叙利亚实行的是议会民主制。历经2年的议会民主政治之后，1948年叙利亚政局开始动荡。1949年一年内，叙利亚军人集团三次发动政变，加剧了政局的动荡，标志着议会民主制开始走向崩溃。此后，叙利亚统治权在军人集团和文官势力激烈的权力角逐中几番易手，军人政治与弱势民主交替出现。至1970年哈菲兹·阿萨德上台执

政，叙利亚共经历8年的议会民主政治（1945—1949，1954—1958）和5年的半议会民主制（1961—1966）。1962年3月28日—4月3日，一周之内在大马士革、霍姆斯和阿勒颇发生了三次军人政变，领导者分别来自复兴党军官和纳赛尔主义者。三次政变加速了议会民主政治的衰亡。1962年9月14日，新一届国民议会仍然召开了，建立了以哈立德·阿兹姆为首的各党派联合政府，但新政府终因派系纷争激烈而难以有所作为。

1963年3月8日，军事政变再次发生，政变军人推翻阿兹姆政府，组建革命指挥委员会，该委员会成为国家最高权力机构，议会民主制彻底终结。政变后，复兴党人占据了革命指挥委员会、政府及军事管制委员会的关键职位而成为真正的执政党。1963—1970年，复兴党新生代逐渐成为国家政治生活中的主导力量，并初步建立起复兴党党政合一的政治体制，从而彻底改变了叙利亚政治历程的发展方向。1966年2月23日政变后，贾迪德等新复兴党人重组国家政权机构，贾迪德以复兴党地区领导机构副总书记的身份操纵党政大权并推行新左派激进的政治和军事冒险主义政策，引起新复兴党人内部以哈菲兹·阿萨德为首的务实派复兴党人的不满。

1970年11月，复兴党人、国防部部长兼空军司令哈菲兹·阿萨德发动"纠正运动"，改组复兴党领导机构，重构立法系统，颁布新宪法，确立起叙利亚政治体制新的基本框架，即一党制总统共和制政体最终建立。哈菲兹·阿萨德凭借其超凡的政治才能和个人魅力，依靠党政军机构树立起全国性的政治权威的形象，政府的执政能力大大提高，民族认同和国家整合获得较大发展，实现了前所未有的政治稳定和统一。

2000年7月，巴沙尔·阿萨德就任总统。巴沙尔执政初期，在政治上强调复兴党领导的、通过全国进步阵线完成的政治多元化。2001年9月，叙利亚政府逮捕了"公民社会运动"中最著名的活动家。巴沙尔的政治改革遭到国内政治权贵的反对，不得不中止。此外，叙利亚实施的"社会的市场经济"催生了腐败问题丛生、贫富分化加大、失业率上升等严重的社会问题。由于复兴党政权对社会控制力的减弱，2006—2011年，叙利亚爆发了严重的旱灾，这导致其农业严重受挫，物价尤其是生活品价格暴涨，大量贫民涌入城市，使叙利亚社会经济雪上加霜，社会普遍不满。此时恰逢阿拉伯国家动荡之际，叙利亚国内也出现了内乱。

2011年3月中旬，叙利亚爆发了大规模抗议活动。这些抗议活动很快导致了抗议者与叙利亚安全部队的暴力冲突。叙利亚内乱的性质经历了"颜色革命"、全面内战直至"代理人"战争的演变过程，政治局势深陷国际政治博弈的漩涡中，一波三折。自2011年至今，内战使叙利亚政治生态遭到严重破坏，以总统巴沙尔·阿萨德为首的复兴党政权与反对派以及宗教极端组织展开激烈博弈，政权面临严峻挑战，叙利亚成为阿拉伯世界政治动荡的重灾区。

二、国体与政体

(一) 国体

1973年3月12日，叙利亚通过的宪法宣告了阿拉伯叙利亚共和国是社会主义国家，以伊斯兰教法律为纲，规定了复兴党重构的国家政治体制，也在经济、文化等方面确定了发展方向。1973年宪法明确指出："阿拉伯叙利亚共和国是人民民主和社会主义的主权国家。复兴党是社会和国家的领导者。国家实行社会主义计划经济。"叙利亚以宪法形式规定了国家的政治制度，即一党制总统共和制的政治体制。总统作为国家元首同时兼任军队最高统帅。哈菲兹·阿萨德自1971年出任总统后，事实上成为终身制总统。

2012年2月27日，叙利亚通过了新宪法。根据新宪法内容，国家政治制度以多元化为原则，改一党制为多党制；通过投票实施政权民主，总统由人民直接选举产生，任期七年，只能连任一届。这意味着废除了总统终身制。

(二) 政体

现代叙利亚政治体制经历了从议会民主制，一党执政、党政合一体制，到一党制总统共和制的复杂演变，并最终确立起复兴党一党执政、党政合一的政治体制，总统共和制成为最重要的特征。1973年宪法确立了复兴党领导下的总统共和制政治体制，赋予总统充分的权力，使中央政府的地位和影响大大加强。

叙利亚是一个行政、立法、司法三权分立的总统共和制国家。叙利亚实行总统制，议会行使立法权，总统领导内阁政府。总统代表人民在宪法范围内行使最高行政权，内阁总理由总统任命，人民议会行使立法权，最高法院为行使司法权的最高司法机关。此外，叙利亚宪法规定了权力制衡原则，包括如果议会以2/3多数通过，可对总统的叛国行为进行指控，总统也可以解散议会，但不能以同样理由第二次解散议会；最高宪法法院有权检查各项法律是否违宪，但议会和总统有修宪倡议权，2/3议员赞同并经总统核实即可修宪。

第三节　宪法

叙利亚宪法是国家的根本大法，决定了叙利亚的阿拉伯、民主与共和国的特性。此外，宪法规定了叙利亚的泛阿拉伯的意识形态，即叙利亚是中东地区更广泛的阿拉伯世界的一部分，以及叙利亚人是阿拉伯民族不可分割的一部分。

历史上，叙利亚有法治的宪制传统，宪法几经变化，反映了叙利亚政治体制的变迁。1928年民族联盟主导的立宪会议曾经起草叙利亚第一部宪法，引进欧洲的宪政模式，强调国家主权、议会选举、法律平等和宗教信仰自由等现代民主政治原则。至1950年宪法制定之前，这部宪法成为叙利亚民族独立国家的根本大法。1950年制定的独立后的第一部宪法以1928年宪法为蓝本，延续了法国委任统治时期的一院制议会民主政体。1950年宪法的基本宗旨是维护和推行议会民主制，它构成了资产阶级性质的叙利亚国家政治制度的基础。

1953年7月10日，施舍克里为了获得宪法上的合法性，着手制定新宪法。这部宪法规定叙利亚实行总统直接选举制，改变了以往总统由议会选举的制度，这是叙利亚由议会民主制向总统共和制转变的一次预演。1954年3月1日，阿塔西总统颁布成立新政府的法令，宣布废除军事独裁时期的宪法即1953年宪法，恢复1950年宪法。与此同时，恢复了1950年宪法颁布后的共和国议会。1958年3月5日，纳赛尔颁布阿拉伯联合共和国临时宪法。临时宪法规定：阿联实行总统民主制，总统在他委任的各部部长协助下行使职权，各部部长对总统负责，设立统一的国民议会行使立法权。

1964 年 4 月 25 日，叙利亚政府颁布过一部临时宪法。它规定，叙利亚实行民主社会主义共和制的国家制度，伊斯兰教为叙利亚的官方宗教，伊斯兰教法构成国家的立法基础；国家革命会议取代革命指挥委员会作为国家最高权力机构，其新的成员构成将包括农民、工人、军人、知识分子和非剥削资本家。临时宪法明确了生产资源国家公有的性质，明确了国有、集体和个人的三种所有制形式，还规定为了公共事业和利益可以没收私营企业。

1973 年宪法长期以来一直是叙利亚国家的根本大法。1973 年 3 月 13 日，经全民公决，叙利亚颁布了由复兴党地区委员会制定的新宪法——《阿拉伯叙利亚共和国宪法》，其一直沿用至 2012 年。这部宪法除序言外，共四章一百五十六条，全面阐述了国家性质，国家立法权、司法权、行政权等基本原则。宪法第八条规定复兴党是"领导社会和国家的政党"。宪法明确指出：阿拉伯叙利亚共和国是阿拉伯祖国的一部分，阿拉伯叙利亚的人民是阿拉伯民族的一部分，叙利亚人民为实现阿拉伯民族的全面统一而努力奋斗；阿拉伯叙利亚共和国的主权属于人民，人民依照本宪法的规定行使主权；伊斯兰教教法是立法的主要依据；国家经济是社会主义计划经济，力求消灭一切剥削；公民依法享有政治、经济、教育、文化、医疗、福利，以及新闻、印刷、出版自由和和平示威等权利，并履行相应义务；公民享有宗教信仰自由。宪法保障妇女依法享有平等权利和机会。

2011 年 10 月 18 日，叙利亚总统巴沙尔正式组建宪法委员会，拟对宪法进行修改。该委员会负责人为资深律师马兹哈尔·安巴里，曾参加 1964 年和 1973 年两次宪法修改。2012 年 2 月 26 日，经叙利亚政府控制区民众公投通过了现行宪法。由于叙利亚内战仍在继续，反对派占据了霍姆斯、哈马、德拉和北部省份伊德利卜等地区，这些地区的选民无法参加公投。1 460 万名叙利亚人参与了投票，投票率是 57.4%，其中 89.4% 的投票赞成采用新宪法。新宪法由总统巴沙尔·阿萨德签署，于 2012 年 2 月 27 日生效。

2012 年宪法除序言外，共分为六章。第一章为基本原则，第二章为权利、自由和法治，第三章为国家权力，第四章为最高宪法法院，第五章为修订宪法，第六章为总则和过渡性条款。2012 年宪法第八条规定："政治体制基于政治多元化的原则，仅仅是通过投票获得和行使民主统治。"2012年宪法第八十八条还提及了总统选举，并限制总统任期为七年，最多只有一次连任机会。宪法还规定："政党或社会团体的建立，不以种族、宗教、地域和部落为基础，任何政党的成立必须得到政府的批准。"2012年宪法明确指出："为了提高国民收入，发展生产，创造就业，提高人民生活水平，叙利亚不再实行计划社会主义经济，而坚持发展公有制和私营经济共同发展的经济原则。"2012年宪法规定，国家尊重和保护所有的宗教，伊斯兰教教法是立法的主要依据，国家支持科学研究，并保障科学研究、艺术创作、文学和文化创作的自由。2012年宪法还规定，禁止任何基于性别、出身、宗教或语言的歧视，国家统一、领土完整和服兵役被认为是叙利亚人民的"神圣职责"，而自由被认为是一项神圣的权利。

第四节　政党

阿拉伯复兴社会党（简称复兴党）是叙利亚的执政党。全国进步阵线至少把持着议会中250个成员中的167个议席。全国进步阵线是一个由复兴党和其他几个很小的政党组成的政党联盟，旨在孤立复兴党的敌对势力，扩大复兴党政权的统治基础。在不捍卫任何政党领导地位的政治多元化的原则基础上，2012年叙利亚新宪法引入了多党制。

❧ 一、政党概况

叙利亚是一个多党制的国家，有执政党、参政党和在野党。2011年8月4日，叙利亚总统巴沙尔颁布了新的政党法和选举法。政党法宣布叙利亚公民有权组建和参与新政党，禁止以"宗教、部族从属关系、地区利益、专业组织"为基础建立政党，禁止"种族、性别或肤色歧视的政党"；政党必须遵守宪法、民主原则和法制，尊重自由、政治权利和已经批准的法律，维护国家统一；不得建立任何公开或秘密军事或半军事组织，不得成为非叙利亚政党或政治组织的分支。同时，规定了建立政党的条件：必须至少有50个25周岁以上的创始成员，拥有叙利亚公民资格10年以上，而且不是任何其他叙利亚或非叙利亚政党的成员。2012年5月，7个新组建的反对党参加了新议会选举。

叙利亚最大的政党是执政的复兴党。全国进步阵线是复兴党领导下的统战性组织。参加全国进步阵线的党派共10个，它们是：阿拉伯复兴社会党、阿拉伯社会主义运动、叙利亚阿拉伯社会主义联盟、叙利亚共产党（巴格达什派）、叙利亚共产党（费萨尔派）、社会民主统一分子党、社会主义统一分子党、民主社会主义统一分子党、阿拉伯民主统一党和民族誓言运动。此外，叙利亚还有一个政党联盟——改革和人民解放阵线，包括叙利亚社会民族党和人民意志党。叙利亚其他合法登记的政党还有：团结党、阿拉伯民主团结党、叙利亚民主党、民族发展党、阿尔-阿萨尔党、民主先锋党、正义与发展民族青年党、叙利亚民族青年党、叙利亚祖国党和人民党等。

二、阿拉伯复兴社会党

1947年4月7日，阿拉伯复兴党正式宣告成立。其创始人是两名青年时代在法国接受西方教育的中学教师米歇尔·阿弗拉克和萨拉赫·丁·比塔尔。1952年，阿拉伯复兴党与阿克拉姆·胡拉尼领导的阿拉伯社会主义运动合并，成立了阿拉伯复兴社会党，简称复兴党。1954年，复兴党在叙利亚选举中赢得了142个议会席位中的22个，成为叙利亚议会的第二大政党。阿拉伯联合共和国时期，复兴党内军事派别设立了复兴党"军事委员会"，以便从阿弗拉克、比塔尔等领导的元老派手中夺取复兴党的控制权。1963年3月8日，在阿弗拉克授意下，复兴党"军事委员会"参与政变，并夺取了政权。之后，复兴党内部出现了以阿弗拉克、比塔尔等领导的平民元老派同萨拉赫·贾迪德和哈菲兹·阿萨德领导的军事委员会之间的权力斗争。由于两派之间的关系恶化，1966年2月23日，萨拉赫·贾迪德和哈菲兹·阿萨德等人再次发动政变，推翻了由阿弗拉克、比塔尔领导的全国革命委员会，并夺取了复兴党民族领导机构和地区领导机构的领导权。1970年11月13日，阿萨德发动"纠正运动"，夺取政权，成立临时地区领导机构，并自任总书记。1971年8月，复兴党召开"第十一届民族代表大会"，阿萨德当选为民族领导机构总书记。

2000年6月24日，叙利亚复兴党地区领导机构召开第九次代表大会，巴沙尔·阿萨德接替哈菲兹担任复兴党地区领导机构总书记。

2010年阿拉伯动荡前，巴沙尔·阿萨德领导的复兴党执政较为稳定。复兴党对内在政治上扩大民主，主张实行党政分开，继续巩固政治多元化和加强全国进步阵线作用。自2011年叙利亚内战爆发以来，复兴党在内战中发挥的作用有限。2012年宪法废除了1973年宪法第八条内容，即取消了"阿拉伯社会复兴党是国家和社会的领导党"的地位，但该党仍是全国进步阵线内第一大党，而巴沙尔总统及其家族、复兴党核心成员依然是叙利亚政治的关键决策者。

复兴党自1963年以来一直是叙利亚的执政党，在2016年议会选举中获得172个席位。

复兴党是中东地区成立较早、影响较大的泛阿拉伯民族主义政党。它是一个主张阿拉伯民族主义、泛阿拉伯主义、阿拉伯社会主义和反帝国主义利益等混合意识形态的政党。复兴党的口号是"统一、自由、社会主义"，意即阿拉伯国家的统一，以及不受非阿拉伯国家控制和干涉的自由。党纲规定，复兴党是民族主义和社会主义政党，其任务是复兴阿拉伯民族，建立一个统一的阿拉伯"社会主义"国家。它对内反对阶级冲突理论，实行工业的国有化、工人的工会化、土地改革等政策，并在一定程度上支持私有财产权和私有继承权；对外主张反帝、反殖、反以色列犹太复国主义，遵循不结盟政策。

复兴党在叙利亚、伊拉克执政前，总部一直在大马士革，在约旦、黎巴嫩、也门等阿拉伯国家建立了分支机构。复兴党的组织形式有两个机构，即"民族领导机构"（或称"民族指挥机构"）和"地区领导机构"。

根据党章，民族领导机构是由一位总书记领导的党在民族代表大会期间的权力机关。民族代表大会选举民族领导机构、民族审判法庭、党的纪律机构和党的领导人即总书记。其中"民族"是指阿拉伯民族，因此，民族领导机构领导和管理整个阿拉伯世界的阿拉伯复兴社会党运动的决策和协调。民族领导机构内民族联络处负责与党的地区分支保持联系。

地区领导机构是复兴党在一个阿拉伯国家设立的分支机构，其中"地区"是指一个阿拉伯国家如叙利亚、伊拉克和黎巴嫩等，这反映了复兴党的泛阿拉伯主义思想。地区代表大会是复兴党地区分支的最高权力机构，它由一个阿拉伯国家内各省复兴党的代表组成，选举产生地区领导机构，即一个阿拉伯国家内复兴党的领导层和领导人（即地区总书记）。民族领导机构领导地区领导机构，而地区领导机构领导党在本国的日常工作。显然，对于某一国家而言，地区领导机构的总书记握有实权。实际上，在叙利亚，复兴党叙利亚地区领导机构是党内权力更大的机构。叙利亚地区领导机构是叙利亚真正的政治领导机构，而民族领导机构的权力象征意义大于实际意义。巴沙尔为叙利亚复兴党地区总书记。叙利亚复兴党地区领导机构下设中央委员会、中央党校和一些基层党部。中央委员会负责党内的日常事务，复兴党中央党校负责培养复兴党党员干部，中央党校现任校长为阿里·迪比。地区领导机构下设14个省党部及大马士革大学、阿勒颇大学、十月大学和复兴党大学党部，省党部下设县党部，县以下设区党部和支部，支部成员一般为3~7人。复兴党拥有众多的党员以及广泛的群众基础，党的纲领就是国家的主导思想与居统治地位的人的意识形态，党的组织机构发挥着凝聚精英、调控权力和整合社会的重要职能。叙利亚的政府、军队的关键部门均由复兴党党员担任领导职务，而且主要社会团体和工会、商会、妇联、各类行业联合会及高等院校的负责人也均由复兴党党员出任。

复兴党党员分三种类别：积极党员、预备党员和支持者。积极党员必须出席本国复兴党的所有正式会议，并在政党选举中享有表决权，还可以竞选政党官职。叙利亚复兴党组织严密，对党员的考察很严格，支持者需要经过18个月的考察才能晋升为预备党员，然后再经过18个月的考验才能成为积极党员。

复兴党是一个泛阿拉伯性质的小资产阶级民主主义政党，其社会基础是工人、农民、小生产者、学生、教师、军人和知识分子。1963年中期，复兴党在叙利亚只有2 500名党员。自1970年以来，叙利亚复兴党成员急剧增加。1971年，复兴党有65 938名党员。到1992年中期，党员达1 008 243人。2003年，复兴党党员约180万人，占叙利亚总人口的18%。

❖ 三、全国进步阵线

1972年3月，哈菲兹·阿萨德创建了复兴党主导下的政党联盟——全国进步阵线，它主张建立一个社会主义和阿拉伯民族主义的政府。

全国进步阵线是一个统一战线性质的政治协商机构。全国进步阵线章程规定，复兴党总书记兼任全国进步阵线主席，复兴党控制着50%的席位，以及执行委员会的一票；参加全国进步阵线的党派必须承认并接受复兴党的领导地位。目前，巴沙尔总统兼任全国进步阵线中央领导机构主席。作为政治协商机构，全国进步阵线的作用主要表现在，它是叙利亚社会政治参与的渠道，发挥着联合各种进步和爱国政治力量，凝聚不同社会阶层，巩固和扩大政权的政治基础，稳定国内政局等方面的作用。从1972年到2011年，只有参与全国进步阵线的政党被允许合法地在叙利亚活动。叙利亚人民议会的一些席位，专门预留给全国进步阵线中除复兴党以外的政党。但全国进步阵线中的非复兴党党派不允许在军队或学生团体的支持者中拉选票，而这些选票是专门为复兴党保留的。

四、叙利亚共产党

叙利亚共产党（简称"叙共"）是叙利亚议会第三大党，在2016年议会中拥有4个席位。

1924年10月24日，黎巴嫩人优素福·易卜拉欣·雅兹贝克和黎巴嫩裔埃及人福阿德·沙马里等五人成立了叙利亚-黎巴嫩共产党，对外的正式名称是黎巴嫩人民党，该党是叙利亚共产党的前身。叙利亚共产党始建于1936年，创始人是大马士革的库尔德人哈立德·巴格达什。哈立德·巴格达什倡导马克思主义意识形态。该党成员主要是库尔德人和亚美尼亚人。1944年，叙利亚和黎巴嫩共产党开始分开进行活动，但又在1950年8月、1958年、1964年实现短暂的联合。1954年，叙利亚共产党获得合法地位，成为阿拉伯世界第一个具有合法地位的共产党组织。1958年叙利亚与埃及合并以后，共产党遭到取缔。1963年政变后，共产党再次遭到打压。1966年政变后，叙共党员萨米赫·阿提亚赫成为内阁部长。1972年，叙共获准加入了复兴党领导的统战组织——全国进步阵线，从而成为叙利亚的参政党，直至1980年代中期后发生分裂。1987年，叙利亚共产党从组织上分裂为叙利亚共产党（费萨尔派）和叙利亚共产党（巴格达什派），均为参政党。1991年5月，叙共（巴格达什派）召开七大，巴格达什再次当选为总书记。1991年10月11日—14日，叙利亚共产党第七次全国代表大会召开，大会以秘密投票的方式，选举产生了80人的中央委员会，又由中央委员会选举产生了政治局成员，优素福·费萨尔当选总书记，穆拉德·优素福当选副总书记。此后，叙利亚共产党的发展进入了叙共（巴格达什派）与叙共（费萨尔派）分裂的新时代。两派均支持复兴党执政，为叙合法政党，在议会、政府和全国进步阵线中均有自己的代表。

叙共（巴格达什派）成立于1986年，由叙利亚共产党著名领导人哈立德·巴格达什领导。1995年7月15日，哈立德·巴格达什去世。同年8月24日—26日，叙共（巴格达什派）举行第八次代表大会，哈立德·巴格达什的妻子维萨拉·法拉赫·巴格达什当选为新任总书记。2012年维萨拉去世后，其子欧麦尔·巴格达什成为党的领导人。叙共（巴格达什派）是叙利亚人民委员会中民族进步阵线的成员。2016年人民议会选举中，叙共（巴格达什派）获得3个席位，在叙利亚政府中有一个部长职位。

叙利亚共产党（联合）成立于1987年，是由当时的优素福·费萨尔派创立的，因此也被称为叙共（费萨尔派）。1996年11月，叙共（联合）召开第八次代表大会，优素福·费萨尔当选为总书记。2011年3月，叙共（联合）举行第十一次代表大会，选举哈尼·尼米尔为总书记。在2007年和2012年叙利亚议会选举中，叙共（联合）都获得了3个席位。在2016年人民议会选举中，叙共（联合）获得1个席位。

🏵 五、叙利亚社会民族党

叙利亚社会民族党成立于1932年，创建人是安东·萨阿德。叙利亚社会民族党是一个在黎巴嫩、叙利亚、约旦、伊拉克和巴勒斯坦活动的民族主义政党，它主张在肥沃新月地带，即今天的叙利亚、黎巴嫩、伊拉克、科威特、约旦、巴勒斯坦、以色列、塞浦路斯、西奈半岛和土耳其东南部（亚历山大和西里西亚）建立一个叙利亚民族国家。

目前，在叙利亚，叙利亚社会民族党有10万党员，是叙利亚第二大合法的政治组织，仅次于执政的复兴党。20世纪50年代初，该党在叙利亚已经成为一个主要的右翼政治力量，但1955—1956年被当局禁止活动。20世纪60年代末，该党加入了左派，并与巴解组织和黎巴嫩共产党结盟。随着时间的推移，叙利亚社会民族党和复兴党政权的历史关系经历了从敌人到盟友的戏剧性转变。2001年，尽管被官方禁止，该党仍被允许以观察员身份参加复兴党领导的全国进步阵线会议。2005年，叙利亚社会民族党在叙利亚取得合法政党地位，并加入了复兴党领导的全国进步阵线。2007年4月22日，该党在叙利亚人民议会选举中获得3个议席。

2011年叙利亚危机爆发后，叙利亚社会民族党参与了支持政府的反示威活动。与此同时，该党成员成为叛军武装分子的目标，遭到绑架或暗杀。

叙利亚社会民族党武装人员的数量有6 000～8 000人，他们与叙利亚政府军并肩作战，反对叙利亚反对派和"伊斯兰国"。到2014年2月，叙利亚社会民族党武装主要部署在霍姆斯和大马士革等省份，成为苏韦达尔地区叙利亚军队之外最强大的军事力量。

在2016年4月的人民议会选举中，叙利亚社会民族党获得30个席位，在叙利亚官方政治体系中发挥着巨大的作用。

第五节　议会

❖ 一、组织机构

人民议会是叙利亚国家立法机构，是一院制的议会。

1971年2月16日，叙利亚建立新的人民议会，即国会。1973年宪法对人民议会的基本职能做出规定：叙利亚共和国的人民议会实行一院制，议会的主要权力是提名总统候选人、通过立法和批准政府财政预算。人民议会拥有广泛的权力，其范围包括：批准有关国家安全的国际条约和协定，决定大赦、接受和批准议员的辞呈，撤销对内阁成员的信任等。议会可以以2/3的多数否决总统的法律议案，但总统有解散人民议会的权力。在人民议会休会以及特殊情况下，总统可以根据国家利益的需要自行颁布法令。宪法修正案需要人民议会3/4的多数赞成和总统的批准方可生效。

然而，自建立以来，人民议会实际上处于政治决策过程的边缘，它本身没有立法创制权，立法创制权依据宪法属于总统的职权范围。

不过，人民议会仍然发挥着一定的社会政治功能。首先，人民议会是复兴党政权合法性的标志。人民议会通过法律机制和正规程序进行活动，本身也说明政权具有一定程度的法理性基础。其次，人民议会起到了社会控制和利益表达功能。尽管议会并不能代表所有公民的利益，但对那些作为政权社会基础的群体和阶层来说，它仍不失为一种重要渠道。通过人民议会，社会各阶层、各行业、各地区乃至不同宗教少数派的政治利益得到整合，复兴党领导下的国家与政权的政治合法性得以确立。

🏵 二、议会选举

人民议会共拥有250个席位。根据2012年宪法，人民议会每四年举行一次选举，实行公开、保密、直接、平等投票的原则。2012年5月7日，叙利亚举行了首次在多党制基础之上的人民议会选举。2016年人民议会选举期间，由于反政府武装掌控着阿勒颇省、霍姆斯省和德拉省，库尔德人处于半自治地位，而国内外的反对派联合抵制选举，投票率仅为57.56%。

2016年人民议会选举的结果显示，复兴党领导的全国进步阵线获得了人民议会250个席位中的200个，其中人民议会第一大党复兴党获得172个席位；改革和人民解放阵线赢得了5个席位。

🏵 三、议长

叙利亚人民议会每四年选举产生一届。新产生的人民议会的第一次会议负责选举议长。议长主持人民议会日常工作并有权召集人民议会的特别会议。在叙利亚，总统任期届满60天前，议长要求举行新的选举，所有的总统候选人都必须得到议长的亲自批准。议长行使人民议会内部章程所赋予的权力，签署代表人民议会的文件。自1919—1920年叙利亚国民大会以来，叙利亚已经有29位议长。2016年6月6日，新一届人民议会举行第一次会议，选举复兴党成员、来自代尔祖尔省的哈迪耶·阿巴斯博士为人民议会议长，任期为四年。她也成为叙利亚首位女议长。

第六节　　　　总统及政府

❧ 一、总统

1973年宪法规定，在行政权方面，以全民选举产生的总统代表人民在宪法范围内行使最高行政权；他与内阁共同制定国家总政策，并监督执行，有权任免副总统，内阁会议主席（即总理）和内阁成员，军队将领，最高宪法法院法官等；根据现行立法颁布法令、决定和命令；有权宣布战争、总动员以及媾和，宣布或终止紧急状态，任免驻外使节；依法批准或废除国内的条约和协定，对议会通过的法令有否决权；在适当时候解散议会，在议会闭会期间、国家安全紧急时刻或两届议会交替时期行使立法权，对重大问题持有否决权；总统作为国家元首同时兼任武装力量最高统帅。

2012年宪法对总统制进行了修改。总统由全民投票选举产生，任期七年，只能连任一次。总统候选人在复兴党地区委员会建议下由人民议会提名。新总统的选举应在前任总统结束任期的不少于30天和不多于60天的期间完成，候选人应获得全部投票者的绝对多数选票才能当选。依据叙利亚宪法第八十四条和八十五条，总统候选人必须具备以下6个条件：第一，候选人必须是穆斯林；第二，候选人必须得到35名议会议员的支持；第三，候选人必须年满40周岁；第四，选举前，候选人必须在叙利亚生活了10年；第五，候选人及其父母必须出生在叙利亚；第六，候选人不得与非叙利亚籍配偶结婚。

1973年宪法颁布后，确认了叙利亚为"总统共和制"政体。哈菲兹·阿萨德自1971年至2000年6月病逝，作为唯一的总统候选人，于1971年、1978年、1985年和1991年连续四次当选总统。在1985年和1991年的总统选举中，哈菲兹·阿萨德都获得99.9%的选票。现任总统巴沙尔·阿萨德于2000年7月任职。2007年5月，叙利亚通过全民公决确认巴沙尔获得第二个总统任期。

2014年6月3日，叙利亚举行了总统选举。这是自复兴党执政以来，叙利亚首次出现多个候选人参与竞选总统。共有24名候选人向最高宪法法院提交了总统竞选申请，其中包括两名妇女和一名基督教徒。其中，除巴沙尔外，还有两名候选人符合参选的所有条件，他们是叙利亚国家行政和改革倡议组织成员、来自大马士革的54岁议员哈桑·阿卜杜拉·努里，以及前人民意志党党员、来自阿勒颇的43岁议员马赫尔·哈吉尔。6月4日，叙利亚最高宪法法院宣布投票率为73.42%，巴沙尔·阿萨德以88.7%的得票率当选，从而开始他的第三个为期七年的总统任期。

二、政府

叙利亚总理是阿拉伯叙利亚共和国的政府首脑。内阁会议主席即总理辅佐总统行使权力，领导政府日常活动，实现政府职能，向总统负责。总理由总统任命；总理连同其他部长和政府成员建议新总理的人选。新政府正式就职之前，叙利亚人民议会通过立法程序批准新政府。宪法没有限制总理的任期。现任叙利亚总理为复兴党党员伊马德·哈米斯。

部长会议（内阁）是叙利亚国家的最高行政和管理机构。2012年宪法第一百一十八条规定，内阁是国家最高行政和管理机构。叙利亚内阁机构主要包括国防部、外交部、内政部、新闻部、经济和外贸部、文化部、灌溉部、电力部、环境部、教育部、财政部、卫生部、宗教事务部、社会事务和劳工部、供应和国内贸易部、旅游部、农业和农业改革部、石油和矿业资源部、侨民事务部、司法部、高等教育部、交通部、工业部、运输部、建筑部、住房部、总统府事务部、地方管理部等。

内阁对总统负责，协助总统制定政策，并负责执行指导、协调和检查各级国家机关的工作；编制预算草案；制定法律和发展规划；依法缔结协定条约；颁布行政决定并监督执行。

第七节　　司法机关

叙利亚司法机构是独立的。2012年宪法第一百三十二条规定："总统担任国家最高司法委员会主席。国家最高司法委员会确保提供必要的保障，保障司法制度的独立性。"国家最高司法委员会由高级法官组成，总统主持国家最高司法委员会的工作，它负责法官的任免事宜。2012年宪法第一百三十四条规定："法官是独立的，不服从法律以外的任何权威。法官的荣誉、良知和公正是公众权利和自由的保障。"叙利亚各级行政当局都无权非法干涉司法机构的判决。

叙利亚的法院体系分为一般司法法院和行政司法法院，以及军事法院和安全法院。1973年建立的最高宪法法院为叙利亚司法组织的最高机构。叙利亚各省设上诉法院，各省、市、县设初级法院和调解法院。最高宪法法院由一名首席法官（院长）和4名法官组成，他们由总统任命，任期为四年，可连任。最高宪法法院对宪法、法律有最终的解释和裁决权。

叙利亚一般司法法院分为6种：

（1）最高法院：为一般诉讼法案的最高司法机关，由1名院长、7名副院长及31名法官（或成员）组成。

（2）上诉法院：每个上诉法院由1名院长和多名副院长及若干名法官组成，叙利亚共有54个上诉法院。

（3）初级法院：叙利亚共有72个初级法院。

（4）调解法院。

（5）民族宗教法院（适用于穆斯林、非穆斯林社团、德鲁兹人）：裁决有关个人地位的事务，如离婚、继承。

（6）未成年人法院。

叙利亚军事法院有权审判平民和军事人员。军事法院共有两个：大马士革军事法院和阿勒颇军事法院。民事被告的审判地点由军事检察官决定。

叙利亚安全法院有两个：一是最高国家安全法院，审判政治和国家安全案件；二是经济安全法院，审判有关金融犯罪的案件。安全法院遵循《国家紧急状态法》，不遵守宪法规定的保护被告的权利。2011年4月21日，巴沙尔·阿萨德总统发布第53号立法法令，废除了最高国家安全法院，以反恐法院取而代之。2012年宪法第一百一十四条规定："如果发生严重威胁国家统一或国土安全和独立的危险，或者阻碍国家机构履行宪法赋予的职责，总统可能会根据情况迅速采取必要的行动来面对危险。"根据此项规定，总统有权正式宣布国家进入紧急状态。

第四章 军事

第一节　叙利亚军队概述

❖ 一、现代叙利亚军队简史

　　叙利亚军队是中东一支实力较强的武装力量。1918年11月，在土耳其军队中服役的一些叙利亚人和其他阿拉伯人一起开始组建阿拉伯人自己的军队。1920年5月3日，他们组建了一支兵力约为8 000人的叙利亚军队，即叙利亚国防军，优素福·阿兹迈准将出任叙军总参谋长。1925年，叙利亚国防军发展壮大，法国委任统治当局将其改组为黎凡特特种部队。第二次世界大战期间，1941年，这支黎凡特军队参加了英国、自由法国对法西斯德国和法国维希政权的战斗。1945年，叙利亚政府正式提出要求法军撤走；7月，叙利亚和法国在什图拉举行会议，法国同意交出军权。到1945年年底，这支军队有5 000人，另有3 500人的宪兵队。1946年8月1日，叙利亚政府正式接管军队，这一天遂被定为叙利亚的建军节。

　　1946年9月19日，叙利亚政府颁布第109号法令，组建临时"国民军"。独立后，叙利亚军队已经成为一支组织严密、纪律性较强、具有一定战斗力的现代化职业军队。1958—1961年，叙利亚与埃及合并成立了阿拉伯联合共和国（阿联），阿联统一指挥叙利亚军队。叙利亚军队参与了多次中东战争，包括1948年的阿拉伯国家与以色列的战争、1967年的"六五战争"、1973年的"十月战争"，以及黎巴嫩内战。1949—1967年，叙利亚发生了一系列军事政变，军人逐渐成为叙利亚政治舞台上的一支重要力量。

1963年"三八革命"后，复兴党开始执政。复兴党重视军队建设，叙利亚军队发展较快。1966年，叙利亚军队人数达7.5万，武器装备亦有较大改进。1974年，哈菲兹·阿萨德总统在拉巴特会议上提出实现同以色列战略平衡的口号，针对叙以接壤的战场形势，大力加强空军和装甲部队的建设，提高叙防空能力；建立装备精良的首都警卫部队和特种部队，建立军队政治局以加强对军队的控制。20世纪80年代末，由于苏联军援中断，以及叙利亚为了加强经济建设而限制军费开支，叙军装备水平下降，战斗力受到较大影响。1990年，叙利亚军队参与了海湾战争，并得到了沙特等海湾国家的军事援助，军队人数达40多万。2000年，巴沙尔·阿萨德担任武装部队总司令后，保证了军队对他的支持。至2011年叙利亚危机爆发前，叙利亚军队是一支传统的防御部队，它的主要职责是保卫国家安全与维护国内稳定。

自2011年3月叙利亚危机爆发以来，叙利亚军队成为一支反叛乱部队，它的职责是保护民众生命、维护国家安全和领土完整，主要打击国内叛乱分子和极端武装组织。其间，叙利亚政府军与各反对派武装发生激烈战斗，危机演变为内战，军队成为维护国内和平的坚强支柱。2011年7月，叙利亚政府军平息了"穆斯林兄弟会"据点哈马的叛乱，又攻占了反政府武装"叙利亚自由军"大本营霍姆斯的巴卜阿姆鲁地区。2012年7月18日，叙利亚军事情报局内发生自杀式爆炸，数名叙利亚军队高官死伤，死者包括国防部部长兼叙军副总司令达乌德·拉杰哈上将等。之后，巴沙尔总统调整了军队高层人员，叙总参谋长兼陆军参谋长法赫德·贾西姆·费拉杰接任国防部部长。2013年，经过战争消耗，叙利亚政府军实力大减，但仍保持20万人左右的规模，拥有数百枚各型导弹和数百架飞机。2014年，叙利亚政府军减少到15万人，逐渐失去了内战初期的军事战略优势和战争主动权。

2015年8月，经叙利亚政府同意，俄罗斯正式军事介入叙利亚局势，扭转了叙利亚政府军的颓势。之后，在俄罗斯、伊朗和黎巴嫩真主党等的支持下，叙利亚政府军一直努力收复被反对派和"伊斯兰国"控制的领土。2016年1月，叙利亚政府军将反对派武装彻底逐出拉塔基亚省，控制了德拉省的战略重镇马斯卡因，挫败了"伊斯兰国"对代尔祖尔省的进攻。2016年上半年，政府军重新夺回了巴尔米拉；12月底，完全收复阿勒颇市。

2017年春季，叙利亚政府军开始全面反攻。2月14日，政府军清剿了"伊斯兰国"在叙中部霍姆斯省东部哈扬天然气田地区的最后据点。4月，政府军收复了阿勒颇省全境。5月，政府军发起代号"伟大黎明"的军事行动，在哈马省、霍姆斯省和拉卡取得阶段性胜利。7月27日，政府军收复了叙利亚西南部库奈特拉省首府库奈特拉市，并在库奈特拉市中心的广场上举行庆祝活动。9月5日，政府军打破了极端组织对于叙东部城市代尔祖尔长达3年的围困，并给盘踞当地多年的"伊斯兰国"武装以沉重打击。11月8日，政府军及其盟友攻陷"伊斯兰国"在叙利亚境内的最后一个主要据点——阿布卡迈勒。

2018年4月14日，叙利亚政府军全面收复东古塔地区。5月22日，政府军彻底收复了大马士革市和大马士革农村省。6月25日，政府军在西南部发动大规模进攻，控制了德拉省东北部地区。7月24日—25日，叙利亚政府军击败了占领苏韦达省西南部的叛军，收复了德拉省以及库奈特拉省一系列村庄。8月1日，政府军清除了"伊斯兰国"在德拉省卡希尔村最后的据点。8月24日，政府军突破"伊斯兰国"在苏韦达省萨法山区西南部地区的防线，并控制了哈蒂尔水坝。

2019年2月23日，巴沙尔总统发布决战动员令。8月1日，叙政府军及其盟友继续进攻哈马省北部的武装分子阵地，解放了许多村庄。8月23日，政府军攻下伊德利卜省重镇汉谢洪。8月30日，政府军继续进攻伊德利卜省的南部和东南部。9月3日，政府军在卡巴尼镇以南获得较大进展后，继续进攻拉塔基亚省东北部地区。9月12日，叙利亚空军对伊斯兰极端组织"沙姆解放阵线"控制的伊德利卜省南部和西部地区实施了空袭。

截至2019年9月，叙利亚政府军控制着全国70%以上的领土，而库尔德人"民主联盟党"领导的"叙利亚民主军"仍控制着包括拉卡、曼比季等在内的叙利亚东北部地区，反对派控制着西北部地区的伊德利卜省。此外，幼发拉底河以东地区有一片飞地不属于叙利亚政府军控制区，它由库尔德人主导的"叙利亚民主军"控制，亦称"北叙利亚民主联邦"地区，叙利亚政府军在该地区有驻军，控制着卡米什利军用机场，并监管卡米什利市区和哈塞克市的安全。

🎗 二、国防体制

　　叙利亚宪法规定，总统为武装部队总司令。最高军事统率机关是武装力量总司令部，下辖国防部和总参谋部。总统通过总参谋部和三军司令部对全军实施领导和指挥。叙利亚国防部是最高军事行政机关，主管军队的行政、训练和军工生产等项工作。总参谋部在总司令部和国防部领导下，日常主要负责陆军工作，临时或战时则根据总司令的命令协调陆、海、空三军的作战行动。

　　1971年成立的叙利亚军队政治部，接受总司令部和复兴党总部的双重领导，负责全军的政治教育和宣传工作。部队营以上单位设复兴党组织，派有负责政治工作的复兴党专职干部，军衔比部队主官低，无指挥权。

　　叙利亚全国划分为四个军区：南部军区辖区为大马士革、大马士革农村省、德拉省、苏韦达省和库奈特拉省，司令部设在大马士革市；中部军区辖霍姆斯省和哈马省，司令部设在霍姆斯市；北部军区辖阿勒颇省、哈塞克省、代尔祖尔省、拉卡省和伊德利卜省，司令部设在阿勒颇市；海防军区辖拉塔基亚省和塔尔图斯省，司令部设在拉塔基亚市。军区主要负责辖区的后勤、民防、管理和征兵等工作，平日负责驻扎在辖区内的作战部队的后勤保障，但无指挥和调动权。

第二节　　叙利亚军队的构成

🎗 一、军事实力

　　叙利亚是中东地区的军事大国之一。叙利亚武装部队由正规军、预备役部队和准军事部队组成。正规军分为陆军（含特种部队、共和国卫队和警卫部队等）、海军、空军及防空军、宪兵等几个军种。阿拉维派约占叙利亚正规军的70%，逊尼派在预备役部队中占绝大多数。叙利亚军队军官队伍呈现出民族的多元化，但高级军官通常来自政治上更加忠诚的阿拉维派和德鲁兹人。一般而言，叙利亚军官不一定是占主导地位的复兴党成员，但只有成为复兴党成员的军官才能晋升到更高的军职。

内战期间，叙利亚军队中一些逊尼派军官和士兵叛逃，组成了反政府的武装力量，严重破坏了军队的稳定与发展。目前，叙利亚国内亲政府的军队和准军事部队大致分为三类——政府支持的正规军、政府支持的叙利亚国防军等非正规民兵部队，以及国外支持的非正规民兵组织（主要是真主党及伊朗支持的非正规民兵组织）。

1. 陆军

陆军是叙利亚最大的军种，比重约占叙军的80%，陆军司令亦是叙利亚军队参谋长，一般由阿拉维派担任。叙利亚陆军历来重视重型机械化部队的发展。重型机械化部队分为3个军部，包括大规模的重型部队，如9个装甲师（包括1个独立的装甲旅）、3个机械化师、2个独立反坦克旅和1个独立坦克团，以及执行特殊任务的1个特种部队师与1支共和国卫队等。其中，共和国卫队和第四装甲师是叙利亚军队最精锐的两个师。

叙利亚共和国卫队，也称为总统卫队，是一支由2.5万精锐士兵组成的机械化师。它成立于1976年，负责保卫首都大马士革和叙利亚政府高级官员的安全，是叙利亚武装部队中最精锐、战斗力最强的军队，是叙利亚唯一允许在首都活动的军事力量。为了保证绝对忠诚，卫队人员大多来自阿萨德家族所属的阿拉维派。2000年，巴沙尔就任总统后，将共和国卫队交给了自己的弟弟马赫尔·阿萨德指挥。内战期间，共和国卫队在多处战线击败反政府武装，为叙利亚军队控制局势做出了重要贡献。

2. 海军

叙利亚海军是中东地区规模较小的海军之一，其司令部位于拉塔基亚市。1950年，叙利亚政府从法国采购了几艘军舰之后，成立了叙利亚海军。叙利亚海军舰队规模较小，舰队驻扎在拉塔基亚、巴尼亚斯和塔尔图斯等港口，每艘舰船为一个独立的作战单位。此外，海军中有一支350~500人的海防步兵部队，负责保护叙利亚196千米长的海岸线。

3. 空军

叙利亚空军是中东地区规模最大的空军之一，成立于1948年。叙利亚内战期间，叙利亚空军主要对反对派和伊斯兰极端组织武装占领的领土实施纵深打击，以及对陆军的军事行动进行支援。叙利亚全国有15个空军基地，哈马空军基地是叙利亚较为重要的空军基地。

4. 防空军

叙利亚防空军是中东地区最大的防空力量之一，是叙利亚武装部队的独立军种。目前，叙利亚防空军拥有4个军、11个师、36个旅、150个团。叙利亚防空军的主要技术装备包括战术层面的地对空导弹系统和战略层面的地对空导弹系统，对叙利亚领空实施多重防护。

5. 驻外部队和外国驻军

1976年10月，根据阿拉伯六方利雅得首脑会议的决定，叙利亚派部队进驻黎巴嫩，常驻兵力约4万人。1989年，黎巴嫩各派签署了民族和解文件——《塔伊夫协议》，结束了黎巴嫩内战，也规定了叙利亚军队驻扎黎巴嫩的范围和期限。1996年，驻扎在黎巴嫩的叙利亚军队减少至2.5万人。从2001年—2003年3月，叙利亚四次削减驻黎部队。至2005年，驻黎巴嫩的叙利亚军队约为1.5万人。2005年4月27日，最后一批叙利亚军队离开了黎巴嫩。

1974年5月，叙利亚与以色列达成了《停火和脱离接触协议》。根据协议，由联合国观察员部队进驻戈兰高地东侧的军事隔离区，负责维持两国在戈兰高地的停火。这支联合国维和部队监控停火线上叙利亚方面唯一的出入境关口——库奈特拉过境点。叙利亚内战期间，联合国维和人员的安全受到严重威胁。2013年3月5日，叙利亚反对派武装人员扣押了约20名驻扎在戈兰高地的联合国维和部队士兵。2014年，联合国观察员部队共有1 200余名维和人员。2014年8月28日，叙利亚反对派、宗教极端组织"努斯拉阵线"袭击了联合国观察员部队在戈兰高地军事隔离区库奈特拉附近的哨所，并扣押了45名斐济籍维和人员。同年9月，"努斯拉阵线"占领库奈特拉关口，联合国部队撤往叙以脱离接触地区的以色列一侧。2018年7月底，叙利亚政府军重新控制库奈特拉关口。2018年8月10日，一支联合国观察员部队重新驻扎库奈特拉边境哨所，回到了叙以在戈兰高地的缓冲区。

土耳其军队对叙利亚的入侵严重威胁着叙利亚的国家主权。截至2019年9月，土耳其军队占领了叙利亚阿勒颇省的部分地区和哈马省西北部地区。2016年8月，土耳其在叙北部发动代号为"幼发拉底盾牌"的军事行动，控制了阿勒颇省北部2 000平方千米的地区。2018年

1月20日，土耳其军队对叙利亚西北部城镇阿夫林实施跨境军事行动。2018年3月18日，土耳其军队及其支持的叙利亚自由军控制阿夫林全境，将叙利亚库尔德民兵组织"人民保护军"逐出阿夫林。2018年5月23日，土耳其政府正式宣布叙利亚阿夫林地区成为土耳其领土，命名为阿夫林州，土耳其还任命了阿夫林州各级政府长官，部署了一支武装警察部队维持治安。2019年9月8日，土耳其武装部队在叙利亚境内塔尔阿卜耶德附近地区巡逻。

二、军队机构

叙利亚军队最高领导机构为总司令部，巴沙尔总统任总司令。总统通过国防部、总参谋部和三军司令部实施全军的领导和指挥，总司令部通过国防部和总参谋部对军队实施领导与指挥。国防部是政府最高军事领导机构，国防部部长拥有很大权力。总参谋部在总司令部和国防部领导下，负责平时战备工作和战时作战指挥。

叙利亚军事安全机构主要由军队、警察、情报部门构成。复兴党监督国家安全局，国家安全局下辖内政部，内政部由警察部队、政治安全和情报部门组成。叙利亚有15个安全和情报机构，其中最重要的是情报总局、政治安全局、军事情报局及空军情报局。安全和情报机构的领导人拥有较大的权力，直接听命于总统。

三、军衔制度及兵役制度

叙利亚军官军衔分三等十级，将官分上将、中将、少将、准将，校官分上校、中校、少校，尉官分上尉、中尉、少尉。目前，叙利亚陆军和空军最高军官为上将，海军最高军官为中将，总统和国防部部长均为上将军衔。

根据叙利亚兵役法，叙利亚实行义务兵役制，凡年满18周岁的叙利亚公民均应服兵役，可选择强制服役和自愿服役，服役期为30个月。同时规定妇女不得被征招，但可以自愿服役。预备役最高服役年龄为45周岁。叙利亚义务兵服役期为1~3年。内战前，义务兵服役期限逐渐减少，2005年为30个月，2008年为21个月，2011年为18个月。2011年3月28日，巴沙尔总统发布法令，规定叙利亚成年男性在军校学习并服役的期限从21个月缩短至18个月；规定国外的叙利亚籍成年男性可通过缴费方式抵消服役，其中海湾地区叙利亚籍成年男性需缴纳 5 000 美元，欧美等国的叙利亚籍成年男性则需缴纳 10 000 美元；该法令自 2011 年 6 月 30 日起开始实施。此外，叙利亚大学生可以延期服兵役，为家中独子的年轻男性可不服役。

❀ 四、军事院校

独立后，叙利亚政府非常重视军队的现代化建设，不仅改组了军队组织结构，而且几乎更新了全部的军队装备，军官的遴选和培养体系也更为现代化。1967 年"六五战争"后，叙利亚提出了"全民战争"的口号。在这一指导方针下，叙利亚开展"全民皆兵"的国防教育。为此，叙利亚还成立了"革命和祖国委员会"，任务是对居民进行"提高对国家命运的责任感和准备进行长期武装斗争"的国防意识教育。

叙利亚有军事院校近 30 所，主要分布在大马士革、霍姆斯、阿勒颇和拉塔基亚等地，包括：霍姆斯军事学院、参谋指挥学院、女子军事学院、空军学院、海军学院、军事外语学院、阿萨德军事工程学院、预备军官学校等。其中霍姆斯军事学院是成立最早的叙利亚军事院校，它面向所有阶层的叙利亚人招生，不分阶级、阶层或种族，不收取任何费用，并且向每个学生支付一定津贴。女子军事学院是叙利亚唯一的一所培训女军官的军事院校，成立于 1988 年，位于大马士革国际机场旁，学制为三年，学生毕业后到军队的电子、通信部门工作。

第三节　准军事力量

除正规军外，叙利亚还有一些军事化组织，分别隶属于内政部、国家安全局，由内部治安军、叙利亚国防军和萨比哈民兵武装、情报部门等准军事力量组成。

❀ 一、国家安全局

叙利亚国家安全局是叙利亚复兴党的机构之一。20 世纪 80 年代，国家安全局是叙利亚国内最大的情报搜集和内部安全机构，约有 2.5 万人。国家安全局管辖叙利亚的国内安全机构，负责搜集有关国内安全的情报，并秘密地监视和镇压反对派的活动。这些国内安全机构有自己的情报网，并相互独立行动，总统和国家安全局局长直接领导这些机构。

❧ 二、内部治安军

内部治安军是负责叙利亚国内治安的主要武装部队，它由内政部部长领导，职责由叙利亚四个情报机构执行，包括政治安全局等，主要监视国内的反对派和极端分子，维护国内安全。它由宪兵、沙漠巡逻队、警察部队等组成。1945年5月29日，法国军队炮轰大马士革议会大楼。叙利亚政府宣布将5月29日定为内部治安军日。

20世纪50年代末，叙利亚内部治安军人员总数约5 000人。20世纪80年代，内部治安军的地位很高，总统哈菲兹·阿萨德的弟弟里法特·阿萨德领导着内部治安军。从20世纪90年代起至内战前，内部治安军经历了一系列改革。警察部队是内部治安军的主力，主要负责日常国内安全。

❧ 三、情报机构

叙利亚情报机构主要负责国内安全事务，是国家的主要安全机构，包括叙利亚情报总局、政治安全局、空军情报局和军事情报局等四个机构。自2011年3月叙利亚危机以来，情报机构一直搜集反政府武装、极端分子的活动线索，监视和镇压反对派的各种活动。

情报总局是叙利亚最重要的情报机构，由内政部管辖，分为三个部门：内部安全处、外部安全处和巴勒斯坦事务处。

政治安全局监视国内民众活动，寻找反对派活动的踪迹，作用基本上与情报总局一致。

空军情报局是叙利亚最有权力的机构之一，负责搜集空军情报，其人员经常驻扎在叙利亚大使馆或国家航空公司的分公司。

军事情报局成立于1969年，前身是情报二局，总部位于国防部总部，直接向总统负责，在叙利亚政治中有很强的影响力。它对叙利亚境外的持不同政见者进行监控，支持巴勒斯坦、黎巴嫩的激进组织活动，是一个拥有重武器的情报单位，并负责一定的特种作战任务。

🌸 四、公安总局

叙利亚公安总局隶属于内政部，包括四个独立的警察部门：行政警察、交通警察、刑事警察和防暴警察。

除一般警察外，叙利亚还有一些特殊警察部门，如大马士革和其他主要城市的特别都市警察，控制农村地区的宪兵，以及维护边境安全的沙漠警察。1996年，叙利亚公安总局改革了警察部门，成立了禁毒署，负责禁毒执法和搜集情报。此外，叙利亚建立了边防警察局，局长由少将担任，边防警察接受军事化训练，负责边境地区的治安。内战爆发以来，叙利亚警察多次参与打击反对派武装的行动。

🌸 五、叙利亚国防军

叙利亚国防军是其国内最大的亲政府民兵组织，是由叙利亚政府组织的一支兼职志愿后备武装力量，目前共有约12.6万名士兵。2013年，叙利亚政府将国内亲政府民兵组织组建成国防军，使国内民兵正规化和专业化，目标是在亲政府民兵中形成一支有民众基础且高效、有战斗力的部队。国防军由叙利亚各省的亲政府民兵组成，成员均为当地阿拉维派居民和德鲁兹人的志愿者。叙利亚政府给国防军发放薪水，并提供军事装备。

叙利亚陆军教员、伊朗顾问和真主党教官共同组织叙利亚国防军的训练，使国防军更加正规化。内战期间，国防军与政府军协同在地面对反对派武装作战。

🌸 六、萨比哈民兵

萨比哈的阿拉伯语的意思是"幽灵"。萨比哈民兵是由阿萨德家族领导的一支非官方的亲政府民兵组织，其成员大多来自阿拉维派，是一支维护阿萨德政府的准军事组织。20世纪80年代，总统哈菲兹·阿萨德的堂兄纳米尔·阿萨德和弟弟里法特·阿萨德创建了萨比哈组织，最初集中在叙利亚地中海地区的拉塔基亚、巴尼亚斯和塔尔图斯等港口从事走私活动。到20世纪90年代中期，总统哈菲兹·阿萨德镇压了萨比哈组织，萨比哈的影响力大幅减弱。2000年，巴沙尔·阿萨德任总统后，解散了萨比哈组织。但叙利亚危机爆发后，巴沙尔政府允许萨比哈民兵组织的活动，因此其人数和影响力都有所增加，并多次参与政府对反对派的镇压活动。2012年12月，美国认定萨比哈民兵为恐怖组织。

第四节　非政府武装组织

自内战爆发以来，叙利亚国内存在着一些非政府武装组织：一是反对派武装组织；二是伊斯兰极端组织；三是支持叙利亚政府的库尔德武装组织和基督教徒民兵组织等。三者对叙利亚的领土进行分割占领，阻碍了叙利亚的国家统一和领土完整。

❀ 一、反对派武装组织

内战以来，叙利亚国内出现了众多反对派武装组织，主要是土耳其支持的逊尼派反对派武装组织，包括"叙利亚自由军"、"国民解放阵线"、哈姆扎师、"叙利亚国民军"等，它们均反对阿萨德领导的叙利亚政府。截至2019年9月，叙利亚逊尼派反对派武装组织仍占据着两个据点：一是从土叙边境的杰拉布卢斯延伸到叙利亚西北部的伊德利卜省北部；二是以美军基地塔纳夫为核心的南部控制区。

1. 叙利亚自由军

叙利亚自由军是叙利亚国内最强大的和最世俗化的反对派军事武装，成员主要是以逊尼派士兵和军官为主的叙利亚政府军叛军。原叙利亚空军少校里亚德·阿萨德是叙利亚叛军的主要代表人物，担任叙利亚自由军总司令。2011年9月，"自由军"与"自由军官运动"合并为叙利亚自由军，总部最初设在土耳其，2012年9月22日迁至叙利亚北部。它是一个松散的军事组织联盟，缺乏军事技能和对地方武装的指挥权，并缺乏一个能够统筹叙利亚反政府武装进行战斗的全国性指挥机构。目前，叙利亚自由军主要活跃在伊德利卜省，约有7万人。

2012年11月11日，在美国、英国、法国和卡塔尔、土耳其的幕后支持下，数支叙利亚主要反对派力量在多哈联合起来，成立"叙利亚革命和反对派力量全国联盟"，简称"叙利亚全国联盟"。叙利亚全国联盟的主要目标之一是统一和支持叙利亚自由军的军事委员会。虽然叙利亚自由军隶属于叙利亚全国联盟，但其仍具有很强的政治影响力。

2016年7月，土耳其军队进入叙利亚，在土耳其空军的支持下，叙利亚自由军在北部开展军事活动。2017年3月，叙利亚自由军清剿了叙利亚北部"伊斯兰国"武装。之后，叙利亚自由军进攻阿夫林地区，并与库尔德人民保卫军不断发生冲突。当前，叙利亚自由军的目标主要是打击叙利亚北部库尔德武装组织，其最重要的国际支持者是土耳其。2018年1月22日，土耳其军队及其支持的叙利亚自由军在阿夫林东部与库尔德武装组织交战，并占领了巴拉萨亚山。2019年9月13日，在阿勒颇省东部巴卜城地区，叙利亚自由军与库尔德人民保护军发生激烈交火。

2. 国民解放阵线

在土耳其的支持下，2018年5月28日，叙利亚国内11个反对派组织结盟，成立了国民解放阵线。这11个反对派组织推举沙姆军团的指挥官法德拉拉·哈吉上校为总司令。8月1日，土耳其支持的伊德利卜省的几大反对派组织合并，包括叙利亚解放阵线、沙姆鹰旅、叙利亚自由军、大马士革群英会等加入了国民解放阵线。2018年8月1日，沙姆鹰旅指挥官艾哈迈德·萨汗和瓦利德·穆萨伊尔分别任国民解放阵线组织的总司令和副总司令。当前，国民解放阵线在伊德利卜省和阿勒颇省南部地区活动，约有3万人，它与"沙姆解放阵线""伊斯兰阵线"组成了伊德利卜省三大反对派武装力量。

叙利亚解放阵线是由叙利亚穆斯林兄弟会所属的"沙姆自由人伊斯兰运动"和叙利亚自由军所属的"努尔丁·赞吉运动"组建的武装组织，成立于2018年2月18日。

沙姆鹰旅，亦称黎凡特鹰旅，与"沙姆自由人伊斯兰运动"关系密切，2015—2016年，"沙姆自由人伊斯兰运动"加入沙姆鹰旅，2018年年初又宣布脱离沙姆鹰旅。沙姆鹰旅控制着迈阿赖努阿曼市区及其周边、埃里哈城及其周边地区。

3. 哈姆扎师

哈姆扎师是叙利亚内战中一支重要的反对派军事组织，成立于2013年，成立初期名为哈姆扎旅，2016年与多个反对派武装合并为哈姆扎师。它得到了美国和土耳其的军事援助。2016年下半年，在土耳其军队实施对叙利亚北部阿夫林地区的"幼发拉底河盾牌行动"期间，它与叙利亚自由军一道参与了夺取杰拉布卢斯和巴卜等地的战斗。2018年，它又参与了土耳其军队进攻阿夫林地区的"橄榄枝行动"。2018年3月25日，它与土耳其支持的自由东部军发生冲突，经过土耳其的调停，双方达成和解。

✿ 二、伊斯兰极端组织

内战以来，叙利亚国内出现了一些伊斯兰极端组织，主要由"伊拉克和大叙利亚伊斯兰国"、"沙姆解放阵线"（原基地组织的分支"努斯拉阵线"或"胜利阵线"）、"突厥斯坦伊斯兰党"、"沙姆军团"、"黎凡特解放阵线"、"圣战军"等组成，具有强烈的伊斯兰极端主义色彩，对叙利亚政府和民众实施恐怖袭击活动，并占领了部分地区。

1. "伊斯兰国"

"伊斯兰国"（ISIS）全称为"伊拉克和大叙利亚伊斯兰国"（亦称"伊拉克和黎凡特伊斯兰国"），前身是成立于1999年的"基地"组织伊拉克分支，是一个在伊拉克和叙利亚地区宣布"建国"的极端组织。2011年叙利亚内战爆发后，"基地"组织伊拉克分支进入叙利亚，与"基地"组织叙利亚直属分支"努斯拉阵线"发生冲突。2013年，"基地"组织伊拉克分支改称"伊拉克与沙姆伊斯兰国"。2014年2月，"伊拉克与沙姆伊斯兰国"正式宣布"建国"，其"首都"为叙利亚城市拉卡。2013年4月9日，"伊拉克与沙姆伊斯兰国"与叙利亚反对派武装组织"胜利阵线"联合，称为"伊拉克和黎凡特伊斯兰国"（ISIL），即"伊拉克和大叙利亚伊斯兰国"。2014年6月28日，"伊拉克和黎凡特伊斯兰国"领袖阿布·贝克尔·巴格达迪自称哈里发，将政权更名为"伊斯兰国"。2014年6月，"伊斯兰国"完全控制了拉卡省和代尔祖尔省。2017年10月17日，由库尔德武装组织主导的"叙利亚民主军"完全夺取了"伊斯兰国"在叙利亚的大本营拉卡。2018年8月15日，"伊斯兰国"对代尔祖尔市西南部政府军及其盟友控制的阿塔伊油田以南的多处阵地实施进攻。11月19日，叙利亚军方发表声明，宣布已完全消灭叙南部的极端组织"伊斯兰国"武装。至此，作为一个控制领土的实体，"伊斯兰国"在叙利亚基本上销声匿迹。

2. "沙姆解放阵线"

"沙姆解放阵线"（HTS）的前身是成立于2012年的"基地"组织叙利亚直属分支"努斯拉阵线"，是叙利亚国内最大的伊斯兰极端组织。2016年6月，"努斯拉阵线"的领导人阿布·穆罕默德·埃尔-朱拉尼宣布"努斯拉阵线"脱离基地组织，并更名为"征服叙利亚阵线"。2017年1月，"征服叙利亚阵线"、"沙姆伊斯兰自由人运动"、"努尔丁·赞吉运动"、"辅士阵线"、"伊斯兰教法军"（前身为法鲁克旅）、"真理旅"等多个伊斯兰极端组织联合组建"沙姆解放阵线"组织，其中，"征服叙利亚阵线"占主导地位。"沙姆伊斯兰自由人运动"与"征服叙利亚阵线"争夺伊德利卜省关键地区的控制权，导致"沙姆伊斯兰自由人运动"脱离"沙姆解放阵线"。目前，"沙姆解放阵线"控制着伊德利卜省部分地区。

3. "伊斯兰阵线"

"伊斯兰阵线"是一个强大的反叙利亚政府的伊斯兰极端武装组织，成立于2013年11月22日，由参与叙利亚内战的七个反叛组织组成，约有6万人。它曾控制着大马士革东古塔乡村、大马士革南部乡村和阿勒颇北部。

"伊斯兰阵线"中最为活跃的武装是"伊斯兰军"，由2万多名士兵组成，主要在大马士革周边地区活动，其创始人是扎赫兰·阿鲁什。2011年，阿鲁什在他的家乡杜马建立了一支名为"伊斯兰旅"的军队，以此反对叙利亚政府。2012年7月18日，"伊斯兰旅"声称对炸毁叙利亚国家安全总部负责。2013年9月，阿鲁什将"伊斯兰旅"扩大为"伊斯兰军"，之后大马士革郊区约50个伊斯兰反对派别加入"伊斯兰军"。2013年11月，"伊斯兰军"与其他六个伊斯兰反对派别联合组成了"伊斯兰阵线"，阿鲁什担任军事首领。2015年12月，阿鲁什在政府军对东古塔的一次空袭中丧生。

❦ 三、库尔德武装组织

2016年9月，库尔德人控制着叙利亚东北部和西北部地区，并建立了自称"北叙利亚民主联邦"（DFNS）的组织，该地区面积为3.5万平方千米，人口约有460万。

叙利亚内战初期，叙利亚政府军从叙利亚库尔德人居住的地区撤出，使当地库尔德人自治。为保护库尔德人的安全，民主联盟党和库尔德民族委员会建立了库尔德人民保卫军的民兵组织。库尔德人民保卫军约有10万名战士，其目标是保卫库尔德人地区的安全，与"伊斯兰国""沙姆解放阵线"等伊斯兰极端组织战斗。

北叙利亚民主联邦的主要军事力量是叙利亚民主军，这是2015年由叙利亚反对派组织组成的联盟，主要由库尔德人组成，也有阿拉伯人、亚美尼亚人、亚述人、土库曼人、切尔克斯人等，并得到美国的支持。叙利亚民主军反对阿萨德政府，但主要是反对"伊斯兰国"和"沙姆解放阵线"。它接受库尔德人民保卫军的领导，士兵人数有七八万，约40%的战士是非库尔德人。2017年10月17日，叙利亚民主军宣布完全控制拉卡，并控制代尔祖尔市多个重要油气田区域。2018年2月，美国国防部发布了2019年北叙利亚民主联邦预算草案，其中包括向叙利亚民主军援助3亿美元。自2019年3月23日收复了极端组织控制的最后据点巴古兹镇以来，叙利亚民主军实施了50次清剿，拘捕了140名激进分子，拆除了3 000多个简易爆炸装置。

第五节　国防工业

叙利亚国防工业基础极为薄弱，军队装备主要依赖外国的援助或向外国购买。历史上，叙利亚军事装备大多来自苏联制造，但武装部队的组织和军事原则却仿效法国模式。自内战以来，叙利亚军队的武器、车辆等军事装备损失严重。

长期以来，苏联和俄罗斯一直是叙利亚军队训练、装备器材和军火信贷的主要来源，这影响到叙利亚军事装备的现代化。1975—1976年，叙利亚从苏联购买了2艘950吨级护卫舰；1981年，接收了苏联黑海舰队转让的3艘50吨级海岸巡逻艇；1985年11月—1986年12月，从苏联购买了3艘排水量1 400吨的"罗密欧"级潜艇。1982年6月，叙利亚在与以色列的冲突中首次使用了苏联产的AT-14反坦克导弹。1997年，叙利亚与俄罗斯签订了进口S-300地对空导弹的协议。1998年，俄罗斯向叙利亚出口了1 000多枚AT-14反坦克导弹和1 000多枚Kornet激光制导反坦克导弹。目前，叙利亚有3 200辆苏联和捷克斯洛伐克产的主战坦克。此外，在1997年，叙利亚还从乌克兰进口了200辆T-55MV主战坦克。

进入21世纪后，叙利亚的现代化武器仍主要从俄罗斯购买。2008年9月初，叙利亚向俄罗斯订购了米格- 29SMT战斗机、铠甲-S1弹炮合一防空系统、伊斯坎德尔战术导弹系统、雅克- 130飞机和2艘Amur-1650潜艇。2016年10月，拉塔基亚的赫梅米姆空军基地已装备了俄罗斯S-400防空导弹系统。

第五章　文化

　　叙利亚是一个有着悠久文化历史的国度，其文化的显著特点是阿拉伯民族鲜明传统、朴实而多样化。在叙利亚人们非常重视家庭、宗教、教育、自律和礼节。叙利亚素有"古迹之国"的美誉，叙利亚文明在世界文明中具有重要地位，阿拉伯古书里有这样一句话："人间若有天堂，大马士革必在其中；天堂若在天上，大马士革必与它齐名。"叙利亚文化融合了阿拉伯、地中海和欧洲等文化元素，有丰富的亚述文化、萨姆文化、腓尼基文化、阿拉姆文化、古罗马文化和伊斯兰文化等古迹。随着叙利亚地区社会和历史的变迁，伊斯兰文化逐渐成为现代叙利亚国家的主体文化。

　　自复兴党执政以来，叙利亚政府发展文化的总方针是"文化属于全社会，并为全社会服务"。因此，叙政府特别注重发展阿拉伯民族主义、社会主义和人道主义的精神文化，培养了阿拉伯社会主义民主权利的文化价值观。

　　叙利亚政府重视文化产业的发展，注重文化舆论对于人民思想解放的作用，也发展了文化基础设施，人民的文化活动较为活跃。叙利亚文化发展的基本政策是：

　　第一，增强对公民的文化服务功能，保障公民权利的实施。叙文化部为民众提供了阅读图书、报刊等的文化机构，并组织了各种文化活动，使公民获得了丰富的文化体验。

　　第二，重视继承和弘扬阿拉伯民族遗产。叙政府强调阿拉伯民族文化遗产是叙利亚的主要民族文化，是阿拉伯民族主义和叙利亚文化、艺术活动的重要指导思想。

　　第三，阿拉伯民族主义思想成为叙利亚的重要文化形态，强调文化与政治的统一性是阿拉伯民族主义文化的核心内涵。叙利亚文化活动的中心就是致力于阿拉伯文化的统一，为复兴党"统一、自由、社会主义"的目标和阿拉伯民族事业培养接班人。

第四，叙政府也重视以伊斯兰文化为主体的民族主义文化的发展。叙利亚是一个较为开放的伊斯兰国家，其法律规定公民享有宗教信仰的自由，并制定了平等的宗教政策，对伊斯兰教文化没有具体的限制或约束。实际上，在叙利亚，从城市到农村，人们的社会生活、风俗习惯、文化艺术活动都充满了浓郁的伊斯兰文化色彩。

叙利亚文化和国家指导部，简称文化部，是叙利亚文化事业的最高领导机构，负责指导和促进全国文化生活的发展，特别是发展阿拉伯民族的特色文化。文化部下设文化中心局、文物总局、电影总公司、美术司、戏剧音乐司、文化关系司、行政法律事务司等部门。文化中心局在全国各省设立了文化中心管理局，各省文化中心管理局管理本省的市、乡、镇文化中心。文物总局是叙利亚文物、博物馆系统的行政管理机关，下设考古发掘、文物维修和博物馆建设司，以及规划司等机构。文物总局的经费主要来自政府拨款，其次来自宗教基金会、民间组织和海外友人的赞助。

第一节　语言文字

❧ 一、语言

叙利亚的官方语言是阿拉伯语。阿拉伯语是叙利亚人使用最广泛的语言，约85%的叙利亚人讲阿拉伯语。黎凡特阿拉伯语是叙利亚人普遍使用的阿拉伯语，叙利亚人日常生活中使用这种阿拉伯语方言。黎凡特阿拉伯语源自亚述人使用的阿拉姆语，后经信仰基督教的亚述人改为叙利亚语，而1世纪前后巴勒斯坦地区居民则使用西部的新阿拉姆语。黎凡特阿拉伯语与现代阿拉伯语差别很小，叙利亚穆斯林和基督教徒社区大多使用新阿拉姆语，只有基督教徒礼拜时才使用叙利亚语。叙利亚的书面语言采用古典阿拉伯语，以《古兰经》的标准口语为基础。大马士革的阿拉伯语学院成立于1919年，是阿拉伯世界历史最悠久的阿拉伯语学院。

叙利亚人广泛使用英语和法语等作为其第二语言。受过教育的叙利亚人和城市人群也讲英语和法语，但英语更为常用；普通叙利亚人对英语和法语的掌握程度较低。

在叙利亚，一些少数族群有自己的语言。叙利亚的亚美尼亚人、土库曼人、库尔德人的后裔经常讲他们世代流传的语言。叙利亚东北部地区的库尔德人广泛使用库尔德语，在幼发拉底河以东和与土耳其交界的村庄中的土库曼人使用土耳其语。叙利亚的亚美尼亚人可分为两类：早期的定居者，他们或多或少被阿拉伯化，大部分使用阿拉伯语；一战后移民到叙利亚的亚美尼亚人，他们保留了自己的民族身份和语言，均使用亚美尼亚语。

二、文字

叙利亚最古老的文字是乌伽利特王国（约公元前14—前12世纪）时期创造的文字体系，它借用两河流域楔形文字的书写方式，创造了古代东方最古老的字母——乌伽利特字母。公元前12世纪，"海上民族"入侵，结束了乌伽利特文明，使乌伽利特字母只使用了2个世纪左右。但乌伽利特字母对腓尼基字母及古波斯字母，甚至阿拉伯字母都有影响，被认为是"字母之源头"。

约公元前2世纪，叙利亚字母主要用于书写叙利亚语，它直接来自阿拉姆字母的闪米特辅音文字体系，与腓尼基字母、希伯来字母和阿拉伯字母相近，但今天叙利亚人几乎不使用这种字母，而使用现代阿拉伯文字。

第二节　文学及艺术

叙利亚的文化十分多元，尤其是富有特色的阿拉伯文化。几个世纪以来，大马士革和阿勒颇一直是阿拉伯文化的中心。叙利亚有着丰富的文化生活，叙利亚的文学、音乐、舞蹈、电影对整个中东文化产生了巨大的影响。叙利亚音乐具有传统与现代、阿拉伯与西方共存的特色，在叙利亚文化中扮演着重要角色。叙利亚人酷爱音乐和舞蹈，几乎每个城市都有自己的音乐或舞蹈节。叙利亚是一个拥有众多文化遗址的国家，备受世界各国游客的喜爱。

一、文学

叙利亚文学对阿拉伯文学的发展做出了重要贡献。叙利亚是诗人的乐园，一直有口头和书面创作诗歌的传统，喜爱诗歌和诗人荟萃的现象成为叙利亚文学的显著特征。叙利亚作家在19世纪阿拉伯文学和文化复兴中起了至关重要的作用。叙利亚还拥有悠久的口头文学历史，包括民间故事和传说、童话等。19世纪末到20世纪初，叙利亚出现了许多文学刊物，刊载具有消遣或教育作用的故事和小说。这些刊物有《故事选刊》（1894）、《故事链》（1899）、《故事月刊》（1902）、《大众夜谈》（1905）、《奥斯曼故事》（1909）等。这些刊物为叙利亚文学的发展提供了园地。

叙利亚处于法国统治之下时，法国的浪漫主义影响并激发了叙利亚作家的灵感，他们中的许多人都抛弃了传统的阿拉伯诗歌模式。1948年以色列建国后，叙利亚兴起了"政治承诺文学"，社会现实主义成为主要文学形式。1951年，叙利亚作家联合会成立，一些作家主张"为了艺术而拒绝艺术"，如小说家哈纳·米奈提出"艺术为人民、为生活、为社会服务"。1966年复兴党执政以后，重新开始审查文学作品。在这种背景下，由纳比利·苏拉曼、法瓦兹·哈达德、卡伊·艾-达哈比和纳哈德·斯卡斯牵头创作历史小说，以史为鉴，批判当时的叙利亚社会。20世纪70年代，叙利亚出现了新的诗歌形式和"新苏非主义思潮"，世界著名诗人、左翼世界主义者阿里·哈马德·赛义德是主要倡导者。1997年12月18日—21日，阿拉伯文学家联盟第20届大会在大马士革举行，大会选举叙利亚作协主席、著名剧作家、评论家阿里·欧格莱·阿尔桑博士为阿拉伯文学家联盟秘书长。

叙利亚政府非常尊重知识与文化，叙利亚文学家、知识分子不仅享有较高的社会地位，而且还享受政府的特殊待遇，如退休的作家协会成员，除在原单位领取工资外，还在作协领取一份退休金。叙利亚政府还专门设立了"阿斯卡文学奖"，该奖主要是为了促进叙利亚文学的发展，参赛作品为小说、诗歌、文学评论等。

叙利亚当代著名作家有：哈纳·米奈，主要作品有《蓝灯》《残存的记忆》《风帆》等；阿卜杜勒·萨拉姆·欧杰利，主要作品有《眼泪中的微笑》《被水淹没的人们》；阿里·阿格拉·阿尔桑，主要作品有《陷阱》《阿拉伯戏剧》；以及穆罕默德·马卡特、卡达·萨曼、尼扎尔·格巴尼和扎卡亚·塔迈尔等。

二、艺术活动

由于伊斯兰教禁止用图画来表现动物和人类的形态，叙利亚的艺术主要以几何图案和书法为特色，如阿拉伯风格的图案和书法艺术，它们装饰着大多数的宫殿和清真寺。叙利亚的雕塑艺术以白色大理石凿成的装饰品为主，大马士革尤其以这种雕塑而闻名，常见于公共建筑和宫殿。此外，叙利亚还生产金银首饰、布艺、玻璃、地毯等多种工艺品。

叙利亚还有一些民间文化组织，主要是表演艺术家协会、美术家协会、叙利亚阿拉伯作家协会等。这些文化组织会经常举办一些艺术节活动，极大地丰富了叙利亚人民的文化生活。成立于1960年的奥玛亚歌舞团，主要承担招待演出或出国访问等对外交流任务，演出的节目深受国内外观众的喜爱。

内战前，叙利亚是中东地区艺术中心之一，其艺术作品充满着深厚的历史文化感。叙利亚内战爆发以来，叙利亚人民用绘画、街头艺术和电影等方式，表达对和平的渴望和对政府的支持，以及他们对未来的希望。

自1978年以来，叙利亚文化部每年均邀请世界各国优秀文艺团体参与"布斯拉国际艺术节"。2011年7月7日，阿萨德文化艺术宫举办了叙利亚青少年节，开幕式是传统的少年管弦乐团演奏会，活动内容涵盖音乐演奏、青少年论坛等。

三、戏剧和影视

20世纪70年代，叙利亚政府创建了高等戏剧学院，它是叙利亚戏剧艺术的最高学府，是一所教学和科研并重的戏剧艺术类高等学校，主要培养戏剧演员、导演以及戏剧理论和编剧理论等方面的人才。学院设表演系和文学系，学制为四年。叙利亚每年举办一次全国戏剧节，由各省市派剧团参加。

　　叙国内主要的话剧团有民族话剧院、实验话剧团、巡回剧团、木偶剧团等。此外，大马士革还有几个私人剧团，自编自演富有生活气息的剧目。

　　1916年，大马士革建立了第一座电影院，主要放映德国无声片。1928年，导演阿尤布·巴德尔拍出无声片《无辜的被告》，宣告了叙利亚电影的诞生。此后他又拍摄了两部无声片：1932年的《在大马士革的天空下》，1938年的《义务的呼唤》。1946年独立后，叙利亚电影制片公司成立，与埃及、黎巴嫩合拍了《阿米利亚之夜》。

　　1947年，纳齐赫·沙班德尔导演了《光明与黑暗》。1949年，艾哈迈德·阿尔凡继纪录片《战场上的叙利亚军队》后，又导演了一部故事片《过路人》。1961年，祖海尔·沙瓦导演了《绿色的山谷》，1963年又导演了《在边界后面》。上述几部影片，主要反映了叙利亚人民的传统生活。

　　1963年，叙政府为推行电影国有化，成立了叙利亚电影总局。它的宗旨是让电影为文化、科学和民族事业服务，其资金主要由文化部拨款，可以自由支配。叙利亚电影总局下设6家影院，分布在6个省城。自1979年起，每两年在大马士革举行一次国际电影节，每次为期9天。电影节规定只接受阿拉伯国家和亚洲国家选送的影片，主要奖项有"金剑奖"、"银剑奖"和"铜剑奖"。

　　进入21世纪，叙利亚电影业有了长足的发展，每年制作8部影片（2部长片，6部短片），数量不多，但质量较好，制作水平较高，深受阿拉伯民众的好评和世界各国的关注，曾多次在开罗、莫斯科、大马士革等国际电影节上获奖。

　　内战以来，叙利亚影视业也有所发展。主要电影作品有：2013年的《通往大马士革的阶梯》，2014年的《狙击手：遗产》，2015年的《幽灵》和《父亲》。纪录片《白头盔》获得了2017年奥斯卡最佳纪录短片奖。费拉斯·法耶德导演的《阿勒颇最后之人》是一部有关叙利亚内战的纪录片，于2017年上映，获得第90届奥斯卡最佳纪录片提名。

❖ 四、音乐和舞蹈

　　叙利亚首都大马士革长期以来一直是阿拉伯世界的文化和艺术创新中心之一，尤其是在古典阿拉伯音乐领域。"穆瓦萨哈达"音乐起源于阿勒颇,以经典的音乐调式著称,曾被用来为安达卢西亚诗歌伴奏。叙利亚现代音乐风格以阿拉伯流行音乐为主,著名的流行音乐歌手包括阿斯马罕、法里德·阿特拉什和莉娜·查姆姆。

叙利亚的民间音乐主要使用乌德琴(一种弦乐器)、长笛和手提鼓演奏。贝都因音乐在叙利亚沙漠地区很受欢迎。如今,叙利亚城市地区的年轻人也对欧洲音乐产生了浓厚的兴趣。爵士乐在叙利亚非常活跃。每年6月,大马士革和阿勒颇举行"爵士生活在叙利亚"音乐节。2019年8月30日,叙利亚在巴尔米拉古城举行音乐会,以庆祝叙利亚政府军收复古城。

民间舞蹈在叙利亚历史悠久,叙利亚人善于以舞蹈等表达传统艺术,如阿斯撒玛赫舞,以及风格多样的达布卡舞和剑舞。叙利亚的舞蹈演员有着独特的装束、表演风格和人格特征,跳舞时,四肢要随着音乐旋转。

叙利亚最流行的民间舞蹈是阿斯撒玛赫舞。阿斯撒玛赫舞在叙利亚各地都很流行,是源自肢体行为的古老舞蹈之一,其规则很深奥,歌词和节奏都很独特。今天,阿勒颇是叙利亚唯一教授这种舞蹈的城市,并创新性地添加了一些新动作,不论男女都要在手动的同时跟上脚步,并要边跳边唱。

叙利亚最著名的舞蹈是达布卡舞,跳舞时要随着鼓声、笛声和其他乐器的声音有节奏地轻轻移动脚步并摆动身体,男性的活力和女性的温柔在舞蹈中展现无遗。叙利亚每个地区都有自己的达布卡舞,都是用当地方言讲述他们自己的习俗和传统。达布卡舞一般是在演唱民歌、抒情歌或朗诵诗歌的时候跳,表演的人通常都没有在音乐学院专门学习过。

❀ 五、建筑

叙利亚的古建筑具有悠久的历史,叙利亚有六处成为世界文化遗产的建筑:大马士革古城、布斯拉古城、巴尔米拉古城、阿勒颇古城、骑士堡和撒拉丁堡、北叙利亚的古村落。由于长期内战,2013年6月这些历史建筑已全部被列入了濒危世界遗产名录。

叙利亚内战造成古老的清真寺、教堂和城堡遭到破坏,考古发掘遗址和一些国家博物馆被洗劫一空。2015年8月26日,"伊斯兰国"

炸毁了巴尔米拉古城内的第二大神庙巴尔沙明古神庙。

阿勒颇古城是世界上历史最悠久的城市之一，也是内战中损坏程度最严重的城市。建于12世纪到13世纪的阿勒颇城堡是世界上最古老的城堡之一，战争摧毁了部分城堡以及城堡周边地区。2018年，阿勒颇古城恢复了和平，开启了重建的步伐。

六、文化设施

叙利亚文化设施较齐全，全国设有60个文化中心。这些文化中心一般都拥有剧场、图书馆、游艺室、展览厅等。除文化中心外还有群众文化学习和乡村流动文化站。

目前，叙利亚最大的图书馆是建于1983年的阿萨德图书馆，它由文化部直接领导，是阿拉伯学院的附属机构，现有工作人员360人，图书60万册，报刊1 000多种，以珍本书籍和手稿闻名。该图书馆主要面向广大学者、科研人员及大学生，向他们提供各种图书和研究资料。图书一律不外借，只能在馆内阅览，但用于科研的复印除外。此外，叙利亚还有三个国家图书馆，分别位于阿勒颇市、霍姆斯市和拉塔基亚市。

叙利亚全国有23个博物馆，较有名的是大马士革国家博物馆和阿勒颇国家博物馆，其余均为专题性博物馆，一些古城堡也辟为博物馆。阿勒颇、哈马、霍姆斯、巴尔米拉、塔尔图斯等城市都有小型博物馆。叙利亚最重要的博物馆是建于1919年的大马士革国家博物馆，它收藏有古代东方、希腊、罗马、拜占庭和伊斯兰教的藏品。

第六章　社会

　　历史上，叙利亚文明融合了东西方文化的特色，孕育了叙利亚具有多民族、多宗教的马赛克式的多元社会结构。独立后至今，叙利亚仍然是一个典型的多元化的传统社会。一般而言，叙利亚社会由相互独立的家族、氏族、部族、宗派和村庄等传统社会组织构成。在叙利亚，一个人的社会地位取决于他所属的特殊社群，人们更多地忠诚于宗族部落、教派群体。此外，内婚制、商品市场的缺乏，以及私人拥有道路、电话、电报等进一步增加了社会群体的独立性。因此，民众对民族、教派的认同成为排他性的政治认同，阿拉维派、德鲁兹派、伊斯玛仪派等教派与逊尼派的冲突已十分严重。

　　叙利亚的社会结构亦在政治领域有所反映，即无序的政治生态和政府管理。叙利亚社会独特的二元政治、经济和社会结构，决定了社会异常紧张的性质。叙利亚社会的异质性和分裂性，导致政治局势的动荡。独立初期，叙利亚政治领导人权力的基础是家族、种族、宗派和地区的支持，而不是来自全国性的政党或政治意识形态。20世纪70年代，哈菲兹·阿萨德将这种分散的权力集中到复兴党和国家手中，实现了对国家与社会的整合，使国家和社会在稳定的环境中不断向前发展。2000年巴沙尔上台后，在实现国家的整合和社会的团结方面面临着严峻挑战。内战爆发以来，巴沙尔的个人权威、家族政治逐渐占据主导地位，叙利亚历史文化宗教多元化的传统逐渐占据上风，加剧了社会的异质性。叙利亚政府也加大了反腐力度，着力实现社会公平与正义。2011年6月19日，叙利亚反腐败委员会召开会议，将腐败问题纳入刑法，会议就加强廉政机制、坚持工作透明原则和实现社会公正公平措施达成了一致，并发布法令撤销中央监察局，将其与财政监督中心合并成立为一个最高委员会进行反腐败工作。

在阿拉伯世界，叙利亚历来是一个世俗化程度比较高的国家，社会包容性也比较强，基督教徒、库尔德人、德鲁兹人、亚美尼亚人等少数族裔与占主体的穆斯林关系融洽。20世纪70年代，哈菲兹·阿萨德上台后，阿拉伯复兴社会主义成为主流的社会意识形态，伊斯兰教置于国家政权的控制之下，社会进一步世俗化。2000年巴沙尔执政初期，叙利亚社会逐渐自由化和开放化，人们的思想也较为自由。巴沙尔总统开启了"叙利亚之春"的民主之风，民众可以公开谈论社会、经济等方面的问题，新闻媒体也可以刊登对政府工作的批评文章，政党和个人可以开办独立报纸、电视台和网站。然而，2008年的金融危机引起叙利亚经济衰退、日用品物价飞涨、掌握互联网和社交新媒体技术的青年人对社会的不满情绪日益强烈，以及统治精英奢侈腐化、社会腐败等问题，使叙利亚社会处于动荡之中。2011年叙利亚危机以来，叙利亚政府实施了一些促进社会公正与平等的改革。但内战加剧了社会的分裂，阿拉维派和少数族群成为叙利亚政府的坚定支持者，他们与逊尼派为主的反对派之间发生了持续的冲突与暴力。当前，叙利亚人民需要一个稳定的社会环境，需要政府解决民众最关心、最急迫的民生问题，而不是反对派所呼吁的民主与自由的口号。

第一节　人口与民族

叙利亚是一个多民族、多宗教的国度，人口的民族构成相对多元化，叙利亚的主体民族是阿拉伯人，少数民族和宗教团体在叙利亚社会留下了重要印记。

一、人口

在中东地区，叙利亚是一个中等人口规模的国家，内战前人口达2 100万。内战以来，叙利亚人口持续呈现负增长态势，人口年生育率从2011年前的每年50万左右降至2017年的20万左右。内战前，叙利亚人均寿命75.9岁（男性为72.3岁，女性为77.2岁），高于全球人口平均预期寿命71岁的水平。2017年，叙利亚人均寿命下降到了55.7岁。

根据联合国统计的数据，截至 2018 年 12 月 31 日，叙利亚总人口约为 1 828.440 7 万，世界排名第六十三位。从民族分布来看，阿拉伯人占总人口的 90.3%，其他还有库尔德人、亚美尼亚人、土库曼人和切尔克斯人等。

叙利亚人口分布不均，大多数叙利亚人居住在西北部、西南部和东北部地区，叙利亚东部的沙漠地区居住着贝都因人。叙利亚城市化水平较高，2015 年其城市人口占总人口的 57.7%。2018 年叙利亚城乡人口结构如下：城市人口占 54.2%，农村人口占 45.8%。城市人口中阿拉伯人占 80% 以上，还有库尔德人、亚美尼亚人、土库曼人等。2015 年叙利亚主要城市的人口分布如下：阿勒颇有 356.2 万人，大马士革有 256.6 万人，霍姆斯有 164.1 万人，哈马有 123.7 万人，拉塔基亚有 78.1 万人。

叙利亚存在严重的难民流离失所的问题，造成了严重的人道主义灾难。内战前，叙利亚国内有巴勒斯坦难民数十万，伊拉克难民逾百万。2011 年以来的内战给叙利亚带来严重的人员伤亡和人口流失，形成了中东地区数量惊人的难民群体。截至 2017 年 4 月，叙利亚战争已造成 40 多万人死亡，1 200 万人流离失所，并引发了一波从中东到西欧的罕见的难民潮，大多数难民逃往邻国土耳其、黎巴嫩、约旦和伊拉克以及欧洲国家如德国。截至 2018 年 6 月，全球的叙利亚难民人数超过了 650 万。根据世界银行统计数据，截至 2018 年 9 月，叙利亚境内仍有 620 万流离失所者。

✿ 二、民族

历史上，叙利亚人民源自阿拉伯和美索不达米亚地区的闪米特民族，阿拉姆人、亚兰人、亚述人、迦勒底人、迦南人、亚美尼亚人、库尔德人都曾居住在这片土地上。与统治过叙利亚地区的希腊人、罗马人、土耳其人不同，阿拉伯人一直是叙利亚的主要民族。独立后，叙利亚仍然是一个多民族的国家。在叙利亚，一些民族长期聚居在某一区域，形成了强烈的民族和区域认同。叙利亚民族可以分为以血缘为纽带的"族群"和以宗教为纽带的"族群"即"教派"。当今，叙利亚的主体族群为占其总人口 90.3% 的阿拉伯人，其余为库尔德人、亚美尼亚人、犹太人、土耳其人等非阿拉伯族群，约占其总人口的

9.7%。

1. 叙利亚人

叙利亚人是指叙利亚居民，其拥有一个共同的黎凡特闪族血统。叙利亚人的文化和语言遗产是几千年的本土元素和外国元素的文化混合体。叙利亚人的身份认同具有多样化，除宗教身份外，叙利亚人还分三种身份，即阿拉伯人、亚述人和叙利亚人身份。许多穆斯林和一些讲阿拉伯语的基督教徒把他们自己描述为阿拉伯人，而许多讲阿拉姆语的基督教徒和少数穆斯林更倾向于把自己描述为叙利亚人或阿拉姆人。

2. 阿拉伯人

阿拉伯人的祖先是塞姆人，最早居住在阿拉伯半岛，后来逐渐向两河流域及肥沃的新月地带迁徙并与当地族群相互融合。7世纪，阿拉伯军队征服了叙利亚地区后，经过长期的民族融合，叙利亚阿拉伯民族最终形成，并成为当地的主体族群。

叙利亚的国名全称是阿拉伯叙利亚共和国，其立法强调坚持阿拉伯文化和语言。叙利亚阿拉伯人讲阿拉伯语，绝大部分信仰伊斯兰教，其中逊尼派穆斯林约占其总人口的70%；包括阿拉维派、德鲁兹派在内的什叶派穆斯林约占其总人口的15%；其余基本上是希腊东正教徒。叙利亚阿拉伯人按聚居区可分为两类：一是定居于大马士革、阿勒颇、沿海地区的城市和乡村的居民；二是生活在沙漠地带的游牧民，即贝都因人。

3. 库尔德人

历史上，库尔德人生活的区域统称为"库尔德斯坦"。自11世纪起，库尔德人就定居在沙姆即叙利亚地区。12世纪，叙利亚历史上著名的民族英雄库尔德人撒拉丁领导阿拉伯民众战胜十字军的东侵，并建立了阿尤布王朝，统治着叙利亚和埃及。20世纪20年代，一些土耳其的库尔德人不满政府的改革政策，从而大批迁居到叙利亚。

今天，叙利亚库尔德人主要聚居于叙利亚北部的"西库尔德斯坦"地区，该地区分为三个区域：东北部的贾兹拉和科巴尼，以及西北部的阿夫林。叙利亚库尔德人约160万，占全国人口的9%~10%，是叙利亚人口最多和最主要的少数族群。叙利亚库尔德人使用阿拉伯字母来拼写自己的语言，大多数叙利亚库尔德人会讲库尔德语和阿拉伯语两种语言，但大马士革的库尔德人只会讲阿拉伯语。内战爆发以来，库尔德人一直在寻求自治，反对反对派和伊斯兰极端组织占领库尔德人聚居区。2011年，叙利亚政府授予成千上万的叙利亚库尔德人以公民身份。2016年3月，叙利亚库尔德人宣布在他们控制的叙利亚东北部和西北部地区建立"联邦民主制度"。

4. 亚美尼亚人

叙利亚的亚美尼亚人大多信仰东正教，其余则信仰天主教、伊斯兰教（逊尼派）等，总体上说是具有族群、教派双重性的少数族群。如今，叙利亚拥有世界上第七大亚美尼亚族群，在叙利亚大约生活着30万亚美尼亚人，集中在大马士革、阿勒颇等大城市，其中大马士革的亚美尼亚区为叙利亚最主要的亚美尼亚人聚居区。他们主要从事医生、律师、商人、小手工业者等职业。叙利亚的亚美尼亚人民族观念比较强，一些亚美尼亚人领袖强烈反对与其他民族融合，他们拥有自己的风俗习惯、自己语言的报纸、自己的民族学校，并大多使用亚美尼亚语进行宗教活动。

5. 其他少数民族

叙利亚第三大民族是土库曼人，占叙利亚总人口的4%~5%。叙利亚第四大民族是亚述人，占其总人口的3%~4%，紧随其后的是切尔克斯人（占其总人口的1.5%）。叙利亚还有一些较小的少数民族群体，如阿尔巴尼亚人、波斯尼亚人、格鲁吉亚人、希腊人、波斯人、普什图人和俄罗斯人等。叙利亚曾经是大量犹太人的家园，大马士革、阿勒颇都有犹太人社区。1992年前，叙利亚有4 000多名犹太人。1992年移民限制解除后，所有犹太人都离开了叙利亚。

第二节　　宗教

叙利亚是一个世俗的国家，但国内各民族均具有特殊的宗教文化，他们共同谱写了叙利亚民族和宗教的多元化社会篇章。在叙利亚，宗教与国家是分离的，政府一般不参与宗教事务，宗教团体往往不参与国内政治事务。2012年宪法第三条和第三十三条保障了民众的宗教信仰自由。宪法第三条规定："国家尊重一切宗教信仰，保障不损害社会秩序的一切宗教仪式自由；宗教团体的地位应当受到保护和尊重；共和国总统的宗教是伊斯兰教；伊斯兰教教法应成为立法的主要依据。"叙利亚政府允许民众在公共场所使用宗教语言，包括宗教节日期间，在著名公共场所放置有宗教口号的横幅。此外，每天早上叙利亚国家电视台播放《古兰经》诵读，叙利亚国家电台还在每日黎明、正午和下午播放穆斯林祈祷节目。

目前，叙利亚宗教主要包括伊斯兰教和基督教。

一、伊斯兰教派

（一）逊尼派

在叙利亚，最大的宗教团体是伊斯兰教逊尼派，逊尼派穆斯林占叙利亚总人口的70%，包括叙利亚阿拉伯人、库尔德人、土库曼人、切尔克斯人和巴勒斯坦人等。叙利亚大多数法律以伊斯兰教为基础，特别是以哈乃斐学派和沙斐尔学派的教法为基础。逊尼派穆斯林分布在全国各地，从事的职业众多，几乎每一个社会团体和政党都有逊尼派成员。在哈塞克省，逊尼派以库尔德人居多，而非阿拉伯人占多数。

叙利亚北部的一些库尔德人和土库曼人信仰逊尼派分支的阿莱维派。阿莱维派库尔德人穆斯林主要居住于阿夫林地区的马巴特利镇。

（二）什叶派

什叶派是叙利亚伊斯兰教派中另一主要派别。什叶派包括不同的民族群体，主要有阿拉伯人、库尔德人、土库曼人和其他较小的民族。叙利亚什叶派分为阿拉维派、德鲁兹派、伊斯玛仪派及十二伊玛目派等。

1.阿拉维派

阿拉维派创立于9世纪，又称"努萨里派"。目前，叙利亚阿拉维派人数约占其总人口的11.3%，是叙利亚第二大伊斯兰教派。叙利亚总统巴沙尔·阿萨德属于阿拉维派。阿拉维派主要居住于拉塔基亚省、塔尔图斯省、霍姆斯省以及哈马省的乡村。1963年后，阿拉维派农民的社会经济地位有了很大提高，其中很多人进入军队，成为维护政权的主要支柱之一。

2. 德鲁兹派

叙利亚德鲁兹派人数约占总其人口的3.2%，主要居住于苏韦达省，以及大马士革农村省、阿勒颇省和库拉特纳省。德鲁兹派居住区相对比较封闭，宗派内部仍奉行严格的家族等级制度。

3. 伊斯玛仪派

伊斯玛仪派人数约占其总人口的3%。伊斯玛仪派穆斯林主要居住于哈马市农业区马萨亚夫和萨拉米亚地区，以及塔尔图斯省的农村地区，从事农业耕作。自1963年以来，伊斯玛仪派穆斯林逐渐迁徙到哈马市城镇。

4. 十二伊玛目派

十二伊玛目派是叙利亚最小的伊斯兰教派，约2.5万人，仅占叙利亚总人口的1.3%。叙利亚的十二伊玛目派穆斯林聚居在伊德利卜省、霍姆斯省和阿勒颇省的农村，以及大马士革伍麦叶清真寺附近的阿玛尔地区和萨义德·扎尼布清真寺周边。

✤ 二、基督教派

目前，叙利亚基督教徒共有240万人，其中希腊东正教教徒有110万人，占叙利亚基督徒总数的45.8%。

1. 东正教派

东正教派是叙利亚基督教中最大的教派，主要包括希腊安提阿东正教会、叙利亚东正教派以及亚美尼亚使徒教会。

希腊安提阿东正教会是叙利亚最大的东正教徒团体，也是叙利亚国内最大的基督教派。目前，希腊安提阿东正教徒主要集中于大马士革市、霍姆斯市、哈马市、塔尔图斯市、拉塔基亚市、苏韦达市等，哈马市的提奥托科斯是其主要教会场所。

叙利亚东正教派，亦称雅各宾派教会，是叙利亚第二大东正教徒团体，产生于6世纪，现有教徒70万人。雅各宾派教会驻地在霍姆斯，该地教徒约15万人，主要是叙利亚阿拉伯人。

亚美尼亚使徒教会是叙利亚第三大东正教徒团体。亚美尼亚使徒教会礼拜仪式时使用亚美尼亚语。

2. 天主教派

叙利亚天主教派由几个宗教仪式和语言不同的教会组成，除拉丁教派外，还有希腊天主教派、亚美尼亚天主教派、叙利亚天主教派、迦勒底天主教派和马龙派，人数约40万，占叙利亚基督教徒总人数的16.7%。

叙利亚天主教派大多属于东方天主教派，追随者几乎都是来自美索不达米亚讲阿拉姆语的亚述人或叙利亚人，他们形成了几个独立的基督教派别。希腊天主教会是东方天主教派之一，与希腊安提阿东正教会有着共同的根源。

在叙利亚，马龙派是最古老的东方天主教教会，创立于5世纪，12世纪起与罗马天主教建立了密切关系。马龙派隶属罗马教皇管辖，总主教由主教会议选举产生，礼拜仪式使用叙利亚语。

3. 新教徒

19世纪上半叶，美国、英国、德国、荷兰等国的新教传教士在叙利亚进行传教活动，叙利亚逐渐出现了少数新教徒。

🌸 三、宗教基金

在叙利亚，政府管理着各种宗教基金，亦称"瓦克夫"（waqf）。它是一种民间性的捐赠基金，主要用于宗教活动、救济贫苦民众的生活等。根据宪法第三十五条，叙利亚宗教团体有独立管理和控制公共瓦克夫的权力。瓦克夫分为两种：伊斯兰瓦克夫和非伊斯兰瓦克夫。

1947年，叙利亚成立了由总理领导的瓦克夫管理机构，即叙利亚瓦克夫最高委员会，其组建须经宗教人士投票。1966年，叙利亚政府明确削弱了瓦克夫最高委员会的权力。然而，一些著名的逊尼派宗教领袖仍在瓦克夫最高委员会内拥有影响力，占据了瓦克夫最高委员会的重要职位。如今，瓦克夫部管理着瓦克夫最高委员会，由世俗人员和宗教人员组成，部长由总统提名，瓦克夫部部长一直由逊尼派宗教领袖担任。瓦克夫部的职权范围包括：管理瓦克夫财务（包括叙利亚的大部分宗教财产），管理穆夫提，管理清真寺及其学校，管理宗教慈善活动的资金等。

除伊斯兰瓦克夫之外，叙利亚还有属于基督教徒和犹太人等的非伊斯兰瓦克夫机构，它们在瓦克夫部的监督下，由各宗教团体领袖管理。

第三节　传统风俗

作为一个多民族、多宗教、多教派的国家，叙利亚人享有不同的历史、文化背景、宗教信仰和生活习俗，同时又能够和平共处。

一、民俗

叙利亚民俗文化丰富多彩，各民族群体有着不同的历史文化背景和生活习俗，宽容、闲适和好客构成了叙利亚人的民族性格。

1. 社会习俗

叙利亚宗教文化多样，其礼仪和习俗既被打上了伊斯兰教烙印，也带有自己独特的风格。叙利亚社会习俗有两大禁忌：一是宗教信仰方面的禁忌；二是生活习惯方面的禁忌，如喝汤或喝热饮时不能发出任何声响，吃饭时不能用左手抓食等。

叙利亚人在交往中较热情。叙利亚人在俱乐部或餐厅招待生意伙伴，由主人买单。到叙利亚人家中做客或到机关企业拜会或参观，主人一般都先用专用的壶和小杯子冲调苦咖啡招待客人。叙利亚人的见面礼有握手、拥抱和吻脸：同事和朋友间见面一般用握手表示欢迎；亲朋好友在久别重逢或出远门时，同性之间可以热烈拥抱；对外宾，第一次见面一般用握手表示欢迎，第二次见面则热烈拥抱并吻脸；男女间用握手表示欢迎。在称呼上，叙利亚人平时以先生、女士、小姐相称，关系较好、比较熟识的通常称对方别名，在党、政机关或国有企业、事业单位中常互称同志。

2. 服饰

叙利亚文化兼收并蓄，这一特点明显表现在其服装风格上：一些女性选择最新的欧洲时尚，一些人则完全戴面纱；年长的男性穿着传统的黑色宽松长裤，与年轻的西方运动风格形成鲜明对比。

叙利亚男性通常穿着一件名为"卡夫坦"的白色阿拉伯长袍，有时外加一件有颜色的罩袍；而女性则多穿覆盖全身的黑色长袍，喜欢佩戴黄金首饰，如手镯、戒指、项链等。20世纪60年代，大马士革妇女的服饰相当时髦，流行穿着西式制服和长裙，职业妇女很少穿长袍戴头巾。但到20世纪末，越来越多的女性穿上了长袍或风衣，甚至冬天和夏天时年轻的女中学生都穿着长长的风衣，头上裹着白色头巾。

3. 饮食

叙利亚的饮食独具特色，使用了各种各样的食材，以柠檬、大蒜、洋葱和香料为特色。叙利亚人的主食是用白面做的大饼和用色拉油炒的米饭。肉馅饼和菠菜馅饼也很受欢迎。肉馅饼的馅料以羊肉或牛肉为主，辅以香料和松仁，通常与酸奶一起食用。

烤肉是叙利亚人餐桌上的主菜。烤肉分为烤鸡、烤鸭、烤羊肉、烤牛肉等，只有高档饭店才供应烤牛排和烤羊排。烤全羊是叙利亚最高级别的菜肴，盛放在用色拉油炒的米饭上的烤全羊是叙利亚人款待高贵客人的必备食品，也是国家领导人举行国宴的主菜。

叙利亚人喜食生冷食物，蔬菜基本都是生吃的，黄瓜、番茄、萝卜、洋葱、生菜、甜菜等洗净切好后，盛在盘中，撒一些食盐、橄榄油，再浇上一些柠檬汁搅拌一下，就成了叙利亚人经常食用的冷盘——蔬菜色拉。叙利亚人也喜欢甜食，作为正餐的开胃菜，甜食主要用菊花水、蔷薇水、椰蓉、开心果、杏仁、椰枣等制成，甜食中放入了大量的糖、油、蛋、奶，是妇女和儿童最爱吃的食品。

在饮料方面，叙利亚人常饮红茶、咖啡等。叙利亚人喝红茶通常加糖。白咖啡是受叙利亚人欢迎的饮料，通常加些豆蔻，味略苦，但清香可口，可提神。

4. 家庭

传统的阿拉伯家庭价值观对叙利亚社会有着强大的影响力，家庭是叙利亚人社会生活的核心。家庭成员之间的频繁互访和邀请吃饭的交流，是他们日常生活的组成部分。叙利亚家庭法和继承法以宗教为基础，继承财产必须到所属宗教团体登记。叙利亚社会主要是一个男权社会，男性如父亲仍然是叙利亚家庭的一家之主，妇女总是由男性亲属如父亲、丈夫或儿子监护。

在叙利亚，婚姻通常是由双方的家庭安排的。父母通常在批准或拒绝婚姻时拥有决定性的权力。一夫多妻制的婚姻在叙利亚确实存在，但法律规定，一个男人只有在经济上能够支持他的多个妻子时，才能结婚一次以上。穆斯林男性可以和非穆斯林女性结婚，但穆斯林女性不允许同非穆斯林男性结婚，而基督教徒的跨教派婚姻则是合法的。

二、节假日

叙利亚宗教派别较多，各种宗教节日及世俗节日繁多，宗教节日的具体日期依各教教历而定。基督教节日有新年、复活节、圣诞节等。伊斯兰教节日有古尔邦节、开斋节、新年、圣纪节等。4月17日是叙利亚的独立日和国庆节，5月1日为劳动节。此外，叙利亚还有一些重要的节日，如革命节（3月8日）、教师节（3月13日）、母亲节（3月21日）、全国烈士节（5月5日）、建军节（8月1日）、献祭节（7月25日）、"十月战争"开战日（10月6日）、"纠正运动"纪念日（11月16日）等。

叙利亚政府部门及国有单位工作时间为周日到周四的8:00—15:30，周五、周六休息。商店及私营企业作息时间一般为9:00—13:30，16:00—20:00（冬季）或17:00—21:00（夏季），周五休息。每年斋月期间，叙利亚大部分商店白天都不对外营业。尽管周日是叙利亚的工作日，但叙利亚基督教徒公务员可周日上午休息在教堂做礼拜。

第四节　教育

叙利亚是阿拉伯国家中国民素质较高、教育文化事业较为繁荣的国家。叙利亚十分重视国民教育，约4/5的叙利亚人受过教育。叙利亚实行免费义务教育，6~11岁的学龄儿童可以免费接受六年初等教育，无论男性或女性儿童的入学率都接近百分之百。2016年叙利亚成人识字率为79.6%，男性和女性分别有93%和78%的人具有官方认可的识字能力。

一、组织机构与职能

叙利亚政府的教育机构分别为教育部和高等教育部。教育部的主要任务是负责初等教育和中等教育的行政管理，并根据复兴党的决议和国家发展战略制定教育政策和规划，确定教学大纲，改善教学设施，提高教学质量。高等教育部的主要任务是宣传高等教育，制定教学大纲，提供教材和参考书，使之服务于国家社会经济的发展；提高科研水平，为国家培养专业技术人才和专家。

在叙利亚，教育部教育经费占国家预算的比例一般为10%左右，其中初等阶段教育经费占总教育经费的46%，中等阶段教育经费占总教育经费的25%，职业技术教育经费占总教育经费的11.42%。地方教育机构仅管理初等和中等教育，每个省设有教育局，局长对教育部部长、省长和本省的教育机构负责，列席教育部行政会议。省教育局的主要任务是执行教育部制定的政策，完成教育部下达的计划，并根据本省的具体情况制定切实可行的任务和发展规划，如开设小学、中学和职业技术学校，举办各种职业学习班、教师进修班，组织夏令营活动等。

二、教育体制

叙利亚的学校大体分为三种：98%的学校是公立学校，1.8%的学校是私立学校，其余0.2%是联合国救济和工作机构为难民儿童提供的学校。

叙利亚的教育制度按教育性质可划分为普通教育、职业技术教育及特殊教育。教育体制大致分为四个阶段：

（1）学前教育阶段：托儿所和幼儿园；

（2）初等教育阶段：小学六年（免费义务教育）；

（3）中等教育阶段：初中三年（免费义务教育）、高中三年（包括普通高中、职高、中专）；

（4）高等教育阶段：大学本科一般为四～六年制，大学专科则为三年制。

叙利亚学前教育为幼儿教育。叙利亚非政府组织是儿童保育和教育的主要办学机构，其中私人教师、工人联合会或妇女联合会管理着全国绝大多数幼儿园。1990年，3~5岁的儿童中只有5%进入793所幼儿园学习。2004年，叙利亚幼儿园数量增加到1 475个，幼儿入园率也大幅提高。

叙利亚初等教育受到政府的特别重视，初等教育为小学六年制，是叙利亚教育事业的基础。叙利亚重视小学教育，小学入学年龄为6~7岁。叙利亚小学以公立为主，公立学校占97.8%。小学分为全日制和半日制，全日制学校占总数的69.7%，半日制学校占总数的30.3%。

叙利亚中等教育包括普通中学和中等职业技术教育。普通中学学制六年，分初中三年，高中三年。初中阶段的学校分为三类：公立学校、资助学校（只招收巴勒斯坦学生）和私立学校。前两类实行免费教育，私立学校则收费。这三类学校的教学由教育部统一管理，招收通过考试获得小学毕业证书的学生。毕业生可继续上高中或上中等职业技术学校。

普通高中学制为三年，高中二年级开始分文、理科。高中分公立学校与私立学校两种，公立学校免费，私立学校须交费，教学均由教育部统一管理。普通中等教育提供学术课程，为学生上大学做准备。2014年叙利亚有高中1 103所，其中公立高中1 041所，占94.4%；私立高中62所，占5.6%；初、高中混合校为1 025所，占92.9%；独立高中78所，占7.07%。

叙利亚职业技术教育分为初等（资格）培训阶段、中等职业技术教育阶段（中专）和高等职业技术教育阶段（大专）。中等职业技术教育提供工业、农业、商业和小学教师培训课程，学制为3年。2000年，叙利亚政府实施了一项新政策，规定普通中等教育和中等职业技术教育学生的分配比例为50∶50，后来又调整到60∶40。

此外，叙利亚还设有特殊教育学校，采取公立和私立两种方式办学，主要任务是开展城乡的扫盲运动，组织文盲学习基础文化和手工艺。这项举措改变了叙利亚文化教育落后的状况，文盲率由1970年的52%降低至1991年的20%。叙利亚政府和各省教育局非常重视成人教育。叙利亚政府委托文化部中央扫盲办公室、教师工会和妇联负责全国的扫盲工作。1998年，叙政府又制订了全国扫盲计划，其内容包括成人教育、义务教育、职业培训等方面，各地都举办了扫盲学习班、成人教育学习班、扫盲巩固班。

三、高等教育

1966年，叙利亚政府成立了高等教育部，高等教育部直接领导高等教育，并监督科学教育机构，如大学、学术委员会、阿拉伯语学院和教学医院等。叙利亚高等教育分为大专和大学本科。大专学制为三年，学生毕业可获得大专文凭。大学本科和高等学院学制为四～六年，实行学分制，取得规定学分的学生可获得大学文凭或继续深造。

叙利亚高等教育规定，男生从大学毕业后要到军队服役二年才能拿到文凭，女生毕业后即可拿到文凭。

叙利亚高等教育分公立与私立两种形式。目前，叙利亚公立大学主要有大马士革的大马士革大学、叙利亚虚拟大学，代尔祖尔的阿尔富拉特大学，阿勒颇的阿勒颇大学，霍姆斯的复兴大学，拉塔基亚的十月大学等6所公立大学，以及高等海洋研究所、高等水资源管理学院、高等工商管理学院等3所高等技术学院。公立大学的学费较低，如果学生在毕业考试中获得足够的学分，大学收取正常的费用；如果没有完成学分，学生可选择支付更高的学费来继续学业。大马士革大学和阿勒颇大学是叙利亚排名前两位的大学。2011年6月，叙利亚总统巴沙尔批准新建两所公立高等学院，分别位于叙南部的德拉省和库奈特拉省，这两所高等学院都隶属于大马士革大学。

2002年9月，巴沙尔总统批准在大马士革建立了叙利亚第一所虚拟大学，即叙利亚虚拟大学。学生可通过虚拟大学实现无国境的教育，并获取国际认可的学位，有助于加强叙利亚与西方世界的联系。2006年6月，叙利亚政府成立了叙利亚远程教育大学，主要目的是利用电脑网络来普及高等教育。

2001年，叙利亚政府颁布法令，允许建立一些私立大学和学院。目前，叙利亚有15所私立大学，主要有叙利亚私立大学、拉希德国际私立科技大学、阿拉伯国际大学、国际科技大学、Kalamoon大学、阿拉伯欧洲大学、半岛电视台大学、Al-Manara大学和Al-Andalus大学等。叙利亚私立大学的学费较公立大学高很多。

此外，叙利亚还有一所高等宗教大学。2011年4月4日，巴沙尔总统颁布法令，建立一所研究伊斯兰教、阿拉伯语和宗教法的沙姆高等学院，校址设在大马士革，隶属于宗教事务部。

四、当前发展概况

叙利亚的教育资源分布较为均衡，政府十分重视发展本民族的教育事业，建立了一套健全的教育制度，采用由教育部直接控制的集权式教育管理方式。1982年，叙利亚颁布了第35号义务教育特别法令，规定所有少年儿童的监护人必须将他们抚养的少年儿童送入小学就读。2002年，政府规定小学教育与初中教育为免费义务教育，从而使叙利亚拥有了良好的基础教育体系。

20世纪70年代以来，叙利亚把开发智力和发展教育事业作为发展经济、实现国家现代化的重要手段，并进一步增加投资，兴办各类学校，普及和提高教育水平。叙利亚政府历来重视教育事业，教育经费支出占国家预算比例较高，在阿拉伯国家中名列前茅。

自2011年叙利亚内战爆发以来，叙利亚教育危机愈演愈烈，基础教育的入学率已从接近100%跌至50%，至少1/4的学校遭到破坏甚至被毁，300万叙利亚儿童被迫辍学，一半的难民儿童没有接受任何形式的教育，教育项目短缺资金接近50%。2015年，叙利亚适龄儿童入学率为37%，沦为世界上入学率最低的国家之一。在叙利亚西北部的重要城市阿勒颇，适龄儿童入学率只有6%。

第五节　　**体育**

独立后，叙利亚政府非常重视体育事业的发展。长期以来，叙利亚是西亚阿拉伯国家中的传统体育强国，是西亚地区首个夺得奥运冠军的国家。

一、组织机构与职能

青年与体育局是负责叙利亚体育事业的最高领导机构。它制定体育发展的政策，建立一些体育机构，如体育俱乐部、联合会以及奥委会，规范足球、篮球等国家队的管理，促进叙利亚体育的发展。

叙利亚体育总联合会是负责全国体育运动的群众组织，成立于1971年，归青年与体育局领导。叙利亚体育总联合会最高权力机构是全国体育代表大会，每4年召开一次，设执委会。

此外，叙利亚奥林匹克运动委员会是叙利亚最重要的体育组织。叙利亚奥林匹克运动委员会是亚奥理事会和国际奥委会成员，下辖足球、篮球、体操、乒乓球等共30多个单项运动协会。1948年叙利亚首次参加伦敦奥运会。在2016年里约热内卢奥运会是其第十三次在奥运会上亮相。在1984年洛杉矶奥运会上，叙利亚选手朱兹福·阿特获得1枚男子自由式摔跤的银牌，实现了叙利亚奥运奖牌零的突破。在

1996年亚特兰大奥运会上，阿黛·莎阿赢得了女子七项全能的金牌，使叙利亚首次跻身金牌榜，叙利亚也因此成为第一个在奥运会上实现金牌零的突破的西亚阿拉伯国家。在2004年雅典奥运会上，拳击运动员纳塞尔·阿尔沙米获得男子91公斤级的铜牌，这是叙利亚体育代表团历史上获得的第三枚奥运奖牌。2016年，叙利亚奥组委选派了7名运动员参加里约热内卢奥运会，参加游泳、柔道、乒乓球和举重等项目。

叙利亚政府对体育事业的发展给予了较大的重视。2001年3月，巴沙尔总统颁布总统令，宣布叙利亚体育实行职业化。但国家对体育事业发展的投资、拨款有限，在短期内难以实现体育职业化。叙利亚聘请了日本、朝鲜、埃及及东欧一些国家的外籍教练，中国的乒乓球教练也在叙利亚执教。

二、主要体育项目

叙利亚国内最受欢迎的运动项目是足球、篮球、排球、体操、举重、游泳、摔跤、拳击和田径等。叙利亚青少年在课余时间喜欢参加各类体育项目的俱乐部。在专业教练的指导下，一大批有体育专长的青少年充分发挥了他们的体育天分，在国际体育比赛中获得了优异的成绩。叙利亚著名运动员有朱兹福·阿特、阿黛·莎阿、阿尔布扎、尤西里、阿尔马斯利等。

叙利亚体育在拳击、田径、游泳、铁人三项、举重、摔跤等项目上较强，在大型国际体育比赛中曾获奖牌。在2010年广州亚运会上，叙利亚夺得1枚金牌和1枚铜牌。而在此前7次参加亚运会的历史中，叙利亚一共夺得了29枚奖牌，其中金牌8枚，银牌7枚，铜牌14枚。在2018年雅加达亚运会上，叙利亚一共派出了156名运动员参赛，获得1枚铜牌。

叙利亚政府重视人民的体育锻炼，在城市里举重、柔道和空手道很受人们欢迎，大马士革的健身俱乐部和健身房越来越普遍。大马士革、阿勒颇和拉塔基亚都有体育馆，偶尔举办体育赛事。叙利亚体育赛事由政府运营的体育教育学院负责组织，赛事由政府出资。

叙利亚人民最喜欢的运动是足球，叙利亚人对国家电视台播放的阿拉伯和欧洲足球比赛关注度很高。叙利亚足球队曾四次参加亚洲杯。叙利亚青年足球队在1994年夺得亚洲青年足球锦标赛冠军，在世界青年足球锦标赛中曾排名第五。2012年，叙利亚国家足球队获得了海湾杯冠军。在2018年世界杯亚洲区预选赛十二强赛中，叙利亚队在最后一轮创造奇迹，取得附加赛资格。叙利亚队在附加赛中遗憾地负于澳大利亚队，未能进入2018年世界杯决赛圈。

叙利亚篮球在亚洲处于中上等水平，男篮国家队一直保持在亚洲前十名。2011—2018年，叙利亚男篮仍参加了亚洲各大赛事：获得2017年男篮亚洲杯的参赛资格，并获得了赛会的第十一名；2018年8月，参加了2019年男篮世界杯预选赛，并打进了复赛。

叙利亚曾举办泛阿拉伯运动会和地中海运动会等国际体育赛事。大马士革举办了第五届（1976年）和第七届（1992年）泛阿拉伯运动会。在第七届泛阿拉伯运动会上，叙利亚共获得48枚金牌，位列金牌榜第一。1987年9月11日—25日，拉塔基亚举办了第十届地中海运动会，有18个国家参赛。

第六节　新闻出版

叙利亚新闻出版较为多样化，拥有较多的报刊、广播电台、电视台，而且水平较高。叙利亚媒体大多以阿拉伯语出版或广播，只有少数英文媒体，具有强烈的阿拉伯色彩。内战爆发以来，叙利亚是世界上对新闻记者来说最危险的地方之一。

❧ 一、新闻媒体政策

叙利亚政府历来重视新闻媒体的宣传工作，坚持媒体的真理性。在叙利亚，主管新闻工作的部门有新闻部、总统府新闻局、外交部新闻司。

2001年9月，巴沙尔总统颁布第50号总统令，宣布实施新的新闻出版法，以取代1949年颁布的旧法。新法规定，出版业许可证发放须由新闻部部长提议、总理批准。此外，叙利亚政府严格审查互联网服务。

2011年8月28日，叙利亚政府颁布法令，授予媒体方面更广泛的自由权益，并能更好地保护记者等新闻工作者的人身安全。

❀ 二、通讯社

叙利亚通讯社，简称"萨那"（SANA），1965年6月创建，由新闻部领导，是叙利亚唯一的国家通讯社，也是向叙利亚各新闻媒介提供国内外新闻和新闻图片的唯一权威性机构，完全反映政府观点。叙利亚通讯社一般用阿拉伯文24小时发稿，有时还用英文、法文、西班牙文和土耳其文发稿，日发稿量为10万字。

❀ 三、广播与电视

叙利亚广播电台及叙利亚电视台是向人民传播文化的重要媒介。广播电台除用阿拉伯语广播外，还用英语和法语广播。叙利亚大多数广播或电视台均由政府或复兴党运营。

1. 广播电台

1960年，叙利亚广播电视总局成立，它隶属于新闻部，是政府的官方新闻机构，由广播电台和电视台两部分组成。2014年，工作人员有3 600多人，其中播音员800多人，记者800多人，各种节目编导和演出人员500多人，工程技术和行政管理人员1 500多人。

在叙利亚，广播是一种备受人民欢迎的新闻媒体。叙利亚广播服务以中波和短波传播，并以阿拉伯语和10种外语广播。1936年，叙利亚国内建立了最早的广播电台——叙利亚广播电台，它在各省、市有地方广播电台。1990年，叙利亚政府建立了人民之声电台。自内战以来，叙利亚广播的重要性与日俱增。截至2015年5月，叙利亚境内至少有17个广播电台。

2. 电视台

电视是叙利亚人民最广泛和最重要的新闻来源。成立于1960年的叙利亚国家电视台在全国拥有大批观众。叙利亚国家电视台有两个无线电视台和一个卫星电视频道，播出语言为阿拉伯语、英语和法语，播放包括教育、文化、戏剧、音乐、新闻和体育等节目。

2005年，叙利亚政府正式允许私人电视台开办，但私人电视台经政府许可后才能播放除新闻报道外的电视节目。自2011年内战以来，卫星电视进入叙利亚人的日常生活，首都大马士革等大城市出现了大量的卫星电视节目。叙利亚卫星电视台隶属于叙利亚国家电视台，是叙利亚官方的卫星电视台，总部设在大马士革。叙利亚卫星电视台播出的节目比较丰富，除了新闻节目外，还播出肥皂剧和电影，节目覆盖阿拉伯地区几乎所有的国家。

🌸 四、报刊与图书

叙利亚政府非常重视新闻出版，政府机构也有其所属的新闻出版单位。总统府新闻局负责发布总统文告、声明、电文、会见贵宾等活动的消息及评论，并负责向总统提供重大的国内外新闻和评论，以及为总统起草讲话稿。总统府新闻局负责发表有关内阁活动方面的消息。复兴党民族领导宣传局负责发表复兴党的地区领导人和民族领导人活动的消息，还负责向新闻界下达复兴党的宣传政策。

叙利亚政府规定新闻出版自由。成立于1974年的叙利亚全国记者协会是新闻工作者的群众性组织。该协会主要负责与各国记协的联系与合作，2013年有成员约2 000人。

1. 报刊

叙利亚的新闻出版事业发展较快，出版物逐年增多。叙利亚报刊主要由官方或半官方机构经营。叙利亚全国性的阿拉伯文日报主要有《复兴报》、《革命报》和《十月报》。《复兴报》为复兴党机关报，该报主要登载一些复兴党的理论性文章，宣传复兴党思想和政治观点，并阐述复兴党对国内外重大事件的立场。《革命报》为政府机关报，该报刊登叙政府对阿拉伯世界事务的立场。《十月报》为纪念"十月战争"两周年于1975年10月创刊，因此得名。该报经常透露一些高层政治信息和政策变化动向，思想较开放。

地方性的阿拉伯文日报有《献身报》、《团结报》、《阿拉伯主义报》和《群众报》。另外，还发行有英文日报《叙利亚时报》和阿拉伯文的《农民周报》《工人周报》等。

此外，叙利亚还有一些私人创办的报刊。2012年6月，由巴沙尔总统的表兄、商人瑞米迈卡鲁夫创办了《祖国报》，几年来发行量逐步增长。

1910年，大马士革出版了中东第一本专门讨论妇女权利的杂志 *al-Arous*。

2. 图书

19世纪90年代，大马士革建立了一家印刷厂，从此开始印刷出版物。目前，叙利亚的出版业主要集中在大马士革。叙利亚全国有近300家私营书店和50家私营出版社，他们经营图书出版、承担销售和进出口图书贸易，并参加阿拉伯各国举办的各种书展。叙政府规定，凡注册的出版社每年至少要出版一定品种的图书，否则吊销营业执照。进入21世纪后，叙利亚的私营书店和出版社都有了较大的发展。叙利亚主要的出版社有文化部出版社、高等教育部出版社、叙利亚作协出版社、大马士革出版社、思想出版社、群众出版社、卡尔迈勒出版社、米斯隆出版社、阿拉伯出版发行社等。

五、社交媒体

自内战以来，社交媒体成为叙利亚人民保持联系和传达生活信息的重要工具。与此同时，国家和非政府组织也在网络平台上积极宣传自己的事业。

叙利亚国内的一些在线新闻网站是获取新闻信息的重要渠道。叙利亚新闻网是一家阿拉伯新闻网站，使用阿拉伯语和英语报道叙利亚时政新闻。阿拉姆集团网提供阿拉伯语的文化和社会新闻。创新叙利亚网有文化新闻和时事博客，可链接外国新闻网站。

第七节　社会生活

一、公民社会组织

叙利亚公民社会组织较为发达，大多为民间和行业组织，有专业知识和文化，对社会建设与发展做出了重要贡献。20世纪70年代以来，叙利亚政府重视民间组织和工会等社会团体的发展。自巴沙尔总统开启"大马士革之春"以来，叙利亚国内公民社会组织日益活跃，一些反对派社会组织也频繁活动。

在叙利亚，大多数群众团体或公民社会组织都支持政府的工作，自愿承担更多的社会责任。这些组织和工会有工人工会总联合会、全国妇女联合会、革命青年联合会、复兴党童子军、叙利亚学生全国联合会、农民总联合会以及各种职业联合会。

二、国民收入

叙利亚是世界上少有的低物价国家，社会福利也比较完善，农民只需要缴纳少量的水电费和税款。2011年叙利亚危机爆发后，叙利亚政府采取了一些增加国民收入的措施。2011年3月，巴沙尔总统决定增加国家公务员工资，创造就业机会，制定有效的反腐败机制，研究取消实施了48年的《国家紧急状态法》。2011年11月15日，叙利亚财政部部长穆罕默德·贾里拉提声明，在当前国内政治局势下，政府不会降低国有企业工人工资水平，也不会扣减其加班费、补贴金等其他收入，相反，叙政府还将通过为工人提供健康保险、加大对教育和健康等领域的投入等手段提高工人的生活水平。

叙利亚内战的加剧，导致了叙利亚失业率居高不下、青年问题突出等严重的社会危机。2013年，叙利亚2 200万人口中不满26周岁的约占60%，全国失业率约达20%~25%。25周岁以下的青年人中就业问题更为严重，女性与男性的失业率分别为53%和67%。为降低失业率，叙利亚政府采取了一些措施。2011年7月18日，叙利亚政府推出一项草案，法定退休年龄从之前的60周岁提前至52周岁。同年8月1日，叙利亚政府决定向毕业新生提供1万个公共机构就业岗位。截至2018年年初，5个叙利亚人中有4人生活在贫困中，30%的叙利亚人生活在"赤贫"状况，而且无法满足基本的家庭粮食需求。

三、社会保障

社会和劳动事务部是叙利亚人民社会保障最重要的机构，成立于1956年，负责保护劳动人民的利益，为工人提供卫生的住房条件，支持慈善事业。

叙利亚实行义务社会保险制度，要求雇主和雇员同时缴纳社会保险金。所支付的社会保险基金将用于对因工作而受伤害、致残、退休及死亡的赔偿。投保金按照每月基本工资的一定比例进行缴纳。2011年4月3日，巴沙尔总统颁布第46号法令，将国有企业和民间组织的退休公民与军人纳入健康保险范围。2011年6月10日，叙利亚对社会保障法进行修订，新的法律规定将定期增加退休金和明确医疗保险事宜，并建议成立专门基金以保障退休金的定期增加，原则上每三年提高一次退休金。

四、居住状况

1998年，叙利亚普通住宅有279.2355万套，居住面积为2.8761亿平方米。2011年6月28日，巴沙尔总统发布第76号法令，对叙利亚住房部工作进行调整规范，以满足叙利亚人的住房需求。7月初，叙利亚住房部新向5家房地产开发公司签发了营业执照，使房地产开发公司总数达到25家。

叙利亚人居住的大多是环保房屋，人们创造性地融合、使用阳光、空气、水源等建造居住环境。大马士革的老房子是用未烤熟的软砖及木头、石头建造的。现代建筑是用混凝土建造的，而开凿的石头则保留给官方建筑、清真寺和教堂。穿行在大马士革巷道，会看到房屋中央是一个天井状的庭院，四周环绕着宽敞、舒适的房间，这是招待客人用的房间，它们比庭院高出约两级台阶，庭院中间有一个小水池，用于调节温度和清洗污垢。叙利亚人屋内布满了种类繁多、制造精美的装饰。通道、水池、客厅、台阶用多彩的大理石铺设。屋顶和墙壁采用原木，上面绘以漂亮的色彩。

五、医疗卫生

叙利亚政府制定了相关的政策和法规，使公民不仅享受免费医疗服务，而且享受便捷安全的医疗服务。叙利亚医疗机构包括国家和私营医院和疗养院，军队的医院和门诊诊所，一些公立和私立门诊诊所，以及妇幼保健和农村保健中心。城市、乡镇和较大村庄的卫生条件总体上令人满意。城市有自来水供应，并定期收集垃圾，卫生条件较好。尽管政府鼓励医生为农村地区服务，但医疗服务仍分布不均，医生主要集中在大城市。

1988年，叙利亚政府开始实施《基本医疗卫生福利条例》，其基本内容是建立安全的预防医疗体系。20世纪90年代，叙利亚的医生数量有所增长，如牙科医生、药剂师、助产师和护士。1999年，叙利亚有医院、卫生所、医疗中心共1299所，床位约2.059万个，医生约

2.139万名。2010年，每1 000人中有1.46名医生。内战严重摧毁了阿勒颇、伊德利卜等地的医院和其他医疗设施。内战期间，叙利亚大学附属医院为公民提供免费医疗服务，成为民众重要的医疗场所。

第七章 外交

　　1943年独立后，叙利亚以主权国家的身份积极参与国际事务。1945年3月22日，叙利亚成为阿拉伯国家联盟的创始成员国。20世纪50年代，叙利亚始终坚持反美的对外政策。20世纪50年代中期苏伊士运河危机期间，叙利亚积极支持埃及纳赛尔政府，并逐步与苏联建立政治、经济和军事关系。20世纪50年代末，叙利亚进一步加强了与苏联及东欧国家的关系。

　　1970年哈菲兹·阿萨德执政后，调整了叙利亚的外交政策，开始积极参与中东国际事务。阿萨德具有深远的外交战略，他能够对黎巴嫩真主党、巴勒斯坦伊斯兰抵抗运动（哈马斯）、解放巴勒斯坦人民阵线（"人阵"）等激进组织施加影响，并能够影响巴以和谈和黎以和谈，使叙利亚成为中东地区的外交大国。自2000年巴沙尔执政以来，面对中东地区格局和国际政治现实的巨变，其外交政策主要体现为以国家利益为核心的务实的外交理念，具体外交措施是：稳固发展与美国的关系，恢复与欧盟的正常关系，重视发展与阿拉伯国家的友好关系，维护与伊朗的战略盟友关系，坚持与以色列的和谈方针。在处理与邻国关系时，巴沙尔承认土耳其吞并亚历山大勒塔地区，并顺应国际社会的压力，从黎巴嫩撤军。内战前，叙利亚积极拓展对外交往，营造良好的周边与国际环境。

　　自2011年叙利亚内战以来，叙利亚已经越来越远离国际社会，与包括土耳其、加拿大、法国、意大利、德国、美国、英国、比利时、西班牙和一些海湾阿拉伯国家在内的多个国家的外交关系已经中断。截至2019年9月，叙利亚仍然与传统盟友伊朗和俄罗斯保持良好关系。在阿拉伯联盟国家中，叙利亚继续与伊拉克、埃及、阿尔及利亚、科威特、黎巴嫩、阿曼、阿拉伯联合酋长国和巴林保持良好关系。

第一节　　对外政策

　　叙利亚政府奉行中立和不结盟、反帝、反殖、反对种族主义的外交政策，主张阿拉伯国家联合自强，以大小国家一律平等为基础建立国际新秩序。确保国家安全，增强国家影响力，确保戈兰高地的回归，是叙利亚外交政策的主要目标。1954年2月，阿塔西政府成立后，在强调阿拉伯民族主义、执行和平中立的政策，以及反对参加西方策划的军事联盟、拒绝与美英签订任何政治和军事性条约的同时，主张发展与社会主义国家的关系。1999年，叙利亚积极调整外交政策，对外政策趋向灵活、务实。特别是在叙以和谈问题上，既坚持以"土地换和平"的原则，谋求全面、公正地解决中东问题，又运用策略以灵活务实的态度处理同各方的关系。叙利亚要求以色列无条件地撤出1967年以来侵占的包括戈兰高地在内的所有阿拉伯领土，恢复巴勒斯坦人民的合法民族权利。

　　目前，叙利亚对当前重大国际和地区问题的立场体现了其一贯的外交政策或主张。

　　一是对经济全球化的看法。叙利亚认为经济全球化是一把双刃剑，对发展中国家的经济基础和社会制度将造成严重冲击。呼吁发展中国家同发达国家、国际金融组织在联合国框架内积极对话，争取互利双赢，避免出现新的经济危机和社会动荡。

　　二是对待反恐问题的认识。叙利亚主张运用综合手段根除国际恐怖主义，对恐怖主义要有严格的界定，应与反抗外国占领和侵略的合法权利相区别。反对将恐怖主义同某一宗教、地区或民族问题相挂钩。强调中东暴力活动频繁的根源是巴勒斯坦问题得不到公正的解决，只有力促中东早日实现全面、公正、持久的和平，才能标本兼治中东恐怖主义问题。强调当前叙政府是与恐怖分子作战。

　　三是有关人权问题。叙利亚强调人权的普遍性、多样性，反对将人权问题政治化，借人权问题干涉别国内政。主张各国的人权状况应由各国政府根据国情循序渐进地加以改进。

第二节　对外关系

❖ 一、同中国的关系

　　中国与叙利亚的关系具有重要意义，两国间保持着战略友好合作关系。中叙建交63年来，双方在政治、经济、文化、教育等各领域的友好互利合作关系不断发展。自2011年叙利亚内战以来，中国一直支持叙利亚人民的正义事业，支持叙利亚人民自主决定国家的未来，中叙双方友好关系得到加强。叙利亚政府也重视发展与中国的关系，特别是希望在"一带一路"建设中开展多方面的合作，希望中国在叙利亚经济社会重建中发挥重要作用。

（一）双边关系沿革

　　历史上，中国与叙利亚地区交往频繁。在罗马统治时期和阿拉伯-伊斯兰帝国时期，叙利亚与中国往来不断，互通贸易，交流文化。2世纪和3世纪，大秦使节来中国访问。当时所谓的"大秦"使节和商人，也包括控制着地中海东岸、北非与东方贸易的叙利亚人。635年，大秦国景教著名主教、叙利亚人阿罗本一行经过波斯来华，唐太宗请他们翻译经典，建堂传教。至今仍保留的《大秦景教流行中国碑颂》就记载了这一段历史。13世纪，有一个叙利亚西部讲阿拉伯语的基督教徒爱薛曾在中国元朝做官，得到忽必烈的赞誉。叙利亚通行的文字，曾被我国的维吾尔族、蒙古族和满族用来拼写自己的语言。

　　叙利亚是阿拉伯世界乃至整个西亚北非地区第二个正式承认中华人民共和国合法地位的国家。1956年8月1日，叙利亚与中国正式建立外交关系，双方签署《中华人民共和国和阿拉伯叙利亚共和国建立大使级外交关系联合公报》。1958—1961年，叙利亚与埃及合并建立阿拉伯联合共和国（阿联）时期，中国撤销了驻叙利亚大使馆，设立驻大马士革总领事馆。1961年9月，叙利亚脱离阿联后，中国同叙利亚恢复了正式外交关系，并互派大使。20世纪60年代，叙利亚政权发生屡次更迭，叙中两国均保持了正常的友好关系。哈菲兹·阿萨德担任总统后，坚持与中国发展友好关系，并坚持恢复中华人民共和国在联合国合法席位的一贯立场。但由于叙利亚与苏联关系密切，一定程度上制约了叙中关系的进一步发展。20世纪70年代后期至80年代初期，叙中关系跌入低谷，叙利亚甚至未派驻华大使，双方重要互访也较少。20世纪80年代中期，叙中双方一度较为冷淡的关系开始升温。1986年3月，叙利亚阿拉伯复兴社会党与中国共产党正式建立党际友好关系，进一步发展了两国友好关系。

20世纪90年代以后，双方关系进一步巩固和加深，双方高层互访日趋频繁。1991年5月，叙利亚成立叙中友好协会，复兴党地区领导机构副书记卡达哈担任会长。1991年李鹏总理访叙，叙中关系进入新的阶段。20世纪90年代中期，叙方党政领导人多次访问中国。1996年12月，叙利亚总理祖阿比访华，他是中叙建交以来首位访华的叙利亚总理。1999年5月，叙利亚人民议会议长卡杜拉颁布命令，成立叙利亚议会叙中友好委员会。

进入21世纪，中叙关系持续友好发展，双边关系进一步增强。2000年7月，巴沙尔·阿萨德就任总统后，叙利亚开始积极建立与中国的战略伙伴关系，双方高层互访日益深入。2001年1月，中国国家副主席胡锦涛对叙利亚进行国事访问，开启了两国关系的新篇章。2004年6月，巴沙尔总统对中国进行国事访问，使双边关系进一步发展。此后，两国政府、政党以及军方之间各个层面的交往不断，友好合作关系持续升温。2006年，中叙两国为庆祝建交50周年在北京和大马士革分别举行一系列庆祝活动，将双边关系推向新的高潮。2008年10月27日—31日，中叙在大马士革举行第二届"中国和阿拉伯国家友好大会"，双方签署了《2008—2010年中国-阿拉伯民间行动计划》与会议宣言。

自2011年叙利亚内战以来，叙利亚国内局势动荡，影响到中叙关系的发展。但中国仍维持着与叙利亚政府的友好关系，中国驻叙利亚大使馆一直正常开展工作。2011年8月28日，中国新任驻叙利亚大使张迅在大马士革人民宫（总统府）向叙利亚总统巴沙尔·阿萨德递交了国书，双方进行了亲切友好交谈。在叙利亚问题上，中国一直促进叙利亚的和平与稳定。2012年3月6日—7日，外交部部长杨洁篪的代表李华新大使访问叙利亚，分别会见了叙利亚外交部部长穆阿利姆、副部长阿努斯和叙利亚有关反对派组织负责人，探讨解决叙利亚问题的出路。中国始终坚持"和平共处五项原则"，坚持在联合国框架协议中尊重叙利亚主权和领土完整，主张通过政治和解方式促进叙利亚问题的公正与妥善解决。

（二）双边互访和重大事件

中国与叙利亚建交63年来，在政治领域始终相互尊重、平等相待，保持着较频繁的高层交往。

1965年3月，叙利亚外交部部长哈桑·穆拉维德率友好代表团访华；6月9日，周恩来总理访叙，同叙利亚总统委员会主席阿明·哈菲兹举行会谈；6月和9月，陈毅副总理兼外交部部长两度访叙。

1969年5月，叙利亚国防部第一副部长兼武装部队总参谋长穆斯塔法·塔拉斯访华。

1972年5月，叙利亚副总理兼外交部部长阿卡杜勒·哈利姆·哈达姆访华。

1978年7月，全国人大常委会副委员长姬鹏飞访叙。

1985年12月，国务委员兼外交部部长吴学谦访叙。

1990年6月，叙利亚副总统、全国进步阵线副主席莫沙拉克访华。

1991年7月，李鹏总理访叙。

1995年5月23日—27日，中共中央政治局委员、书记处书记尉健行率中国共产党代表团访叙。

1996年12月，叙利亚政府总理祖阿比访华。

1997年4月，叙利亚副总统哈达姆访华；12月，钱其琛副总理兼外交部部长访叙。

1998年5月，叙利亚复兴党副总书记阿卜杜拉·艾哈迈尔访华；12月，叙利亚副总统莫沙拉克访华。

1999年4月，全国人大常委会委员长李鹏访叙。

2000年6月，中国政府特使、国务委员司马义·艾买提参加叙利亚政府为已故总统阿萨德举行的葬礼。

2001年4月26日—5月3日，叙利亚复兴党副总书记艾哈迈尔率团访华。12月22日—23日，外交部部长唐家璇访问叙利亚。

2004年6月，叙利亚总统巴沙尔访华；9月，叙利亚复兴党副总书记艾哈迈尔访华。

2005年6月，外交部部长李肇星访叙。

2006年4月11日—14日，中共中央政治局委员、新疆维吾尔自治区党委书记王乐泉访叙；5月30日，叙利亚外交部部长穆阿利姆访华；9月13日，叙利亚复兴党副总书记穆罕默德·塞义德·布希坦访华。

2007年5月14日，叙利亚复兴党副总书记艾哈迈尔访华；7月8日—11日，叙利亚副总理达尔达里访华。

2008年4月，中共中央政治局常委李长春访叙；10月23日—28日，叙利亚伊斯兰教法最高委员会主席、共和国大穆夫提艾哈迈德·哈松访华。

2009年4月24日—27日，外交部部长杨洁篪访叙；4月23日—29日，叙利亚人民议会议长马哈茂德·艾布拉什访华；11月18日—20日，国务院副总理回良玉访叙。

2010年10月31日，全国政协主席贾庆林访叙，双方签署了多个双边合作文件。

2011年1月14日—18日，全国人大常委会副委员长、全国妇联主席陈至立率中国妇女代表团访叙；5月28日—6月1日，叙利亚外交部常务副部长费萨尔·米格达德访华。

2012年2月17日—18日，中国政府特使、外交部副部长翟隽访问叙利亚；8月16日，叙利亚总统特使、总统政治与新闻顾问夏班访华

2013年2月4日—7日，叙利亚外交部常务副部长米格达德访华；9月10日，叙利亚国内反对派组织"全国对话联盟"代表团访华。

2014年4月，叙利亚反对派组织"反对派和革命力量全国联盟"主席杰尔巴访华；12月，叙利亚副总理兼外交部部长穆阿利姆访华。

2015年10月，叙利亚总统特使、总统政治与新闻顾问夏班访华；12月，叙利亚副总理兼外交部部长穆阿利姆访华。

2018年4月，叙利亚民族社会党主席、民族和解事务国务部部长海德尔访华；9月27日，国务委员兼外交部部长王毅在纽约出席联合国大会期间会见叙利亚副总理兼外交部部长穆阿利姆。

2019年6月16日—21日，叙利亚副总理兼外交部部长穆阿利姆访华。

❖ 二、同美国的关系

叙利亚宣布独立后，美国随即承认，并在当年同叙利亚建立外交关系。此后双方关系反反复复，冲突与合作并存，目前两国已中断外交关系。两国在阿拉伯国家与以色列冲突、戈兰高地、伊拉克战争和巴勒斯坦抵抗运动等问题上存在根本分歧。迄今，美国仍将叙利亚列入支持恐怖主义活动国家的黑名单。至今，叙利亚与美国的关系仍然处于对抗和敌视状态。美国实施打压叙利亚的政策，仍然视叙利亚为其中东战略的一大障碍。而叙利亚则追求独立自主的外交政策，确保其国家利益和安全，双方不和谐的关系仍然在继续。

（一）双边关系沿革

叙利亚独立之初，两国关系即处于敌视状态。20世纪50年代，叙利亚坚持中立不结盟政策，拒绝参加美国策划的中东军事集团。1955年2月，美国倡导的巴格达条约缔结后，叙利亚与埃及等阿拉伯国家联合反对巴格达条约。1957年1月，"艾森豪威尔主义"计划出台后，遭到叙利亚的严词拒绝。当年8—10月，美国为迫使叙利亚参加巴格达条约组织和接受"艾森豪威尔主义"，策划颠覆叙利亚政权的阴谋。叙利亚政府撤换了一批亲美军官，并驱逐了3名美外交官。美国为此对叙实施报复，命令第六舰队驶往东地中海，对叙利亚实施军事威胁。1967年，"六五战争"爆发的第二天，叙利亚宣布同美国断交。此后至20世纪60年代末，双方关系冷淡，处于僵持状态，叙利亚对美国的敌视一直存在。

20世纪70年代，双边关系有过短暂的改善，但仍存在着严重的分歧与对抗。其间，"十月战争"与"戴维营协议"两大事件，对叙美关系的发展产生了重要影响。1973年"十月战争"后，叙利亚出于对国内外各种因素的考虑，开始改善与美国的关系。1974年6月，两国复交。同年6月6日，美国总统尼克松访问大马士革，这是有史以来美国总统首次访问叙利亚。1978年9月6日，在美国总统卡特的主持下，萨达特和贝京签署了《戴维营协议》。同年9月24日，美国国务卿万斯抵达大马士革，同叙利亚总统阿萨德举行会谈，但避而不答叙利亚被占领土戈兰高地的归还问题，双方不欢而散。随后，叙美矛盾日益恶化。1986年10月，美国为支持英国与叙利亚断交，宣布撤回驻叙大使。1987年，两国关系恢复正常。

20世纪90年代，阿萨德总统曾经支持美国主导的海湾战争，叙美关系一度出现缓解的迹象。1991年10月，经美国斡旋，叙利亚终于同意出席在马德里召开的中东和平国际会议。1994年1月16日，美叙两国总统在日内瓦实现"历史性"会晤。同年10月，美国总统克林顿回访叙利亚，这是美国总统第二次访叙，两国总统就阿以和谈和叙以和谈交换了意见。2000年3月，阿萨德亲赴日内瓦与美国前总统克林顿就戈兰高地问题举行了会谈。

2000年巴沙尔就任总统后，对美国采取老阿萨德时期以国家利益为核心的既对抗又合作态度的政策。由于2003年叙利亚反对美国发动伊拉克战争，双边关系急剧恶化。2004年5月，美国开始对叙利亚实施经济和外交制裁法案。2005年2月黎巴嫩前总理哈里里遇害后，美国要求叙利亚配合国际调查委员会的调查，两国关系骤然紧张。之后，美国指责叙利亚是幕后策划者，并召回了驻叙利亚的大使，两国关系走向低谷。2007年3月，美国负责人口、难民和移民事务的助理国务卿埃伦·绍尔布赖访叙，这是两年多来两国政府高级官员首次正式会晤，表明双方关系出现缓和迹象。2009年，奥巴马就任美国总统后，积极同叙利亚对话，叙利亚也愿意同美国在互利和相互尊重的基础上开展积极和建设性对话。

自2011年叙利亚危机以来，双方关系再次步入低谷，美国加大了对叙利亚政府的经济制裁和政治打压。危机爆发后，美国关闭了驻叙大使馆。2011年5月1日，数百名叙利亚公民及一些外国人员聚集在美国驻叙利亚使馆前游行示威，谴责美国干涉叙利亚内政事务。同年10月24日，美国国务院宣布撤回美国驻叙利亚大使。2012年2月，美国驻大马士革大使馆暂停运作，停止正常的领事服务。同年5月，美国驱逐了一名叙利亚驻美国的外交官。

此外，美国还公开支持叙反对派，要求叙总统巴沙尔必须下台，对叙实施严厉的单边制裁。2012年12月11日，美宣布承认叙反对派组织的"全国联盟"为叙利亚人民的合法代表。2013年以来，美国逐步增加对叙反对派的援助。

2013年8月，叙境内发生"8·21"化学武器事件后，美国对叙利

亚的军事打击一度箭在弦上。同年9月底，禁止化学武器组织和联合
国安理会分别通过销毁叙利亚化学武器的决定和决议，叙利亚化学武
器问题实现"软着陆"。2014年3月，美国任命叙利亚问题特使。同
月，美国以叙驻美使馆停止领事服务为由，要求叙驻美使馆及驻密歇
根州和得克萨斯州的领事馆停止运作，并要求相关外交、行政人员及
其家属离美。2014年9月，美国等开始对叙利亚境内的极端组织"伊
斯兰国"发动空袭。

2017年，美国加大了对叙利亚军事打击的力度，试图以军事手段
压垮巴沙尔政权。2017年4月，叙利亚发生疑似化学武器袭击事件，
美国对霍姆斯的叙利亚政府军空军基地进行打击。2018年4月，叙利
亚再次发生疑似化学武器袭击事件，美国联合英国和法国对叙实施军
事打击。同年12月，美国宣布从叙利亚撤军。

2019年3月，美国总统特朗普签署总统令，正式承认以色列对戈
兰高地拥有主权。同年3月11日，叙利亚政府谴责美国领导的联军空
袭巴古兹，导致50多名叙利亚平民死亡。

（二）双边经贸关系

20世纪70年代，双方关系得到改善后，也加强了经贸联系。叙利
亚为了发展民族经济，加强与美国的经济联系。1975—1979年，美国
向叙利亚提供了4.38亿美元的援助和贷款。但两国因恐怖主义问题上
的分歧难以弥合，导致美国一直将叙利亚列为支持恐怖主义的国家，
并对叙利亚实施经济制裁。1998年美国众议院通过不具约束力的法
案，禁止向包括叙利亚在内的部分国家进行直接投资，禁止一切与叙
利亚等国有关的信贷及保险业务，禁止进出口银行向与叙利亚等国有
关的业务提供信用担保。

进入21世纪，叙利亚与以色列之间的长期对抗以及叙利亚与伊朗
良好的合作关系，使美国对叙利亚积怨加深。美国一直限制其他国家
与叙利亚的经济往来，还对叙利亚实施一系列的经济制裁，主要集中
在金融、电信、航空、军售和日用商品等领域，致使双方几乎很少有
贸易往来。2003年11月11日，美国参议院通过了《叙利亚责任及黎
巴嫩主权法》，该法案授权布什总统对叙利亚实施内容广泛的制裁，其
中包括禁止美国向叙利亚出口任何军用产品；禁止美国向叙利亚出口

除食品和药品以外的任何民用产品；禁止美国企业在叙利亚投资；限制叙驻美及驻联合国外交官的行动，减少与叙的外交接触；禁止叙利亚飞机进入美领空；冻结叙在美资产等。2008年8月，美国又禁止向叙利亚出口美国服务；禁止美国人参与叙利亚石油行业，包括禁止进口叙利亚石油产品。2009年，叙利亚对美国出口额为2.859亿美元，仅占叙利亚出口总额的0.2%。2010年5月，美国总统奥巴马延长了对叙利亚的制裁。

2011年，叙利亚和美国双边贸易总额为6.42亿美元，较2010年的9.32亿美元下降了31%。其中叙利亚为贸易顺差国，对美国出口额为3.93亿美元。随着叙利亚危机的爆发，2011年8月18日，美国总统奥巴马签署总统令，对叙利亚实施严厉制裁，包括禁止进口叙利亚石油，冻结叙政府在美全部资产，禁止任何美国人在世界任何地方与任何叙利亚人做生意。

2018年1月17日，美国国务卿蒂勒森在斯坦福大学胡佛研究所发表演讲，他表示："我们将阻止阿萨德政权和任何其他国家之间的经济关系。"11月20日，美国财政部向全球个人和企业发出警告，称如果他们参与向叙利亚运送石油产品，将受到制裁。

❊ 三、同法国的关系

与西方国家的关系中，叙利亚与法国的关系较为特殊。叙利亚与法国有着重要的历史、文化和政治渊源，两国都是地中海联盟的成员国。两国关系一直较为友好，但偶尔也趋于紧张。截至2019年，法国仍关闭驻大马士革大使馆和领事馆，两国关系陷入低谷。

（一）双边关系沿革

1920—1946年，叙利亚处于法国占领下的委任统治之下。自1946年独立以来，双方之间保持着合作与对抗的关系。1956年法国发动苏伊士运河战争后，叙利亚同法国断交。1962年9月，两国复交。1984年11月，法国总统密特朗访问叙利亚，这是自叙利亚独立以来，法国总统首次访问叙利亚。1991年，法国外交部部长迪马要求叙利亚军队撤出黎巴嫩，导致双方关系一度紧张。1996年10月，法国总统希拉克访问叙利亚，同意减免叙利亚欠法国的1.7亿美元债务。1998年7月，叙利亚总统阿萨德首次访问法国，同法国总统希拉克举行会谈，希拉克重申法国支持"土地换和平"的原则。

进入21世纪，叙利亚与法国关系一波三折，从友好走向了恶化。2001年和2002年，巴沙尔总统两度访问法国。2002年希拉克总统访叙。2005年黎巴嫩前总理哈里里遇刺之后，双方关系陷入谷底。2008年，黎巴嫩各派签署《多哈协议》后，两国高层才恢复了双边政治关系。2008年7月13日，叙利亚总统巴沙尔参加地中海联盟首脑会议，双方进行了一系列的接触，促成法国总统萨科齐2008年9月3日访问叙利亚。2009年1月，法国总统萨科齐再次访叙；7月，法国外交部部长库什内访叙；9月，叙利亚外交部部长穆阿利姆访法；11月，巴沙尔总统访法。

自2011年叙利亚危机以来，法国支持叙反对派，要求巴沙尔下台，致使双方关系逐渐恶化。2011年，法国对外安全总局开始向"叙利亚自由军"提供资金，用于购买武器。2013年6月以来，法国军事顾问团直接在叙境内接见反对派人员，给予现场作战指导。2017年初，法国宣布要军事介入叙利亚，并于4月发动了对叙利亚的空袭。2018年3月29日，法国总统马克龙会见叙利亚库尔德武装组织成员时表示，法国会充当库尔德和土耳其冲突的调停人，并向叙利亚北部派出军队以阻止土耳其军队继续推进。

（二）双边经贸与人文关系

对法国而言，叙利亚是一个合适的贸易伙伴国。2005年，两国政治关系的冷却，导致叙利亚向法国出口急剧下降。2009年8月，叙利亚和法国因小麦贸易而关系紧张。2011年11月22日，叙利亚电力部同法国制造商阿尔斯通签署一项变电站建设合同，将在叙利亚德拉省、霍姆斯省、大马士革农村省、拉卡省、代尔祖尔省、伊德利卜省、哈塞克省、阿勒颇省和哈马省分别建设变电站，合同金额为1 900万欧元。

叙利亚和法国也有文化交流与合作，高等教育是双方合作的主要领域，法国也是叙利亚大学生留学的重要选择，有超过3 000名学生在法国留学。叙利亚的大学讲师中有20%在法国接受过培训。自2003年以来，法语已经成为叙利亚公共教育的第二语言，学习法语的人数在叙利亚大幅增长。此外，由于法国与叙利亚有着特殊关系，在叙利亚活跃着许多法国与叙利亚联合考古团队。

四、同欧盟的关系

（一）双边关系沿革

作为地中海联盟成员国，叙利亚与欧盟（前身为欧洲共同体，简称"欧共体"）之间有着密切的政治、经济关系。20世纪70年代，西欧国家每年向叙利亚提供1 000万美元的援助。1977年，欧共体和叙利亚签署了一项合作协议，并规范了管辖关系。1995年11月，欧盟15国外交部部长与地中海南岸12国外交部部长在巴塞罗那召开"欧洲-地中海会议"后，双方在政治、经济、社会和文化等领域的关系均有不同程度的发展，特别是经济和财政伙伴关系有所增强。1996年，欧盟同叙利亚签署了向叙利亚提供约7 605万美元的一揽子双边合作计划。之后，欧盟对叙利亚工业、农业产品采取免除关税和不予限量的政策。1999年，叙利亚加强与欧盟国家关系，力争与其建立"伙伴关系"。

进入21世纪，叙利亚与欧盟的关系得到加强，双方互访逐渐增多。2003年8月，欧盟新任特使马克·奥特访问叙利亚，与巴沙尔总统举行会谈，巴沙尔表示希望欧盟为实现中东全面和平发挥有效作用。2004年10月，叙利亚外交部部长沙雷访问欧盟总部，与欧盟签署了《叙利亚-欧盟伙伴关系协议》。2007年3月，叙利亚与欧盟签署了一份合作协议，规定2010年前鼓励双方举行自由贸易协定谈判。

2011年叙利亚内战爆发后，英、法、西班牙等多国关闭驻叙使馆，驱逐叙驻本国外交官。2012年3月，意大利和荷兰关闭了在大马士革的大使馆。2012年11月，英、法宣布承认叙反对派组织"叙利亚反对派和革命力量全国联盟"为叙利亚人民的唯一合法代表。2013年5月，欧盟决定取消对叙反对派的武器禁运，此后又多次追加对叙政府的单边制裁。

（二）双边经贸关系

2009年，叙利亚与欧盟进行了贸易谈判，并签署了《欧盟-叙利亚贸易协议》。2010年，欧盟是叙利亚最大的贸易伙伴，欧盟向叙利亚出口额为36亿欧元，欧盟从叙利亚进口额达35亿欧元。叙利亚向欧盟出口的商品中85%以上为石油及相关产品，主要出口国有意大利、法国、德国、荷兰和希腊等。

2011年叙利亚内战以来，欧盟和叙利亚之间签署的协议已经被欧盟搁置。自2011年5月以来，欧盟对叙利亚实施了多轮制裁。2011年9月，叙利亚的区域项目被暂停；11月，欧洲投资银行停止向叙利亚提供贷款和技术援助。2012年6月15日，欧盟通过对叙利亚禁止出口军民两用品和奢侈品的制裁实施机制，要求其成员国自6月17日起不得向叙利亚出口部分军民两用产品。2012年6月26日，欧盟宣布将叙利亚国际伊斯兰银行、石油运输公司、国防部、内政部、国家安全局、电视广播总局等一些政府机构列入制裁名单，并对叙总统巴沙尔的政治和宣传顾问赛纳·夏班发出旅行禁令。自欧盟对叙利亚实施经济制裁以来，双边贸易额大幅缩减。2016年双边贸易额只有0.5亿欧元，相比2011年双边贸易额，欧盟从叙利亚进出口总额下降了97%。2016年，欧盟向叙利亚出口的商品有农产品、化学品、机械和运输设备等。此外，欧盟对叙利亚金融、石油等行业实施了严厉制裁，不仅限制其销售，还限制外国对叙利亚基础设施的投资。欧盟对叙利亚的金融制裁是全面的，制裁针对所有的叙利亚国有银行，制裁范围包括欧元的使用、欧盟的信贷安排以及欧盟银行与叙利亚金融机构之间发展新的合作伙伴关系，并禁止一切涉及欧盟的金融交易，包括信用卡交易。2018年5月28日，欧盟理事会新闻处宣布，欧盟将对叙利亚政府的制裁再延长一年。目前，双方原油、石油产品、黄金、贵金属和钻石贸易几乎都处于暂停状态。

❧ 五、同俄罗斯的关系

叙利亚与俄罗斯长期保持着强大、稳定和友好的战略伙伴关系，两国关系较为特殊。冷战时期，叙利亚是苏联在中东地区对抗美国的重要盟友。冷战结束后至今，双方关系友好又密切，当前俄罗斯也是叙利亚的重要盟友。

（一）双边关系沿革

1944年7月，叙利亚与苏联建立外交关系。1946年2月，双方签署了一项协议，确保在1946年4月法国军队撤离之前苏联支持叙利亚独立。

冷战期间，叙利亚奉行亲苏政策。1955年7月，叙利亚议会代表团访问莫斯科，这是战后对苏联进行访问的第一个中东阿拉伯国家议会代表团。同年11月，两国政府决定将双方的公使馆升格为大使馆。1956年6月，两国签订了一项军事援助协定，叙利亚是第二个接受苏联军援的阿拉伯国家。1957年7月，叙副总理率政府代表团访苏联。

自1966年复兴党上台以来，叙利亚与苏联的关系步入了较为平稳的友好合作发展时期。1971年，根据两国间达成的协议，苏联获准在塔尔图斯使用海军军事基地，这是目前俄罗斯唯一的地中海海军基地。1977年4月，哈菲兹·阿萨德访问了莫斯科，并会见了苏联领导人勃列日涅夫。1980年10月，叙利亚和苏联签署了友好合作条约，条约至今仍在生效。

苏联解体后，叙利亚重视发展与俄罗斯的关系。1992年1月，叙利亚政府承认俄罗斯联邦是苏联的合法继承者。1999年7月，阿萨德总统访俄，与俄罗斯总统叶利钦举行了两轮会谈。

进入21世纪，叙俄两国关系发展较快。2005年1月，俄罗斯和叙利亚签署了一项协议，免除了叙利亚所欠俄罗斯的约105亿欧元（130亿美元）的债务。2007年9月，俄总统特使、外交部副部长苏尔丹诺夫访叙。同年11月，俄总统特使普里马科夫访叙。2009年，叙利亚与俄罗斯关系进一步加强，巴沙尔总统同意将塔尔图斯海军基地转变为俄罗斯的永久中东基地。2010年5月，俄总统梅德韦杰夫访叙。

2011年叙利亚危机爆发后，俄罗斯在政治上支持叙利亚，多次否决安理会涉及叙利亚的决议草案。2015年1月和4月，俄在莫斯科两次举办叙政府和反对派对话会。2015年9月30日，应叙政府邀请，俄开始对叙境内的极端组织发动空袭。2016年3月14日，俄罗斯总统普京表示俄在叙利亚的军事任务已经完成，命令俄国防部自3月15日起从叙撤出主要军事力量。2017年11月21日，叙总统巴沙尔访俄，同普京总统举行会谈。同年12月11日，俄总统普京突访叙利亚，会见叙总统巴沙尔，并宣布俄将从叙撤军，但将在沿海城市拉塔基亚和塔尔图斯保留永久性基地。2018年5月17日，叙总统巴沙尔再次访俄，同普京总统举行会谈。

（二）双边经贸关系

建交以来，叙俄两国签署了多项协议，推动了双边贸易的发展。1957年10月28日，叙利亚和苏联签订一项经济技术合作协定。1960年9月，两国签订了新的经济和技术合作议定书，苏联恢复了对叙利亚的经济援助。1966年，两国签订新的经济、技术合作协定，合作领域主要包括地质勘探、资源开发、修建铁路和兴修水利等，其中包括援建幼发拉底河大坝工程。2005年12月，叙利亚与俄罗斯签署了两项总价值3.7亿美元的天然气工业合同：一是建造324千米长的天然气管道；二是在已发现3个大型天然气矿的巴尔米拉市附近建造一个天然气处理厂。2010年5月，俄总统梅德韦杰夫访叙，与叙方签订了经济、技术等领域的合作协议以及军售协议。2012年5月25日，第八届叙利亚-俄罗斯混委会闭幕，两国部委和公司签署了一系列有关国民经济重要领域的协议和备忘录。2017年1月，俄罗斯与叙利亚签署了扩建和长期使用俄罗斯塔尔图斯海军基地和扩建拉塔基亚附近的赫梅米姆空军基地的协议。2018年1月，叙利亚与俄罗斯签署了矿产和碳氢化合物资源开采的协议，该协议授予俄罗斯在叙利亚政府控制区开采石油和天然气的专有权。

俄罗斯一直重点关注叙利亚的能源领域建设，俄罗斯企业在叙利亚的基础设施、能源和旅游行业拥有大量业务。2005年3月，俄塔特（TAT）石油公司与叙石油公司签署勘探石油和天然气合同，获得共同勘探、开发和生产位于代尔祖尔市艾尔布克马尔地区面积为1 900平方千米的27块油田的独家经营权，开发期为25年。2010年，俄罗斯参与了价值11亿美元的叙利亚油气项目，俄罗斯鞑靼石油（Tatneft）公司与叙利亚国家石油公司成立了一家合资公司。

此外，两国的军火贸易一直稳步增长。20世纪70和80年代，苏联对叙利亚的军事销售额占据叙利亚军事武器进口额的80%。1992年，叙利亚与俄罗斯重启军火贸易，俄罗斯免除了叙利亚所欠苏联的73%的军火债务。从2000年到2010年，俄罗斯向叙利亚出售了价值约15亿美元的武器，使叙利亚成为俄罗斯第七大军火销售客户。2008年，叙利亚从俄罗斯购买了米格-29SMT战斗机、铠甲-S1弹炮合一防空系统、伊斯坎德尔战术导弹系统、雅克-130飞机和2艘Amur-1650

潜艇在内的现代武器。2011年和2012年叙利亚与俄罗斯签订了总计达15亿美元的武器合同。

2018年俄罗斯与叙利亚的贸易总额为4.015亿美元，比2017年增长42%，其中俄罗斯向叙利亚的出口商品额为3.97亿美元（比2017年增长42%），俄罗斯从叙利亚进口了超过420万美元的商品（比2017年增长45.6%）。2018年，俄罗斯对叙利亚的主要出口商品分别为：23%的木制品，14%的食品和农业原材料，9%的机械和车辆，8.5%的化学产品。

六、同周边国家的关系

历史上，叙利亚与土耳其、以色列等邻国关系时常紧张，尤其是与以色列保持长期的对抗。叙利亚与伊朗和黎巴嫩的关系最为特殊，叙利亚与黎巴嫩有重要的地理、文化和历史联系，叙利亚与伊朗结成战略盟友。叙利亚与埃及、伊拉克和约旦的关系不温不火，既有摩擦，又有友好往来。2011年内战后，叙利亚与海湾阿拉伯国家关系中断，双方关系急剧恶化，沙特阿拉伯、卡塔尔等海湾阿拉伯国家要求巴沙尔下台，对叙利亚实施制裁。2019年，巴林和阿拉伯联合酋长国重新开放驻大马士革大使馆，促使叙利亚与巴林、阿拉伯联合酋长国关系正常化。

（一）同伊朗的关系

叙利亚与伊朗的关系经历了从敌视到亲密盟友的演变过程。今天，叙利亚是伊朗在阿拉伯世界最重要的地区盟友。

1. 双边关系的沿革

由于二战后阿拉伯民族主义思潮的影响，叙伊关系的发展与伊朗和阿拉伯国家之间的关系紧密地联系在一起，双方关系呈现出相互敌视的态势。1965年，叙利亚总理优素福·扎因领导下的激进的复兴党政府呼吁要解放"伊朗占领"的"阿拉伯斯坦"。伊朗发出严正谴责，并召回驻叙外交官。20世纪70年代，叙利亚与伊朗关系出现缓和迹象。1973年"十月战争"期间，伊朗派遣了新的驻叙利亚大使，两国关系上升为大使级外交关系。1974年夏，伊朗外交部部长阿巴斯·阿里·哈拉塔巴里访问大马士革，同年双方外交部部长实现了互访。

1975年年底，哈菲兹·阿萨德总统对伊朗进行了为期四天的访问，双方加强了政治、经济和文化的交流，实现了两国关系的正常化，减少了相互敌视。

1979年伊朗伊斯兰革命胜利后，叙利亚是第一个承认伊朗伊斯兰共和国的阿拉伯国家。阿萨德派遣外交部部长哈利姆·哈达姆访问伊朗，并与伊朗最高领袖霍梅尼举行了重要会谈。在阿萨德的推动下，两国关系迅速升温。1980年两伊战争爆发之后，叙利亚坚定不移地支持伊朗，促使叙利亚与伊朗结成同盟关系。1981年叙利亚外交部部长哈达姆访问伊朗，两国共同谴责伊拉克发动战争。为了在经济上打击伊拉克，1982年4月，叙利亚关闭了伊拉克经叙利亚通往地中海的输油管道。1983年1月，叙利亚、伊朗、利比亚三国外交部部长在大马士革会晤，会后叙利亚和利比亚发表联合公报，声称站在伊朗一边。两伊战争的后半期，伊朗攻入伊拉克境内，促使叙利亚与伊朗既保持联盟关系，又通过参加阿拉伯国家举行的国际会议，谴责伊朗的行为。1986年，迫于阿拉伯国家的压力，叙利亚在与伊朗保持战略关系的同时，缓和了与伊拉克的关系，对两伊战争保持中立。

20世纪90年代，叙伊两国虽仍保持着联盟关系，但较之前的密切关系有所淡化。1996年8月17日—20日，叙利亚总理祖阿比访问伊朗，成为六年来出访伊朗的第一个叙政府首脑。访问期间，双方签署了5项协议和1份备忘录，以加强两国在政治、经济和文化领域的合作。1999年4月，伊朗总统穆罕默德·哈塔米访问叙利亚，重申叙伊联盟中伊朗的责任，决定执行双边经济协定。

进入21世纪，叙利亚与伊朗两国的领导人互访不断，深化了双边的政治合作。2000年6月，伊朗总统哈塔米赴大马士革参加已故总统阿萨德的葬礼，并与新总统巴沙尔·阿萨德见面。哈塔米向巴沙尔承诺伊朗政府与其人民将会一如既往地支持他。2001年，巴沙尔总统访问伊朗。2003年，巴沙尔与哈塔米进行了互访。2005年2月16日，伊朗和叙利亚宣布将建立"联合阵线"，共同应对挑战和威胁。2005年8月，伊朗新总统艾哈迈迪-内贾德刚就任不久，巴沙尔便访问了伊朗。2006年7月20日，伊朗总统艾哈迈迪-内贾德访问叙利亚，与巴沙尔总统举行会谈，两国元首重申负责调查黎巴嫩前总理哈里里遇害案的国际调查委员会必须在法律和中立的基础上进行公正调查。2007年和

2009年巴沙尔总统两度访问伊朗，而2008年和2010年伊朗总统艾哈迈迪-内贾德也访问了叙利亚，两国建立了反美反以联合阵线，双方关系更加密切。2010年2月25日，叙利亚外交部部长穆阿利姆和伊朗外交部部长穆塔基在大马士革签署了两国互免签证协议。自协议生效之日起，叙伊两国将互免外交、公务和因私等护照的签证。

自2011年叙利亚内战以来，伊朗一直坚定地支持巴沙尔领导的叙利亚政府。叙利亚与伊朗的关系是两国建立联盟以来最亲密的时期，伊朗向叙利亚政府提供了政治、经济、军事援助。2012年11月，在伊朗首都德黑兰举行了叙利亚政府和部分反对派参加的"叙利亚全国对话会议"。2015年5月，伊朗议会国家安全和外交政策委员会主席阿拉丁·布鲁杰迪访问叙利亚，强调没有任何力量可以影响伊叙之间的独特关系。2015年8月12日，伊朗外交部部长扎里夫访问大马士革，与巴沙尔总统举行会谈，表示支持叙利亚政府和人民反对外部势力干涉的行动。

2. 双边经贸关系

伊朗是叙利亚重要的贸易伙伴和经贸合作国，双方在经贸、投资、金融、银行、规划、工业、石油、天然气、电力、石化、运输、道路、通信、高等教育和旅游等各个领域都有合作。20世纪70年代，两国经贸关系得到发展。1972年，许多伊朗商人和工业家参加了大马士革贸易展。1973年"十月战争"中，伊朗向叙利亚提供了150亿美元的贷款。1974年5月，叙利亚经济和财政部部长穆罕默德·艾马迪访问德黑兰，双方签署了拓展经贸联系的协议：伊朗同意建立合作企业，并提供技术支持；伊朗增加对叙利亚的出口。1975年，伊朗又向叙利亚提供了3亿美元贷款。20世纪80年代，两国经贸往来达到高峰期。1981年1月，叙利亚与伊朗建立航班联系。1982年3月12日—16日，叙利亚副总统哈达姆率代表团访问伊朗，叙伊签署了一个为期10年的经济协议，其中包括石油协议。1985年8月，伊朗同意免费向叙利亚提供100万吨原油，并以低于国际油价的价格，额外向叙利亚提供500万吨原油。

进入21世纪，两国在石化、旅游、电力、工业、贸易、投资等领域展开了广泛的合作。2004年7月，叙利亚石油部部长随巴沙尔总统访问伊朗，同伊朗石油部部长回顾两国已签署的石油合作协定的执行情况，并制订了协议中合作领域的实施方案。2005年2月，叙利亚总理奥塔利访问伊朗，出席第四届伊朗-叙利亚经济合作高级委员会议及德黑兰"叙利亚文化中心"开幕仪式。其间，两国签署了公共工程和建设合作谅解备忘录，石油、天然气和矿产领域合作谅解备忘录，邮电、通信和信息技术、旅游合作谅解备忘录等，双方加强石油、住房、灌溉、能源和工业等领域的合作。2006年10月31日，叙伊两国的石油部副部长和委内瑞拉石油事务部部长签订了执行炼油厂工程的一份谅解备忘录，炼油厂投入资金约15亿美元，建成后产量为14万桶/天。2009年12月8日，叙利亚电力总公司与伊朗米尼公司签署了叙利亚甘德尔电厂扩建项目合同，合同金额为2.4亿欧元，合同执行期为26个月，建成后年发电量将达450兆瓦。2010年，两国同意在五年内将两国边贸关税税率从24%降至4%。

自叙利亚内战爆发以来，伊朗每年向其战略伙伴叙利亚直接援助150亿~160亿美元，并通过伊朗出口开发银行向叙利亚提供66亿~90亿美元的信贷。2011年，伊朗、伊拉克和叙利亚三国的石油部部长签署了共同建造一条从伊朗南帕尔斯天然气田，经伊拉克和叙利亚通往欧洲的天然气输送管道，并将管道命名为"伊斯兰天然气管道"。2012年3月21日起，叙利亚和伊朗将执行双边互惠贸易协定，该决定允许从伊朗进口所有符合卫生、环保规定的原材料和初级产品，还批准了叙利亚和伊朗之间的自由贸易协定。同年8月2日，伊朗决定向叙利亚无偿提供价值120万美元的医疗器械，帮助恢复部分在冲突中受损的叙利亚医疗设施。2017年1月17日—18日，叙利亚总理哈米斯访问伊朗，分别会见伊朗总统鲁哈尼、第一副总统贾汉吉里、最高国家安全委员会秘书沙姆哈尼、能源部部长哈米德等高级官员，双方就加强两国经贸领域合作达成多项共识，并签署了涉及农业、工业、石油、通信等领域的5项合作协议。2018年，伊朗与叙利亚签署了一系列经济谅解备忘录，伊朗军方控制下的众多"安保公司"在叙注册"民营安保企业"。2018年，叙利亚从伊朗进口额达1.5亿美元。

（二）同以色列的关系

叙利亚和以色列一直未建立正式外交关系。戈兰高地的归属成为叙以两国改善外交关系的首要障碍。

1949年7月20日，叙利亚与以色列签订了停战协定。1967年，以色列同叙利亚之间的军事冲突日渐增多。1967年，"六五战争"中，以色列占领了戈兰高地。1973年"十月战争"中，叙利亚和埃及并肩作战，一度重创以色列军队，夺回部分戈兰高地，但很快便得而复失。1981年12月14日，以色列议会投票通过关于在戈兰高地实施以色列法律的法案，引起叙利亚的极度愤慨，叙以之间在黎巴嫩的对抗急剧升温。1991年10月，叙利亚参加了在马德里举行的中东和平会议，叙以谈判断断续续地进行。1994年7月14日，以色列外交部部长佩雷斯27年来第一次承认叙利亚对戈兰高地拥有主权。1996年，以色列利库德集团领袖内塔尼亚胡上台执政，中东和平进程陷入停顿，叙以和谈也再次陷入僵局。2000年2月27日，以色列总理巴拉克表示，他愿意满足叙利亚方面提出的恢复和谈的条件——从戈兰高地全面撤军。同年3月5日，以色列内阁即通过从黎巴嫩撤军的决定。事后，叙、美、以也表现出一些积极姿态，但和谈并没有恢复。2000年9月，受巴勒斯坦局势动荡的影响，叙以和平谈判破裂。

进入21世纪，巴沙尔总统采取对以色列灵活务实的外交政策。叙利亚坚持在绝不放弃戈兰高地的原则下，灵活地与以色列进行谈判。2004—2006年，叙利亚与以色列进行了秘密会谈，讨论了《和平协议纲要》，但未能达成实质性的协议。2003年10月，以色列袭击了叙利亚，以报复以色列发生的自杀性爆炸袭击，这是以色列20年来首次对叙利亚领土发动袭击。2007年9月6日，以色列发动了对叙利亚代尔祖尔地区核反应堆进行空袭的"果园行动"，加剧了叙利亚和以色列之间的敌意。经土耳其调解，叙利亚和以色列进行间接和谈，但由于2008年12月以色列对加沙地带的入侵，叙利亚暂停了这些协议。在法国的呼吁下，2009年7月，巴沙尔在地中海峰会上提出，未来的叙以直接谈判将在少则6个月长则2年内达成和平协议。

2011年叙利亚内战爆发后，以色列也介入其中，不仅对活动在叙以边境的反对派组织给予扶持，还利用空中优势轰炸叙利亚。2012年10月，以色列对叙利亚军事设施发动了数十次空袭。2016年9月13日，以色列战机发射两枚导弹，袭击了叙利亚库奈特拉省的埃因·布尔杰炮兵阵地。2018年4月14日，以色列在戈兰高地部署"铁穹"防御系统，拦截和摧毁近程火箭弹和炮弹。同年11月29日，以色列对叙利亚大马士革附近发动导弹袭击。2019年8月1日，以色列军队袭击了库奈特拉省布瑞卡山的叙利亚政府军阵地。

（三）同土耳其的关系

独立后至今，叙利亚与土耳其的关系较为紧张，双边交往很多，但常有摩擦与冲突。两国在哈塔伊省归属、幼发拉底河水资源分配、土耳其与以色列军事合作、土耳其军队占领叙利亚西北部阿夫林地区等问题上存在根本分歧，严重影响到两国关系的正常化与友好发展。自2011年叙利亚局势动荡以来，叙利亚与土耳其关系不断恶化，未有改善的迹象。

叙利亚独立后，土耳其并未与叙利亚建立紧密联系。冷战期间，叙利亚是苏联最为亲密的地区盟友，而土耳其是北约成员国。两国关系较为紧张，甚至剑拔弩张。1957年10月，土耳其在土叙边界集结重兵，土空军飞机不断侵犯叙领空。由于土耳其在幼发拉底河上游修建了东南安纳托利亚项目，产生了水资源分配争端，20世纪70年代，叙土关系极度恶化。1996年3月，土耳其与以色列签署军事合作协议并联合举行了军事演习，叙利亚反应强烈。1998年10月初，土叙关系骤然紧张，两国在边境地区集结重兵。同月，叙利亚与土耳其经过谈判，叙利亚做出让步。之后，叙利亚当局驱逐库尔德工人党领导人阿卜杜拉·厄贾兰后，两国关系有所改善。1999年，在与土耳其解决了厄贾兰事件后，叙土边界紧张状态得到缓解，经贸关系有所改善。同年3月，叙利亚副总理亚辛访问土耳其。

2000年6月，巴沙尔担任叙利亚总统后，锐意改善与土耳其的关系。2004年1月，巴沙尔访问土耳其，他是叙利亚独立以来首次访问土耳其的叙利亚总统。巴沙尔与土耳其总统塞泽尔举行会谈，巴沙尔表示两国已经建立了信任，两国关系向最佳状态发展。2004年，叙利亚与土耳其签署自由贸易协议，并在2007年开始实施。2004年两国贸易额为7 500万美元，2008年达到17.5亿美元。2009年9月16日，叙利亚总统巴沙尔访问土耳其，两国签署了取消入境签证协议以及建立高级别战略合作理事会的协议。2010年10月2日—3日，叙利亚与土耳其在叙利亚拉塔基亚召开第二届高级别战略合作会议，双方签署了农业和交通等领域的合作协议。2010年，叙利亚向土耳其出口额为6.662亿美元。

自2011年叙利亚危机以来，两国关系急剧恶化。因土耳其支持叙反对派，2011年11月中旬，支持政府的叙利亚民众冲击了土耳其在大马士革、阿勒颇和拉塔基亚的使领馆，导致土耳其撤离了70余名外交官及其家属。2012年3月26日，土耳其关闭了驻大马士革大使馆。2012年6月，一架土耳其军事训练飞机在叙利亚领空被击落，导致两国关系进一步恶化。2013年1月23日，土耳其外交部部长达武特奥卢指控叙利亚政府对叙利亚人民犯下战争罪行。2013年5月，毗邻叙利亚的土耳其边陲小镇雷伊汉勒遭到两起汽车炸弹袭击，至少造成43人死亡，另有100多人受伤。土耳其副总理阿林克称巴沙尔政权是本次袭击事件的"嫌犯"，两国关系进一步恶化。2016年8月20日，土耳其总理耶尔德勒姆宣布新的叙利亚政策，要点包括：防止叙利亚族裔分裂；避免单一民族主导叙利亚；任何政治安排都要确保不同种族受到公平对待；与伊朗、沙特阿拉伯、美国、俄罗斯合作解决这场危机；允许巴沙尔在叙利亚政治过渡进程中发挥作用。2016年8月24日，土耳其军队进入叙利亚，占领了土叙边境重镇杰拉布卢斯，叙利亚政府指责土耳其侵犯了叙利亚主权。2018年1月，土耳其对叙利亚阿夫林地区发起代号为"橄榄枝"的军事行动。

此外，自叙利亚危机以来，土耳其一直接收叙利亚难民。目前，土耳其的叙利亚难民已达112万人，其中21.7万人分别被安置在10个省的22个难民营，其余的91万多人则居住在难民营以外的地方。

（四）同沙特阿拉伯的关系

长期以来，叙利亚与沙特阿拉伯的关系较为紧张，两国关系深受中东地区局势的影响。冷战时期，由于叙利亚是苏联的亲密盟友，而沙特阿拉伯是美国的重要盟友，两国关系较为冷淡，甚至时常紧张。叙利亚内战以来，沙特阿拉伯要求巴沙尔总统下台，两国关系急剧恶化。

1941年，沙特阿拉伯开放了叙利亚使馆。独立后，两国关系就一直动荡不安。1950年12月，沙特阿拉伯支持叙利亚国内的军事政变，导致两国关系不和。20世纪50年代和60年代，由于叙利亚追随埃及领导人纳赛尔的冷战政策，两国曾处于敌对阵营。1966年2月23日，叙利亚复兴党的左翼派系"新复兴党"领导了政府，声称向沙特阿拉伯在内的君主制国家宣战，使两国关系进一步恶化。之后，两国召回各自大使，外交关系陷于中断。1970年11月底，哈菲兹·阿萨德执政后，恢复和开展了两国间的外交谈判，并进一步改善了两国关系。1973年4月，两国恢复正常关系，并互派大使。1975年，沙特阿拉伯国王哈立德表示，沙特阿拉伯支持叙利亚在黎巴嫩内战中的作用。1976年，叙利亚总统哈菲兹·阿萨德参加了利雅得峰会。两伊战争期间，叙利亚支持伊朗，导致20世纪80年代初叙沙两国关系再度紧张。1981年12月22日，叙利亚总统哈菲兹·阿萨德对利雅得进行了重要国事访问。1982年，法赫德国王执政后，与阿萨德建立了一种特殊的联系，两国关系较为密切。1989年10月，两国积极主张重新建立黎巴嫩的政治体系，结束黎巴嫩内战。20世纪90年代，因叙利亚军队参与海湾战争，支持沙特阿拉伯，两国关系更为亲密。1991年3月，叙利亚、埃及和海湾阿拉伯六国外交部部长在大马士革召开会议，会议发表了《大马士革宣言》。此后，沙特阿拉伯恢复了对叙利亚的经济援助。1991年2月，沙特阿拉伯和叙利亚成立了联合委员会，促进了两国之间的经济合作。20世纪90年代中期，沙特阿拉伯在叙利亚的投资额超过7亿美元。

进入21世纪，两国高层互访增多，双方关系一波三折，时有合作，时有摩擦。2000年10月，叙利亚总统巴沙尔访问沙特阿拉伯，并会见了沙特阿拉伯国王法赫德。2004年3月，叙利亚总统巴沙尔再次访问沙特阿拉伯。2005年，黎巴嫩前总理哈里里遇刺身亡，影响到两国关系的发展。2008年8月，因沙特阿拉伯抗议叙利亚军队镇压反政府示威者，两国关系骤然紧张，沙特阿拉伯召回了驻叙利亚大使。2008年，沙特阿拉伯国王阿卜杜拉拒绝参加在大马士革举行的阿拉伯联盟首脑会议。2009年3月和9月，叙利亚总统巴沙尔两度访问利雅得。10月，阿卜杜拉国王访问大马士革，与叙利亚总统巴沙尔会面，两国关系得到缓和，并重新建立了外交关系。

2011年叙利亚内战破坏了两国关系。沙特阿拉伯一直在向反对派武装输送武器，双方关系急剧恶化。2011年8月，因叙利亚政府镇压反政府示威活动，阿卜杜拉国王谴责巴沙尔领导的叙利亚政府，并要求巴沙尔下台。2012年1月22日，沙特阿拉伯主导的阿拉伯国家联盟取消了叙利亚的成员国资格。2012年2月，沙特阿拉伯关闭了驻大马士革大使馆，并驱逐了叙利亚驻沙特阿拉伯大使。2012年3月29日，沙特阿拉伯中央银行通过决议，冻结叙利亚航空公司在沙特阿拉伯利雅得、吉达和达曼三个分支银行的资产。2015年12月和2017年11月，沙特阿拉伯两度召开叙反对派整合会议。

（五）同黎巴嫩的关系

由于两国在历史、文化、地域政治方面的密切联系，叙利亚与黎巴嫩长期保持着特殊的兄弟关系，叙利亚在黎巴嫩政治和社会中扮演着重要的角色。

1920年之前，黎巴嫩是奥斯曼帝国统治的叙利亚地区中的一部分。法国委任统治时期，黎巴嫩共和国成立，使黎巴嫩脱离了叙利亚。1943年黎巴嫩独立后，叙利亚未予承认，叙黎两国保持着"特殊关系"。1976年5月后，叙利亚军队一直以"阿拉伯威慑部队"的名义驻扎在黎巴嫩。1991年5月，叙黎签署"兄弟关系合作与协调条约"和"安全与防务条约"。

2001年6月，叙利亚军队撤出贝鲁特，一部分撤回叙利亚，一部分部署在贝卡谷地。2002年2月，巴沙尔总统对黎巴嫩进行国事访问，这是历史上叙利亚总统首次访黎。2003年2月，叙利亚再次从黎巴嫩北部撤出4 000人的部队，部署到贝卡谷地。2004年9月2日，美、法等国推动安理会通过1559号决议，要求叙驻黎部队全部撤离。2005年2月14日，黎巴嫩前总理哈里里遇刺身亡。2005年4月，叙利亚宣布撤回其驻黎巴嫩的全部军队、安全人员和军事装备。4月26日，最后一批驻守黎巴嫩的约250名叙利亚士兵从位于黎东部贝卡谷地的里亚克空军基地撤回叙利亚，这标志着叙利亚结束了在黎巴嫩长达29年的驻军。2006年1月21日，巴沙尔总统在大马士革表示，叙利亚愿同哈里里遇刺案的国际调查委员会合作，但决不容许叙利亚的国家主权和民族尊严受到侵犯。自此，叙黎关系进入调整期。2008年7月和8月，黎巴嫩总统苏莱曼和叙利亚总统巴沙尔在巴黎和大马士革两度会晤，双方宣布决定建立大使级外交关系。2008年10月15日，叙黎两国外交部部长签署建交公报，两国正式建交。2009年12月19日，黎巴嫩总理萨阿德·哈里里访问了叙利亚，会见了总统巴沙尔·阿萨德。

2011年叙利亚局势动荡后，黎巴嫩政府主张维护叙利亚主权、独立和统一，反对外部干涉，对叙利亚局势采取"不卷入"政策，对多份阿盟涉及叙利亚的决议持保留意见。但黎巴嫩国内亲叙与反叙两大阵营及其支持者在叙问题上立场尖锐对立，不时发生冲突。2013年5月，黎巴嫩真主党公开承认在叙利亚境内帮助叙利亚政府军同反对派武装作战。

截至2018年9月中旬，据联合国难民署统计，在黎巴嫩境内约有97.6万叙利亚难民。

（六）同埃及的关系

埃及和叙利亚关系一直较为友好，两国间也保持着正常外交关系。两国均为阿拉伯国家联盟创始国，曾长期共同反对以色列。

1955年3月3日，叙利亚与埃及签订旨在共同对抗以色列和巴格达条约组织威胁的《政治、经济和军事合作协定》。随着纳赛尔主义及纳赛尔本人在中东阿拉伯世界影响力的上升，以及叙利亚与埃及共同的反美立场，叙埃之间的关系不断加强，直至1958年叙利亚和埃及合并，共同组成了阿拉伯联合共和国。1961年9月，叙利亚军人集团发动政变，宣布脱离阿联，成立阿拉伯叙利亚共和国。埃及政府及纳赛尔本人对此极为不满，并曾派军队阻止，但未获成功。至此，叙埃关系彻底破裂。直至20世纪60年代中期，双边紧张关系才逐渐缓解。1966年10月，两国关系重修旧好，并互派大使。同年11月4日，两国政府签订共同防御协定。1973年1月31日，叙利亚与埃及组成武装部队联合司令部。10月6日，两国军队同时向以色列发起进攻。1976年12月，叙利亚总统哈菲兹·阿萨德访问埃及。1977年11月19日，埃及总统萨达特访问以色列，此举遭到大多数阿拉伯国家的强烈反对。12月2日，利比亚、叙利亚、阿尔及利亚、伊拉克等在的黎波里举行会议，决定成立拒绝同以色列进行谈判的"阿拉伯坚定与抵抗阵线"。1979年3月26日，埃以和平条约签订后，叙利亚同埃及断绝外交关系。

1989年12月，叙埃两国复交。海湾战争后，叙利亚与埃及进一步加强合作。1990年7月，叙利亚总统阿萨德访问埃及，与埃及总统穆巴拉克举行会谈，双方达成了一项协议，决定两国总统今后每年至少会晤一次。1992年7月，埃及-叙利亚高级合作委员会在大马士革举行，讨论进一步加强两国在经济、技术、贸易和农业方面的合作。20

世纪90年代中期后，双方领导人互访十分频繁。1996年4月、6月、11月，埃及总统穆巴拉克三次访叙。而叙利亚阿萨德总统于同年6月、8月两次访埃。1997年1月和2月，穆巴拉克两度访叙；3月和5月，阿萨德又两次回访。1998年，穆巴拉克和阿萨德又进行了多次互访。1998年10月，叙利亚和土耳其因库尔德工人党领袖厄贾兰事件爆发危机。为此穆巴拉克进行了积极斡旋，并取得明显成效。1998年11月后，两国间建立了以两国总理为首的"最高混合委员会"，并定期就加强和发展在经济等领域的关系举行会议。2000年5月8日，阿萨德总统最后一次访问埃及。

2000年6月，巴沙尔总统执政后，叙埃两国一直保持着良好的关系。2003年4月，埃及总统穆巴拉克访问叙利亚，与叙利亚总统巴沙尔举行会谈。2004年3月和9月，埃及总统穆巴拉克两次访问叙利亚。2004年7月，叙利亚总统巴沙尔访问埃及。2005年叙埃两国总统两次互访。2009年，巴沙尔总统与埃及总统穆巴拉克保持电话联系。2011年3月，巴沙尔总统同埃及武装部队最高委员会主席坦塔维互致信件。巴沙尔在信中表示希望埃及保持稳定，并在阿拉伯世界重新发挥作用，愿与埃及在各领域进行密切合作。

2011年叙利亚局势动荡后，埃及总体立场与阿盟保持一致，同时支持在阿盟框架内解决叙利亚问题，反对对叙军事干预。然而，"阿拉伯之春"和穆斯林兄弟会崛起后，两国关系变得非常紧张。穆罕默德·穆尔西当选埃及总统后，公开要求巴沙尔下台，两国关系开始变得紧张。2013年6月15日，埃及总统穆罕默德·穆尔西下令关闭叙利亚驻开罗大使馆，并在叙利亚设立禁飞区。穆尔西的继任者埃及总统塞西恢复了双方的外交关系，并重新开放了开罗的叙利亚大使馆。埃及一直在公开地加强与叙利亚政府的政治、经济和文化联系。2016年11月下旬，一些阿拉伯媒体报道埃及飞行员抵达叙利亚，帮助叙利亚政府打击极端组织。之后，埃及总统塞西公开表示，他支持叙利亚内战中的叙利亚军队。2017年8月17日—26日，埃及派出了一支庞大的代表团参加大马士革国际博览会。

（七）同伊拉克的关系

历史上，两国拥有文化和政治纽带。1958年以前，叙利亚与费萨尔王朝统治下的伊拉克关系紧张。1958年，卡塞姆军人集团政变后，叙利亚和伊拉克的关系得到改善。1968年7月，叙利亚驱逐叙利亚复兴党创始人阿弗拉克，阿弗拉克来到伊拉克后受到伊拉克复兴党的善待，导致两党关系恶化，两国关系紧张。1973年"十月战争"中，伊拉克曾派兵援叙，两国关系缓和。1978—1979年，阿萨德总统曾两次访问伊拉克，双方签署了《民族联合行动宪章》，并成立"最高政治委员会"。1980年9月两伊战争爆发后，因为叙利亚公开支持伊朗，两国于10月断绝外交关系，相互关闭了使馆。

1997年，两国关系开始松动：5月，叙利亚经济代表团首次访问伊拉克；8月，伊拉克贸易部部长回访叙利亚，这是17年来第一位访叙的伊拉克部长；11月，伊拉克副总理阿齐兹率高级代表团访叙，两国关系开始改善。1998年，双方高层往来增加，经贸合作步伐加快。同年2月，伊拉克外交部部长萨哈夫访叙，叙利亚总统阿萨德接见了他，这是17年来阿萨德总统首次接见伊拉克外交部部长。1999年2月21日，阿萨德总统再次接见来访的伊拉克外交部部长萨哈夫，双方讨论了伊拉克同联合国的分歧问题。

自2000年起，叙利亚与伊拉克关系全面回升。2001年8月，叙利亚总理米鲁访问伊拉克，这是近20年来叙利亚总理首次访问伊拉克，从此两国关系进入了一个新的阶段。2003年，美国发动伊拉克战争后，叙利亚谴责美英联军对伊拉克的入侵，并多次向伊拉克提供人道主义援助。美国占领伊拉克后，截断了伊拉克与叙利亚的输油管道。2003年11月，叙利亚外交部部长穆阿利姆访问伊拉克。2003年12月双方签订以叙利亚石油副产品换取伊拉克原油的协议，以解决伊拉克燃料短缺问题。之后，两国高层互访与合作关系得到加强。2004年2月，伊拉克石油部部长率代表团访问叙利亚。同年3月，双方签订了经贸合作协议，叙利亚向伊拉克提供了40万吨小麦和药品、电力、石油副产品等。2006年11月，双方恢复大使级外交关系，两国关系步入密切合作时期。2007年1月，伊拉克总统塔拉巴尼访叙；8月，伊拉克总理马利基访叙；10月，伊拉克议长马什哈达尼访叙。

自叙利亚内战以来，叙利亚和伊拉克因共同反对"伊斯兰国"极端组织，合作较为密切。2018年10月14日，伊拉克外交部部长易卜拉欣·贾法里访问叙利亚，与叙利亚外交部部长穆阿利姆举行会谈，商讨了重开两国边境口岸事宜。之后，伊拉克外交部部长穆罕默德·阿尔哈基姆在巴格达的新闻发布会上告诉记者，伊拉克支持恢复叙利亚的阿拉伯国家联盟成员资格。2019 年 9 月 30 日，伊拉克总理阿迪勒·阿卜杜勒·迈赫迪批准重新开放与叙利亚的主要边境口岸加伊姆，标志着两国关系进一步改善。

（八）同约旦的关系

历史上，叙利亚与约旦的关系并不密切，双方关系时好时坏。两国在反对犹太复国主义的扩张、收复被占领的阿拉伯领土、维护阿拉伯权益上，有着共同的利益。

1946 年，两国独立时，约旦国王阿卜杜拉希望将叙利亚并入约旦哈希姆王国内，并正式向阿拉伯国家联盟提出申诉。20 世纪 60 年代初，约旦指责叙利亚空军试图迫降侯赛因国王乘坐的经叙利亚领空前往欧洲的飞机。1971 年，叙利亚军队对约旦北部的巴勒斯坦武装进行援助。在叙利亚军队的支援下，巴解组织占领了约旦北部地区。后经埃及总统纳赛尔的调解，叙利亚军队撤出约旦。由于约旦对巴解组织的镇压，1971 年 7 月，叙利亚中断了与约旦的外交关系。1973 年 9 月，叙埃两国与约旦达成协议，叙利亚恢复了与约旦的外交关系。1975 年 6 月 11 日，叙利亚总统阿萨德正式访问约旦首都安曼。同年 7 月，双方同意建立一个由高层人士组成的叙利亚与约旦联合委员会，以促进两国在政治、军事、经济、文化和教育等领域的合作。1977 年，叙利亚与约旦、黎巴嫩、巴解组织签署军事、经济、文化领域合作协议。两伊战争期间，由于叙利亚支持伊朗、约旦支持伊拉克，两国关系趋于冷淡。1980 年 12 月，叙利亚沿约旦边界部署军队。1985 年 9 月 16 日，约旦首相里法伊和叙利亚总理卡西姆在沙特阿拉伯吉达举行了会谈。同年 11 月 12 日，里法伊率领高级代表团正式访问大马士革，双方关系走向和解。

1991 年海湾战争之后，约旦和叙利亚的关系有所改善。1993 年 9 月，约旦国王侯赛因访问叙利亚，同阿萨德总统举行磋商，决定就中东问题和双方关心的问题保持联系。1994 年 7 月，约旦与以色列签署和约，引起叙利亚不满，两国关系再度紧张。1996 年 6 月，两国元首会晤；8 月，侯赛因国王正式访问叙利亚。1999 年 2 月，叙利亚总统阿萨德出席侯赛因国王葬礼。2000年6月，约旦国王阿卜杜拉出席阿萨德总统葬礼。巴沙尔执政后，叙利亚与约旦关系有所发展。

自叙利亚内战以来，约旦一直接收叙利亚的反对派，使两国关系日趋紧张。2012年8月，约旦军队与叙利亚军队发生冲突。2014年5月，约旦将叙利亚大使驱逐出境。2012年5月4日，叙利亚与约旦边境货运量呈下降趋势，其中贾比尔站海关边境货运量下降了30%。2015年，约旦关闭了贾比尔站边境口岸。2018年10月15日，连接约旦北部贾比尔站与叙利亚南部纳西卜的边境口岸重新开放。贾比尔站—纳西卜是叙利亚与约旦贸易往来的重要通道，边境口岸向民众和货物开放，标志着两国关系的正常化，也标志着约旦在政治和外交上承认了巴沙尔领导的叙利亚政府合法性。2019年3月，叙利亚与约旦恢复通航。

（九）同其他海湾阿拉伯国家的关系

历史上，叙利亚与其他海湾阿拉伯国家的关系较为平淡，时而合作，时而紧张。哈菲兹·阿萨德时期，叙利亚政府积极改善与其他海湾阿拉伯国家的关系。但到目前为止，卡塔尔、科威特、阿曼都关闭了在叙利亚的大使馆。

20世纪70年代初期，阿萨德政府积极争取外资外援，特别是积极争取阿拉伯国家的经济援助。1974年阿盟首脑会议决定，每年向叙利亚提供10亿美元的经济援助。1978年11月的阿盟首脑会议再次决定将对叙利亚每年的援助额增加到18.5亿美元。1979年，为了资助叙利亚购买武器，各阿拉伯产油国向叙利亚赠送了13亿美元。两伊战争的结束，消除了叙利亚等国与海湾温和派国家在中东国际问题上合作的障碍，叙利亚与海湾国家的关系开始恢复并得到发展。1990年海湾战争中，叙利亚应沙特阿拉伯等国的要求向波斯湾派遣军队。战后，叙利亚积极参与海湾战后安全安排，与其他海湾国家的关系得到改善。20世纪90年代中期，以科威特为主的海湾国家在叙投资额超过7亿美元。1999年，阿萨德总统赴巴林吊唁埃米尔伊萨·本·萨勒曼。

自2000年巴沙尔执政以来，叙利亚与其他海湾阿拉伯国家有过友好的合作关系，双边均有高层互访。2000年，叙利亚总统巴沙尔访问了巴林、科威特、阿曼、阿拉伯联合酋长国及沙特阿拉伯；巴林埃米尔哈马德·本·伊萨·阿勒哈利法自即位以来首次访叙；沙特阿拉伯王储、第一副首相兼国民卫队司令阿卜杜拉·本·阿卜杜勒-阿齐兹·阿勒沙特、卡塔尔外交大臣哈马德·本·贾西姆·本·贾比尔·阿勒萨尼等分别访叙。2007年3月，叙利亚外交部部长穆阿利姆访问卡塔尔；7月，阿拉伯联合酋长国总统哈利法访叙；11月，卡塔尔首相兼外交大臣哈马德·本·贾西姆·本·贾比尔·阿勒萨尼访叙。2008年7月，叙利亚议长艾布拉什访问阿拉伯联合酋长国。2009年1月，阿拉伯联合酋长国阿布扎比王储穆罕默德访叙；2月，也门总统萨利赫、卡塔尔埃米尔哈马德·本·哈立法·阿勒萨尼、阿曼外交国务大臣阿拉维先后访叙；3月，巴沙尔总统访问卡塔尔；4月，巴沙尔总统先后访问阿曼、巴林；5月和11月，卡塔尔首相兼外交大臣哈马德·本·贾西姆·本·贾比尔·阿勒萨尼两次访叙；7月，卡塔尔王储塔米姆访叙。

2011年叙利亚局势动荡后，卡塔尔等海湾国家要求巴沙尔总统下台，宣布召回驻叙大使，并驱逐叙驻本国外交官，对叙实施制裁，向叙反对派提供财政、军事等全方位援助。2011年3月，阿盟通过决议，中止叙利亚成员国资格，中止同叙利亚政府的外交合作，断绝经贸往来。2012年7月23日，阿盟部长级委员会会议宣布，断绝与叙利亚当局一切外交联系。2012年11月，海合会承认叙利亚反对派组织"全国联盟"为叙利亚人民的合法代表。2015年8月8日，科威特、巴林先后召回驻叙利亚大使。2015年8月5日，叙利亚副总理兼外交部部长穆阿利姆访问阿曼，与阿曼外交大臣优素福·本·阿拉维举行会谈。穆阿利姆出访阿曼，是内战以来叙利亚政府高官首次出访海湾国家合作委员会（海合会）成员国。截至2017年，卡塔尔和海湾合作委员会的其他成员国一直公开支持反对派推翻巴沙尔政府，并谴责黎巴嫩真主党对叙利亚局势的干预。

2018年9月29日，联合国大会期间，叙利亚外交部部长穆阿利姆和巴林外交大臣哈利法拥抱，海湾国家和叙利亚之间的关系出现了缓和迹象。2018年12月27日，阿拉伯联合酋长国恢复驻叙利亚大使馆工作，成为第一个在叙利亚重新开放大使馆的海湾阿拉伯国家。同年12月28日，巴林也重新开放了驻叙利亚大使馆。这标志着叙利亚与阿拉伯联合酋长国、巴林关系正常化，有利于促进阿盟在维护叙利亚的独立、主权、团结和安全中发挥重要作用。

第八章　经济

　　现代叙利亚经济的发展，经历了独立初期的多元化和自由市场经济，20世纪60年代的计划经济，哈菲兹·阿萨德时期的国有经济为主、私营经济为辅，以及巴沙尔·阿萨德时期的社会市场经济与有限的自由主义经济的发展历程。2011年内战爆发以来，叙利亚经济濒临全面崩溃。2017年，遭受严重破坏的国家依然满目疮痍、百废待兴，但是总体困难重重的叙利亚经济由停滞向渐进式复苏转变，工业、农业和对外贸易略有增长。2018年是叙利亚经济重建的开启年，叙利亚政府颁布一系列经济法案、经济重建的战略政策，通过增加税收及海关收入，减少军事支出，吸引外部投资，来促进经济增长，但未能解决窘迫的经济现状。进入2019年，叙利亚经济重建全面启动，政府采取各种措施，如邀请俄罗斯、伊朗、中国、印度、周边阿拉伯国家等国参加第五届叙利亚重建展，以促进建筑、电力、桥梁与铁路、水处理、保险与银行、电信、石油与天然气、农业、教育、卫生、信息技术、可再生能源、机械与车辆等行业的复苏与发展。

第一节　经济概述

❖ 一、宏观经济趋势

　　叙利亚是以农业为主的国家，工业基础较为薄弱。目前，叙利亚经济体制逐步由计划经济模式向社会市场经济方向转变，国有企业仍是国家经济的主导力量，私营企业和民营经济也得到了发展。自2000

年巴沙尔就任总统以来，叙利亚经济走向了新的历史时期，开启了社会市场经济与新自由主义经济的发展模式。巴沙尔实施的自由化与社会市场经济改革，扩大了私营经济活动，私营部门占国内生产总值的2/3，并雇用了比国有部门更多的劳动力。

　　传统上，国家收入主要依赖于农业产品和工矿产品的出口，比如属于国家所有的石油、天然气和磷酸盐资源。其中农业、矿产和制造业产值占国内生产总值的40%以上。2011年内战前，叙利亚是一个中等收入的发展中国家，经济结构多样化。叙利亚政府力图通过实施经济建设和社会发展的"十一五"计划（2011—2015），优化经济结构，推动经济发展。但受多重因素影响，叙利亚经济改革进程较为缓慢。叙利亚内战以来，美国、欧盟、阿盟对叙利亚实施全面制裁，叙利亚面临石油出口中断、外汇收入锐减、货币贬值、物价上升、失业率猛增等多重压力，经济形势更趋严峻。

　　叙利亚内战造成了巨大的经济损失，叙利亚的工业、农业、商业、石油产业、旅游业等损失惨重，阿勒颇、霍姆斯等重要城市建设损毁严重。根据世界银行统计数据，截至2019年年初，叙利亚重建成本为3 500亿~4 000亿美元。叙利亚外汇储备消耗殆尽，投融资能力和偿付能力受到极大限制，国际社会对叙利亚经济重建的融资问题很难达成一致。2019年9月9日，叙利亚总理哈米斯在第三届"叙利亚应对经济封锁论坛"上表示，叙利亚政府机构在战争中的损失约为45 000亿叙利亚镑（约870亿美元），超过28 000个政府建筑在战争中遭损毁，约188个国有企业和工厂被完全或部分破坏，1 194所古迹遭恐怖分子破坏和洗劫。内战前全国39个发电站中，有15个被完全破坏，10个被部分破坏，全国性电网陷入瘫痪。

　　尽管内战以来叙利亚经济严重下滑，却没有全面崩溃。2018年以来，叙利亚经济总体形势有所好转，经济增速明显加快。根据联合国粮食及农业组织（FAO）统计的数据，2018年叙利亚国内生产总值与2017年的244.72亿美元相比，增长了6.2%，达259.89亿美元。叙利亚各行业均有所复苏，政府控制区逐渐恢复工业生产，东部地区原油产量有所增加，但仍未能改变叙利亚经济分割化、区域化和碎片化的状况。进入2019年，叙利亚经济总体状况堪忧，但仍保持较为健康、稳步复苏的发展态势。

🌸 二、经济发展进程

叙利亚现代经济起步于法国委任统治时期，初步实现了工业、农业、服务业的发展，奠定了叙利亚经济的基础。独立后至1963年，叙利亚奉行多元主义和自由的经济政策，其间有过短暂（1958—1961）的国有化实践。20世纪50年代后，叙利亚逐步选择并形成了初级产品出口多样化和进口替代相结合的经济发展道路，带动了国家经济的发展。1963—1970年，复兴党执政后采取了国有化运动和计划经济的发展战略，包括银行、大型企业和公共事业在内的私营部门机构发起了国有化运动。

20世纪70年代，叙利亚经济仍然以计划经济为主，经济发展重心日益转向国有大型工业企业。同时，有限度地放宽私营企业，允许有限的私人及外资投入。其间，叙利亚经济保持了相对较高的增长率，国内生产总值1972年增长25%，1974年增长24.1%，1975年增长19.5%，1976年增长约11%。20世纪80年代初，由于油价下跌，叙利亚出口收入下降，阿拉伯产油国的财政援助减少，加之干旱，国内生产总值增长率从1980年的11.9%下降到1984年的-4.1%。20世纪80年代中后期，叙利亚经济进入衰退期，伴随着经济危机、叙利亚镑贬值和国内生产总值的下降，1989年其国内生产总值跌至98亿美元。

20世纪90年代，叙利亚经济的特点是石油业和私营部门的发展带动了经济的复苏与增长。受益于海湾国家经济援助的增加以及石油工业的发展，叙利亚经济增长明显。叙利亚国内生产总值从1990年的123亿美元增加到1996年的178亿美元，年平均增长率达7%以上。叙利亚人均国内生产总值也从1990年的967.1美元增加到1996年的1 186.1美元，总增长率为23%。1996年后，叙利亚经济出现轻微衰退，但仍处于缓慢地发展中。1999年，由于干旱以及石油产量和投资的下降，其国内生产总值增长率降至-3.55%，人均国内生产总值年增长率为-1.2%。

2000年巴沙尔·阿萨德执政后，采取了社会市场经济和新自由主义经济发展战略，重视市场自由化、支持私营部门和吸引外国投资，但国家仍控制着国有重要的经济部门，如农业、石油和制造业等。2000—2011年，叙利亚经济增长相对比较明显，国内生产总值年均增长速度较快，总产值从2000年的198.61亿美元增长到2010年的599.57亿美元。2000—2011年，叙利亚经济整体表现相对较好，年均国内生产总值增长约为5%。2001—2002年农业收成增加，以及2002—2003年与伊拉克签订的一项特殊的贸易协定，促使2001年和2002年经济分别增长了3.6%和4.1%。国际市场油价反弹和伊拉克战争后，2004年叙利亚人均国内生产总值为1 190美元，相当于邻国约旦的1/2、土耳其的1/4、黎巴嫩的1/5。

到2010年，由于石油产量下降、外商直接投资减少、农业产量下降及干旱的影响，国内生产总值增速放缓至3.2%。根据国际货币基金组织的数据，2010年叙利亚年人均国内生产总值不足3 000美元，而邻国土耳其接近1.1万美元。总体上看，2000—2010年叙利亚较高的经济增长和自由化政策，使就业率年平均增长1.3%。但是人口增长（年均2.9%）和劳动力增长（年均1.7%）致使就业增长相形见绌。根据国际货币基金组织的数据，2010年叙利亚失业率逐渐下降到2.3%，2010年的通货膨胀率与2008年相比下降了10.8%。

此外，在产业结构方面，石油工业和农业是叙利亚财政的主要收入来源，服务业和商业在国内生产总值中占据比例越来越高，而制造业所占比例较小。内战前，叙利亚经济中石油工业产值占国内生产总值的25%、出口总额的60%~70%，政府财政收入的30%~40%依靠石油。叙利亚经济高度倚重农业部门，而农业易受降雨量等自然条件的影响。2006—2011年，叙利亚60%的耕地遭受严重干旱。2010年，叙利亚小麦价格上涨30%，通货膨胀率高达20%，普通家庭48%的收入用于购买食品，30%的民众生活在贫困线以下，200万人口即总人口的11%的民众陷入极端贫困中。

2011年内战爆发后，叙利亚经济消费锐减、税收大跌、高通货膨胀率和高失业率并行、军费不断攀升、财政赤字逐年扩大，经济整体上迅速陷入全面困境。特别是制造业、石油工业和农业等严重衰退，基础设施几乎被摧毁。2011—2013年，叙利亚经济总量分别连续下降了6%、20%和15%。2012年失业率为14.9%，2013年增至60%。叙利亚非政府组织叙利亚政策研究中心分析数据认为，2011年和2012年叙利亚国内生产总值增长率分别为-3.7%和-18.8%，2014年叙利亚经济收缩放缓，国内生产总值下降到2010年国内生产总值的38%。根据查塔姆研究所统计的数据，2015年叙国内生产总值约为300亿美元，比2010下降了约60%。

此外，由于高失业率、高通货膨胀率、高贫困率和劳动力成本上升，叙利亚人民生活水平显著下降。通货膨胀率从2011年的4.2%上升到2012年的37%，2013年为88%，2014年的前11个月为36.8%。2014年下半年一度下降到个位数的9.7%后，2015年又上升到34.5%。根据叙利亚政策研究中心数据，叙利亚失业率从2011年的14.9%飙升至2015年年底的52.9%。随着内战的加剧，基础设施遭到破坏，资本外逃严重，2014年，叙利亚一半的人口生活在贫困线以下。到2015年年底，超过85%的叙利亚人生活在贫困中，超过69%的人口生活在极度贫困中。

2016年，叙利亚经济跌至谷底，人均收入降至撒哈拉以南非洲经济体的水平。2016年各产业所占国内生产总值比例为：农业占19.5%、工业占19%、服务业占61.5%。2016年，国内生产总值约209.74亿美元（96 310亿叙利亚镑），增长率为-3.4%；人均国内生产总值下降到战前水平的1/3以下，低于加沙或最贫穷的非洲国家。由于贸易中断、供应严重短缺，以及叙利亚镑的急剧贬值，2016年其居民消费价格指数（CPI）涨幅高达58%，贫困率为66.5%。

随着叙利亚局势日趋缓和，经济生产有所复苏。2017年，叙利亚国内生产总值略有回升，为244.72亿美元（126 490亿叙利亚镑），比2016年增长1.9%。

2018年经济增长速度较2017年有所放缓，但仍在逐渐增长中，各行各业有所复苏。2018年叙利亚人均国内生产总值为4 040美元，比2017年人均国内生产总值3 782美元增长约6.82%。

目前，叙利亚整体经济发展状况依然堪忧，通货膨胀率、失业率和贫困率仍较高，财政赤字严重，外贸额虽有所增长，但外债仍居高不下。难民问题仍非常严峻，人力资源匮乏，劳动力严重不足，生产率较低，进而影响到其经济复苏。

第二节　　农业

叙利亚为中东地区农业大国，是阿拉伯世界的五个粮食出口国之一。农业经济一直是叙利亚经济发展的基础和支柱，叙利亚农业受国家政策和气候条件因素影响较大。农业耕种面积为473.6万公顷，农业人口为440万。农业产值占国内生产总值的25%～30%，与石油工业、旅游业共同构成国民经济的三大重要支柱。

✿ 一、农业政策

独立后，农业在叙利亚国民经济中占据重要地位。1958年9月4日，叙利亚政府通过法令，回应关于农民动员和扩大农民权利的问题。20世纪60年代，叙利亚一直实施"集体合资农业"政策，致力于提高农业生产技术，增加农业生产的产量，建立了一个比较完整的农业生产体系。20世纪70年代，国有农业、私人地产以及政府与私人合作投资的农业公司成为农业生产的主要形式，新兴农业资产阶级成为政府发展农业生产的重要伙伴。其间，叙利亚农业经济取得较大发展。1972年以前，农产品占叙利亚出口商品的50%以上，其中棉花占出口商品的1/3。1991年，叙利亚政府颁布《第10号投资法》后，叙利亚农业迎来了一个蓬勃发展期，农业投资项目和投资数额迅速上升。

2000年，叙利亚政府颁布法令，进一步扩大了吸引外资的规模，改善了外资的投资环境。2000—2005年，叙利亚政府颁布了一系列法令，将国有农场私有化，私有化导致农民和农村生活质量下降，并引发了社会危机。2005年以后严重的干旱影响了叙利亚农业生产，导致农民离开土地。2001年，叙利亚30%的劳动力从事农业生产，而到2010年仅有13.2%的劳动力从事农业生产。

内战爆发后，由于外部经济制裁、安全局势恶化、基础设施遭到破坏、货物运输困难，以及原材料上涨、支出增加、金融往来不便，叙利亚农业发展严重受挫。2011年9月19日，叙利亚总统巴沙尔颁布政令，为农业干旱等自然灾害专设基金，规定叙利亚农业部对受灾减产50%以上或受灾面积10%以上的农业种植区给予补贴。2016年起，叙利亚逐渐恢复农业生产，政府也非常重视农业，采取了一系列措施，有助于促进农业的快速发展。2017年9月12日，叙利亚政府召开内阁会议，批准了2017—2018年农业生产计划，其中包括发展家庭农业，增加灌溉面积8 326公顷，增加小麦种植面积13 790公顷，增加烟草种植面积4 353公顷等具体措施。2018年12月26日，叙利亚总统巴沙尔颁布2018年第46号法令，免除农业合作银行客户逾期贷款的罚款和利息。2019年6月11日，叙利亚总理哈米斯召开会议，要求叙利亚地方管理部、农业部等部门推动哈马省加布平原的自然资源开发利用，特别是大力发展该地区农业生产。

❖ 二、发展概况

叙利亚农业生产主要分布在地中海东岸的沿海平原，奥伦特河谷，内陆大中城市大马士革、霍姆斯、哈马、阿勒颇，以及幼发拉底河河谷和东北部的吉齐拉地区。2013年，叙农业耕种面积为480.3万公顷，水浇地面积为116.8万公顷，旱地面积为363.5万公顷。根据联合国国际劳工组织统计数据，截至2017年年底，有23%的叙利亚人口从事农业生产。2017年，由于气候条件的改善，政府逐步控制了主要农业生产区，减轻了农民在运输和销售农产品方面的限制，农业生产开始复苏并稳步增长。然而自2018年以来，由于耕地流失、农民流离失所、农业基础设施的破坏和内战的继续，叙利亚农业产量呈下降趋势。叙利亚全国各地的农业基础设施，特别是灌溉系统、粮仓、碾磨厂、粮食工厂和仓库都遭到严重破坏。2019年7月1日，叙利亚农业部部长艾哈迈德·卡迪里表示，受战争和经济封锁影响，叙利亚农业灌溉设施、外销渠道、农产品加工设施均受到严重破坏，农业领域经济损失达160亿美元。

叙利亚主要农作物有小麦、大麦、玉米，粮食作物主要分布在北部的哈塞克省、拉卡省和阿勒颇省。经济作物有棉花、豆类、甜菜、烟草、马铃薯和西红柿，棉花出口是其创汇的主要农作物。2012年7月1日，叙利亚政府小麦收购量已达2 062 820吨，较2011年同期的1 890 130吨增加近10%。2015年小麦产量约为250万吨，比2010年产量减少了20%。根据联合国粮农组织统计的数据，2018年叙利亚小麦和大麦产量同比大幅下降，2018年小麦产量约119.9万吨，接近1989

年小麦产量 102 万吨的最低水平，仅为 2017 年小麦产量 179.3 万吨的 67%。2018 年大麦产量也大幅下降，总产量为 39 万吨，仅为 2017 年 77 万吨的 51%。根据阿勒颇省农业厅统计数据，2019 年 5 月，阿勒颇小麦种植面积为 300 457 公顷，预计产量为 59.7 万吨；大麦种植面积为 387 107 公顷，预计产量为 47 万吨。此外，伊斯兰极端武装组织和反对派占领的伊德利卜省成为叙利亚粮食受灾最严重的地区。2019 年 7 月，伊斯兰极端武装分子焚烧了伊德利卜省 8 094 公顷的小麦和大麦。

叙利亚棉花主要种植在拉卡、哈塞克、代尔祖尔和阿勒颇，少量棉花分布于哈马和霍姆斯。2001 年棉花产量为 108 万吨，2002 年棉花产量为 82 万吨。2006—2010 年棉花的平均产量为 60 万吨。2011 年，叙利亚棉花产量居亚洲第二位，有机棉产量位居亚洲第三位。由于"伊斯兰国"控制了叙利亚 3/4 的棉花产地，致使其棉花产量急剧减少。2014 年产量为 16.9 万吨，2015 年产量仅为 7 万吨。2016 年，叙利亚棉花种植面积为 1.6 万公顷，其中 1.2 万公顷为"伊斯兰国"所控制。

叙利亚 2017 年豆类粮食生产面积为 20.3 万公顷，2018 年为 18.3 万公顷。扁豆是一种主要的国内食品，但也向国外出口。

2013 年，叙利亚果树种植面积达 75.19 万公顷，主要果树有柑橘树、苹果树等。叙利亚主要水果有葡萄、柑橘、樱桃、西瓜和苹果等。2011 年叙利亚开心果产量逾 6.3 万吨，位居世界第三，开心果种植面积达 5.6 万公顷。内战前，叙利亚每年更替柑橘树苗达 2 000 万棵，2017 年降至 170 万棵，2018 年年中增加到 190 万棵。

叙利亚橄榄树主要种植在伊德利卜省。内战前，叙利亚是世界上第四大橄榄油生产国，有超过 700 万颗橄榄树，年均橄榄油产量为 100 万吨，曾有 10 万家庭生产橄榄油。2014 年橄榄油产量降至 45 万吨，约为内战前产量的 1/2。2015 年橄榄油产量降至 40 万吨。2018 年 12 月 6 日，叙利亚农业部橄榄种植办公室主任哈布表示，叙利亚橄榄树种植面积已超过 69 万公顷，橄榄树数量达到 1.02 亿棵，其中可以产果的数量达到 8 200 万棵。

叙利亚是中东地区重要的畜牧业国家，牧场面积为 830 万公顷，约占总国土面积的 45%。畜牧业为叙利亚经济做出了巨大贡献。叙利亚畜牧业主要分布于较干旱的农村地区，如哈塞克省南部、拉卡省南部、代尔祖尔省、霍姆斯省东部、哈马省、大马士革东部农村、德拉省和苏韦达省。叙利亚畜牧产品主要有牛、绵羊、山羊、兔、鸭、鹅和鸡，主要饲养牲畜为羊、牛、马和驴等。2001年，叙利亚全国有山羊177.9万只，牛83.7万头，骆驼13 500头，水牛2 500头，鸡2 120万只。根据联合国粮农组织统计的数据，2016年叙利亚牛的数量与内战前一年相比减少了30%，绵羊和山羊减少了40%，家禽减少了60%。自2016年以来，牲畜数量已经稳定下来，并开始缓慢增长。

叙利亚森林资源不够丰富，森林只占少量的国土面积，主要分布在雅斯埃尔山脉、与黎巴嫩交界的东黎巴嫩山脉和拉塔基亚地区。叙利亚林地主要由乔木和灌木的牧场组成，木材产量有限，一般需要进口木材。2000年，叙利亚森林面积约为46.1万公顷，圆木产量仅为5万立方米。

叙利亚渔业也不发达，渔民一般使用中小型船只捕鱼。叙利亚渔民捕捞的鱼类包括沙丁鱼、金枪鱼、石斑鱼和红灰鲻鱼等。2007年，渔民共捕捞18 000吨鱼。

第三节　工业

一、概况

叙利亚工业体系正在形成中，工业基础较为薄弱。独立后，叙利亚政府鼓励发展民族工业，建立了纺织工业、食品工业和石油化工工业等。叙利亚现有工业分为采掘工业、加工工业和水电工业，其中采掘工业有石油、天然气、磷酸盐、大理石等，加工工业主要有纺织、食品、皮革、化工、水泥、烟草等。叙利亚工业归属不同部门管辖：石油和矿产资源部管辖石油和天然气等能源工业；经贸部管辖面粉和面包厂；工业部管辖八类一般性企业，包括纺织、食品、化工、工程、水泥、食糖、棉花（含轧棉及棉花销售）、烟草；国防部管辖若干军工企业。

20世纪50年代，叙利亚工业规模仍较小，主要是小规模的纺织工业、食品加工业和其他轻工制造业。20世纪60年代，叙利亚政府启动了大规模公共投资项目，并扩大了制造业的规模。20世纪60年代末，叙利亚油田陆续投产。1968年叙利亚开始生产石油，原油出口量为84万吨，占总产量的81%，成为国家财政收入的重要来源。20世纪70年代，包括化工、钢铁和机械制造在内的叙利亚现代工业发展迅速。2010年，叙利亚工业部门产值占其国内生产总值的27.3%，全国有16%的劳动力从事工业生产。

内战以来，大马士革、阿勒颇和霍姆斯等主要工业中心城市均受到战争的影响，尤其是阿勒颇和霍姆斯，工业生产长期处于停产状态。2016年12月，政府军收复阿勒颇后，工业生产逐步复苏。2017年12月，叙利亚经济和外贸部部长穆罕默德·萨米尔·哈利勒表示，阿勒颇正在建设2 500个工业生产设施，大马士革郊区已有1 000个手工作坊投入生产。2018年，叙利亚政府采取了一系列措施鼓励和支持工业部门，工业中心城市逐渐恢复生产。2018年全年叙利亚新建工业设施847个，总额达310亿叙利亚镑（约合6 200万美元），创造工作机会3 766个。在新建的847个工业设施中，食品部门所占比重最大，共有373个项目，其次是化学部门、工程部门和纺织部门。

✿ 二、政府对工业的扶持

叙利亚政府十分重视工业发展，并出台相关政策鼓励工业发展。为了促进工业生产，叙利亚政府实施了一个新的战略，主要内容包括实现叙利亚工业现代化，签订阿拉伯自由贸易区协议，与其他国家签订经济协议，以及进行基金制度改革和公共设施改革。

自由区和工业城是叙利亚政府发展经济的重要战略，也是叙利亚的重要投资场所。1971年，叙利亚开始设立自由区，最初设立的自由区有4个。2018年前十个月，叙利亚自由区总局下辖的6个自由区的收入达33亿叙利亚镑。2019年5月27日，叙利亚自由区总局局长库萨表示，2019年前4个月叙利亚自由区进出口额分别达到207亿叙利亚镑和135亿叙利亚镑，实现收入17.48亿叙利亚镑。设立工业城也是叙利亚推动经济发展的重要激励措施，对其经济增长的贡献很大。

此外，叙利亚政府采取各种措施，刺激工业恢复生产。2017年6月19日，巴沙尔总统发布了2017年第172号法令，规定对叙利亚本地工业项目的原材料和生产资料进口减免50%的关税。2019年4月25日，叙利亚地方管理和环境部负责人表示，叙利亚政府将安排25亿叙利亚镑（约合500万美元）财政预算用于工业园区建设和发展。2019年7月10日—14日，大马士革展览城举办了第二届PRODEX展览，旨在重振叙利亚工业，加快叙利亚经济恢复。本次展览涉及建筑、塑料、包装、热炉、电力、食品、农业和自动化等领域设备的生产和销售，邀请了来自叙利亚国内、阿拉伯国家及其他国家的企业参加。

🎕 三、能源工业

叙利亚主要矿产资源包括石油、天然气、磷酸盐、岩盐、沥青、大理石等。叙利亚石油矿业产值占国内生产总值的19%，已探明石油储量为25亿吨，天然气储量达3 000亿立方米，磷酸盐储量为18亿吨。叙利亚不是石油输出国组织成员国，但是阿拉伯石油输出国组织成员国。

叙利亚石油和矿产部负责石油工业的发展，下辖5家石油公司：叙利亚（国家）石油公司、叙利亚石油运输公司、叙利亚原油运输公司、叙利亚石油制品储运销售公司和叙利亚炼油公司。石油工业是叙利亚的第一大产业，其出口收入是叙利亚的主要外汇来源。多年来，叙利亚的油气收入相当于叙利亚出口总额及国库收入的60%~70%，占叙利亚国内生产总值的20%以上。2019年4月9日，叙利亚石油与矿产资源部部长戈尼姆表示，叙利亚危机已使叙利亚油气产业遭受直接与间接经济损失达472亿美元。

随着石油储备的枯竭，叙利亚经济的正常发展会受到影响。根据国际货币基金组织统计的数据，2001年，叙利亚石油产量达到顶峰的58.1万桶/日，2006年降至43.5万桶/日，2008年降至39.8万桶/日，2009年为38.2万桶/日，2010年为38.6万桶/日。由于油价的上涨，2010年，叙利亚石油收入达1 500亿叙利亚镑，石油产品出口额为36亿美元，占其出口总额的35%。

内战以来，叙利亚石油产量急剧下降。2011年石油产量为28.6万桶/日，到2014年石油产量已降至0.9万桶/日。2015年，"伊斯兰国"控制下的油田日产量达1万桶，这使政府失去了主要收入来源。2017年6月，叙利亚政府控制下的油田原油日产量为3万桶。叙利亚能源产业和相关工业生产逐渐恢复，有利于工业的复苏。截至2018年年底，叙利亚原油日产量达7万桶，与2017年相比出现净增长。

天然气是叙利亚第二大能源支柱，主要用于电力部门发电。叙利亚政府成立了天然气总公司，隶属于石油和矿产部，总部设在霍姆斯，它拥有独立的财务和行政权力。2003年4月，国营叙利亚天然气销售公司成立，全面取代叙利亚石油制品储运销售公司，专门负责家用天然气的消费和分配，以及天然气管道的铺设，此外还负责建设10个汽车天然气供应站。

2002年年初，叙利亚已探明的天然气储量约为2 000亿立方米，主要分布在以下地区：泰德穆尔（巴尔米拉）地区3.6万亿立方英尺（1立方英尺≈0.028立方米），幼发拉底石油公司油气田1.6万亿立方英尺，苏韦达省1.2万亿立方英尺，朱贝萨地区0.8万亿立方英尺，代尔祖尔省0.7万亿立方英尺，以及阿勒霍尔、阿勒古纳和马尔卡达地区。1998年叙利亚天然气年总产量为53亿立方米，2004年达到顶峰的64亿立方米，2008年降至55亿立方米。

内战以来，叙利亚天然气产量严重下降。2014年叙利亚政府控制的天然气产量降至140万立方米/日，而2010年天然气产量为890万立方米/日。2015年年初，"伊斯兰国"占领巴尔米拉附近的天然气田后，天然气产量降至80万立方米/日。2017年，叙政府军收复了霍姆斯中部的梅加图维恩气田，6个月内该气田生产了330万立方米的天然气。2017年以来，叙利亚政府开采了霍姆斯郊区的沙伊尔天然气田，使叙天然气日产量增加250万立方米。2018年10月17日，叙利亚石油和矿产资源工会主席阿里表示，由于新天然气井的开发和原有天然气井的恢复，叙天然气日产量可达1 800万立方米，基本恢复到战前产量。同年11月15日，叙石油和矿产资源部表示，位于大马士革北部的德尔阿提亚1号天然气井开始投产，日产量为15万立方米。

四、制造业

叙利亚制造业以轻工业为主，主要包括纺织、食品、制糖、化学、机械和建筑材料等六个部门。羊毛、棉纺、尼龙纺织品是叙利亚纺织业最重要的产品，纺织工厂主要在阿勒颇、大马士革、霍姆斯和哈马。食品加工业生产盐、植物油、果蔬罐头、烟草和各种乳制品。叙利亚化学工业生产磷酸盐、尿素、石油精炼产品、水泥和建筑材料、香皂、玻璃板、瓶子、器皿、药品、胶合板和电池等。叙利亚手工制品主要有锦缎、刀剑、黄铜和铜制品、木刻、金银饰品、珍珠母镶嵌、丝绸刺绣等。

叙利亚工业部门中，制造业发展比较迅速。20世纪70年代，叙利亚政府开始重视钢铁、化肥、化学品和家用电器的国内生产。1981—1985年，叙利亚制造业年增长率为15.3%，居叙利亚全国各经济部门之首。1995年，叙利亚制造业产值占国内生产总值的14%；2000年，叙利亚制造业产值占国内生产总值的23%。叙利亚的纺织业是其工业支柱产业之一，是叙利亚继石油工业之后的第二大工业产业。2005年，叙利亚政府对纺织工业的投资额占叙利亚工业投资额的30%，劳动力人数约占叙劳动力总数的36%。

自内战以来，叙利亚制造业受损严重，产能严重下降。制造业产值从2010年的133亿叙利亚镑下降到2015年的31亿叙利亚镑。工业设备和基础设施遭受严重破坏，迫使企业家和工人迁居国外。一些叙利亚制造商也转移到国外，如土耳其、埃及和约旦等地。2014年，在土耳其注册的新企业中，叙利亚人企业占26%。转移到国外的中小企业又将产品卖回叙利亚。为恢复制造业，2018年2月15日，大马士革举办了叙利亚制造展，该展览由叙利亚出口商联合会主办，并获得叙利亚经贸部的大力支持。来自友好国家和阿拉伯国家的800名商人和进口商出席了展会，展品包括纺织品、服装等。

此外，叙利亚制药业正逐渐从战争中恢复。2018年11月，大多数制药厂已重新投入运营，获得生产许可证的制药厂数量已经达到89家，超过战前79家的数量。叙利亚正在向包括伊拉克在内的16个国家出口药品。

❖ 五、电力工业

叙利亚工业建设和农业发展需要大量的电力供应，促进了电力工业的发展。叙利亚电力部是管理叙利亚电力工业的政府部门，它下辖4个机构：发电和输电总局，配电和开发总局，国家能源研究中心，电力机械中等学院。

目前，叙利亚电力工业供不应求，需加大电力工业发展。叙利亚全国现有电站14座，大多数为火力发电，还有水电和以天然气作为燃料的电站，其中最大的3个电站为阿勒颇火电站、革命水电站和巴尼亚斯火电站。全国拥有各类变电站274个，230 kV和400 kV组成的电网向叙利亚全国各地输送电能。

2000年，叙利亚与俄罗斯合作建立了一座核电站。2014年，叙利亚电力总发电量达210亿千瓦时，总消耗电量为170亿千瓦时，总装机容量为820万千瓦时，其中出口电量1亿千瓦时。2018年前9个月，叙利亚国家电力公司总收入为1 370亿叙利亚镑，同比增长13%，净利润同比增长90%至460亿叙利亚镑。2019年7月2日，叙利亚总理哈米斯表示，叙利亚首座太阳能发电站已开始运转并与电网连接。该电站位于霍姆斯省南部的哈斯亚工业城，预计年发电量为1 800兆瓦。

第四节　　旅游业

　　旅游业是叙利亚经济的支柱产业，也是朝阳产业，叙利亚政府历来重视旅游业的发展。叙利亚拥有优越的地理位置和自然条件，悠久的历史和古老的文明，以及多元化的民族文化，这些都是旅游业发展的重要基础。内战以来，叙利亚国内安全局势动荡，战争摧毁了阿勒颇古城等世界著名的文化古迹，严重制约着旅游业的复苏。

一、旅游条件

　　叙利亚有着非常悠久的文化历史，多种文明在此交汇，历史遗产较为丰富，古迹众多。叙利亚的古代遗址包括苏美尔文化、阿莫尔文化、迦南文化、拜占庭文化、罗马文化以及阿拉伯-伊斯兰文化等历史古迹，其中一些古迹已被联合国教科文组织列为世界文化遗产。这些历史文化古迹主要有：罗马时代的夏哈巴古城及布什拉圆形剧场，曾经作为古丝绸之路重要驿站的泰德穆尔（巴尔米拉）古城，阿拉伯帝国倭马亚王朝的首都大马士革古城和大马士革的倭马亚清真寺，公元前400年斯卢格时代的阿法米亚古城，以及阿勒颇城堡、撒拉丁城堡、哈马古城、胡森城堡、马尔克波城堡、阿姆迪圣徒修道院、伊布拉古城、阿姆利特古城等。

　　叙利亚全国还有180多千米的海岸线以及高山、森林、河流和沙漠等丰富的地形和多变的自然风光，吸引着游客，旅游业的发展空间很大。叙利亚是中东地区重要的地中海走廊，国内交通比较发达，通信网络完善，生活费用相对较低，劳动力价格低，加之内战前长期的政治稳定和经济发展，成为旅游业发展的重要基础。叙利亚的气候温和、空气清新、环境优美，叙利亚人民友好好客，每年都吸引大批游客。这些游客主要来自海湾阿拉伯国家、德国、法国、西班牙、北欧，以及地中海沿岸的几个国家，如塞浦路斯、希腊和土耳其，伊朗人也组团来叙利亚参拜叙利亚境内的什叶派圣地。

❖ 二、发展概况

旅游业向来是叙利亚经济收入和外汇收入的重要来源。叙利亚政府对发展旅游业十分重视，制定各种措施优先发展旅游业，促进了旅游业的快速发展。20世纪90年代，叙利亚政府鼓励旅游业私有化，刺激了旅游业的发展。2001年，叙利亚入境游客达300万人，其中70万人为非阿拉伯游客。2002年，叙利亚接待了超过430万的游客，旅游业产值占国内生产总值的20%，达到历史最高峰值。受2005年黎巴嫩前总理哈里里遇刺事件和2006年黎巴嫩与以色列冲突的影响，来访叙利亚的游客比往年有所减少。2010年，叙利亚接待游客约850万人次，与2009年相比增长了40.3%，旅游业产值占叙利亚国内生产总值的10%，提供了39万个工作岗位，占全国就业率的8%。

内战爆发以来，叙利亚旅游业受到严重冲击，目前正处于恢复期。2011年叙利亚接待游客500万人次，与2010年相比下降了40.7%。2012年叙利亚旅游业收入急剧下降，提供了20万个工作岗位，仅占全国就业率的4%，酒店入住率也从内战前的90%下降到2012年5月的不足15%。受外部制裁和内战加剧的影响，2013年叙利亚旅游业完全瘫痪。进入2017年以来，叙利亚旅游业出现明显升温，2017年上半年叙利亚接待游客达53万人次，相比2016年同期增长了25%。2018年11月19日，叙利亚预算和财政委员会讨论了旅游部2019年财政预算，预算设定为53.85亿叙利亚镑（约合1 088万美元）。这些预算支持了叙利亚旅游部提出的重点旅游项目，如医疗旅游和宗教旅游项目，以此来振兴旅游业。2019年7月18日，一些来自欧洲的游客抵达叙利亚巴尔米拉古城，参观了国家博物馆、贝尔神庙、圆柱街、历史剧场，这座古丝绸之路上的叙利亚历史文化名城又重新吸引着世界游客的目光。

第五节　　交通运输与通信

一、交通运输

　　叙利亚处于中东地区的中心地带，是连接欧洲与中东地区、海湾国家的重要枢纽。叙利亚陆路、海运和空中运输均比较发达。在叙利亚，国有企业运营着交通运输业，政府也鼓励私营企业和合资企业在空运、陆路运输中发挥作用。

　　陆路运输是叙利亚的主要交通方式，以公路运输为主。叙利亚公路总里程为69 873千米，其中高速公路里程为1 103千米。叙利亚拥有完善的公路网，公路四通八达，交通十分便利，不仅连接国内各城市乡镇，还可通往土耳其、伊拉克、约旦和黎巴嫩。叙利亚高速公路主要位于西部地区，最重要的高速公路是从大马士革南部到约旦边境，连接阿勒颇、德拉、霍姆斯和哈马，全长474千米。其他主要高速公路有：从霍姆斯到拉塔基亚，连接塔尔图斯和巴尼斯，全长174千米；从大马士革到黎巴嫩边境，全长38千米。由于恐怖组织占据大马士革东部郊区哈拉斯塔，并对过往车辆和路人进行袭击，2013年叙利亚政府关闭了大马士革至霍姆斯的高速公路。2018年5月21日，大马士革至霍姆斯的高速公路重新开通。

　　叙利亚铁路网也比较发达，不仅连接叙利亚各省，而且连接周边国家。叙利亚政府十分重视铁路建设，2001年，国家预算拨给运输部门150亿叙利亚镑，其中拨给铁路部门的为70亿叙利亚镑。2011年，叙利亚铁路总长2 798千米，占中东铁路网长度的19%，仅次于埃及。内战爆发后，叙利亚铁路网受到破坏，铁路总长有所减少。2014年，叙利亚铁路总长为2 052千米，其中轨道宽度为1.435米的标准轨铁路有1 801千米；轨道宽度为1.05米的窄轨铁路有251千米，主要分布在叙利亚南部地区，可连接大马士革和约旦首都安曼。2015年，叙利亚铁路总长2 139千米。

　　叙利亚主要港口有塔尔图斯港和拉塔基亚港，还有较小的港口贾布拉港和巴尼亚斯港。塔尔图斯港是叙利亚对外出口的重要港口，

2010年货物吞吐量达1 350万吨，港口收入为34亿叙利亚镑。拉塔基亚港货物吞吐量达850万吨，港口收入为25亿叙利亚镑。巴尼亚斯港主要用于出口石油，设有石油装运码头和与伊拉克基尔库克相连的输油管道。2013年，叙利亚输油气管道中天然气管道长3 170千米，石油管道长2 029千米。2013年，叙利亚共有19家商船运输企业。

　　叙利亚共有26个铺设跑道的机场，较大的机场分别位于大马士革、阿勒颇、拉塔基亚、代尔祖尔、巴尔米拉、哈塞克、卡米什利，其中大马士革、阿勒颇、拉塔基亚机场是国际机场。阿拉伯叙利亚航空公司管理国内和国际航班业务。叙利亚内战爆发后，因欧盟、美国和阿拉伯国家联盟的制裁，叙利亚对外航线锐减。2017年4月20日，一架装载18吨服装的货运飞机从大马士革飞抵巴格达，这是内战爆发六年来首架执行国际货运任务的货机从叙利亚起飞。2019年4月23日，叙利亚交通部部长阿里·哈姆德表示，叙利亚政府决定允许卡塔尔航空公司的飞机飞越叙领空。2019年7月4日，叙利亚民航总局局长伊亚德·齐丹表示，叙利亚民航总局正研究允许多家私营企业参与民航运营，同时将为这些企业制定规章制度以规范其经营活动。

❧ 二、通信

　　叙利亚交通和技术部负责全国通信业，由叙利亚有线和无线通信总局（简称"通信总局"）进行管理和经营。通信总局是一个具有独立法人性质的国有经济实体（企业享有独立的财政和管理权力），其主要任务是制定叙利亚通信业发展的政策和规划，提供电信服务，管理全国境内的有线和无线通信。2019年5月11日，叙利亚通信总局发布的统计数据显示，内战期间叙利亚通信损失总计5 000亿叙利亚镑（约合10亿美元）。

　　叙利亚交通和技术部负责监管叙利亚的电信产业。叙利亚国内仍在运营的电信公司有两家——Syriatel和MTN（叙利亚分公司），两家公司各拥有600万和580万用户。2011年，MTN公司营业额总值达436亿叙利亚镑（约合6.32亿美元），净利润为69亿叙利亚镑（约合1亿美元），较2010年的62亿叙利亚镑（约合9 000万美元）增长了11%。2014年，两家公司总收入为1 250亿叙利亚镑（约合5.28亿美元）。2015年年初，两家公司与政府达成BOT模式协议，将收入的一半上交政府，实际上成为特许经营的电信公司。

2000年，巴沙尔总统执政后，叙利亚加快国内信息化建设，电信产业取得快速发展，民众逐渐使用电话、手机和互联网。2003年，叙利亚全国固定电话交换机容量达338.9万线，密度为13.73%，其中已使用241.1万线，城市占82.6%，农村占17.4%。2006年，叙利亚将通信价格下调，包括降低国际长途通信费、上网费和手机费，降低农村地区的通信费用和安装费用。2005—2010年，固定电话安装率从15.71%增长至19.94%。2010年叙利亚固定电话用户为400万，覆盖率为19.9%。2011年叙利亚固定电话用户量达430万，覆盖率为20.9%。2016年叙利亚固定电话用户达420万户，每百人拥有18.8部固定电话。

叙利亚移动通信产业也取得了较快发展。1999年，叙利亚全国只有4 000部手机。2000年2月，叙利亚开始建立移动电话试验网，覆盖大马士革、阿勒颇、拉塔基亚等几个主要城市，入网费达1 200美元。自2001年2月起，叙利亚启动了两个GSM移动电话固定网（Syriatel 093网和Sbastel 094网），入网费降至16 000叙利亚镑（约合300美元），手机入网率开始出现高峰，当年手机新入网者达16.5万人。至2001年年底，手机入网者为19.2万人；2002年年底为40万人。2009年，44%的叙利亚人拥有手机。2011年，叙利亚移动通信用户量为1 140万，普及率约为50%。根据世界银行统计的数据，2016年叙利亚移动电话用户量约为1 390万，每百人拥有72部移动电话。叙利亚移动通话费用相比同地区其他国家要低，但相对于本国民众平均收入为高。

叙利亚IT业整体水平较低。2000年，叙利亚互联网开始起步，主要由政府控制的国有公司经营互联网。2001年叙利亚共有互联网用户3.2万。2010年叙利亚互联网用户数量出现了大幅增长，叙利亚网络用户占全国总人口的20.7%。2012年3月25日，叙利亚通信部下调宽带费用，上网费用均价下降40%。调整后，256 kB带宽每月收费由1 000叙利亚镑降至600叙利亚镑，8 MB带宽每月收费由14 800叙利亚镑降至8 500叙利亚镑。根据世界银行统计的数据，2016年叙利亚互联网用户约300万户，宽带用户约20万户，占中东互联网市场的4.5%，每百人拥有5.48个宽带。

第六节　财政与金融

　　叙利亚财政收入的主要来源是税收，石油、旅游收入，外国借款、赠款，侨汇等。叙利亚财政支出主要用于经济开发，工业、矿业、农业、交通的发展，以及公共设施的建设，内战以来国防和安全支出也成为叙利亚财政支出的一大负担。叙利亚财政经常出现赤字，主要依靠外部援助、赠款、借贷等弥补赤字。叙利亚中央银行发行本国货币，负责外汇业务，并管理国内运营的所有其他银行。

一、国家财政概况

　　独立后，叙利亚财政长期处于赤字状态。到20世纪70年代，叙利亚得到了海湾阿拉伯国家的援助，政府得以维持庞大的公共部门和财政开支。2000年巴沙尔执政后，采取各种措施，实现国家财政的平衡。2003年10月28日，叙利亚议会批准了新的个人所得税法，规定月净收入5 000叙利亚镑以下，可免交个人所得税；月净收入5 000~30 000叙利亚镑，缴纳5%的个人所得税；月净收入30 000叙利亚镑以上，缴纳20%的个人所得税。2003年12月15日，叙利亚议会讨论通过了2004年财政预算，总额达4 495亿叙利亚镑（约合99亿美元），比2003年的4 200亿叙利亚镑增加了295亿叙利亚镑。2010年叙利亚财政状况出现了适度的紧缩，全年财政赤字达32亿美元。

　　自内战以来，叙利亚公共财政状况一直在恶化。2012年国家财政预算约13 260亿叙利亚镑（约合271.72亿美元），比2011年增加了4 910亿叙利亚镑（约合100.61亿美元）。由于石油收入和税收收入减少，2014—2015年度财政收入降至低于国内生产总值的7%以下的历史最低水平。2016年，叙利亚政府财政收入为4.945亿美元，支出为26.65亿美元，税收和其他收入占国内生产总值的2%，公共债务约占国内生产总值的57.5%。2016年11月，叙利亚财政部部长穆恩·哈马德宣布，2017年政府总预算为26 600亿叙利亚镑，相比2016年总预算19 800亿叙利亚镑增加了6 800亿叙利亚镑，增长了34.34%。2018年以来，叙利亚政府财政预算虽有所增加，但财政收支平衡形势依然严峻，财政赤字和公共债务仍居高不下。2018年，叙利亚财政收入占国内生产总值的10.4%，财政支出占国内生产总值的21.2%，财政赤字占国内生产总值的10.8%，公共债务占国内生产总值的106.6%。2018年11月19日，叙利亚内阁批准了2019年国家财政预算，预算规模为3.882万亿叙利亚镑（约合78.4亿美元），与2018年预算相比增加了6 950亿叙利亚镑（约合14亿美元）。

二、国家金融概况

叙利亚金融市场比较活跃和开放。2001年起叙利亚允许开设私营和合资银行；2002年12月允许外资银行在叙利亚开展信贷业务；2009年成立了大马士革证券交易所。长期以来，叙利亚银行业系统主要依靠手工操作，尚未实现计算机和网络化。2001年年初，叙利亚建立了一套信用卡系统。2019年8月7日，叙利亚中央银行行长卡尔夫勒表示，叙央行正考虑在叙利亚启动电子支付项目。叙利亚实行多种汇率制度，外汇管制较严，私人兑换货币属于犯罪行为。

1. 货币制度

叙利亚的基本货币单位是叙利亚镑（里拉），1叙利亚镑=100皮阿斯特。纸币钞票有1、5、10、25、50、100和500叙利亚镑等面值。硬币有25皮阿斯特、50皮阿斯特、1叙利亚镑和50叙利亚镑等面值。2018年12月26日，叙利亚中央银行发布了新的50叙利亚镑面值硬币。目前，叙利亚镑仍然是叙利亚全国范围内广泛流通的货币。

2. 银行系统

叙利亚政府控制的银行系统由叙利亚中央银行和6家国有银行组成。叙利亚中央银行管理所有外汇和贸易事务，控制货币供应，以资本化方式运营，并优先向公共部门提供贷款。叙利亚6家国有银行是叙利亚商业银行、农业合作银行、人民信贷银行、房地产银行、工业银行和储蓄银行，其中以叙利亚商业银行为龙头。叙利亚商业银行拥有银行业81%的资产，它是唯一允许从事外币买卖、货币兑换、国际结算，在叙利亚境内拥有外汇储备的机构。截至2019年9月，美国、阿拉伯国家联盟和欧盟均对叙利亚中央银行、叙利亚商业银行等实施制裁，并暂停与其进行业务往来。

2001年3月，巴沙尔总统颁布法令，允许建立私营和合资银行，规定银行资产不得少于15亿叙利亚镑（约合3 000万美元），其中叙利亚私人投资者拥有至少51%的股份。2007年3月，叙利亚政府修改了法令中关于私营银行和伊斯兰银行的一些条款，其中包括将私营银行的资本金从3 000万美元提高到1亿美元，伊斯兰银行资本金从1亿美元提高到2亿美元，外国股份从原来的最高49%提高到60%。到2010年1月，叙利亚开放了13家私人银行，其中包括2家伊斯兰银行——查姆伊斯兰银行和叙利亚国际伊斯兰银行。13家私人银行成为金融体系的重要部分，占叙利亚银行业总资产的27%，这些银行主要向私营企业提供融资，并吸纳了大量的外汇存款。

内战使叙利亚镑贬值，银行业受损严重，商业贷款的利率大幅度增长。2015年叙利亚商业银行优惠贷款利率为27%，而2016年叙利亚商业银行优惠贷款利率为32%。因私人银行拥有大量的外汇存款，其发展较为迅速。2016年，私人银行占叙利亚银行业资产的1/3。2018年，叙利亚国内私人银行的存款总额超过1万亿叙利亚镑（约合20亿美元），同比增长24%。

3. 证券交易所

大马士革证券交易所是叙利亚唯一的证券交易所，成立于2009年3月。大马士革证券交易所包括24家上市公司，其中有14家银行和6家保险公司。内战以来，大马士革证券交易所仍在运营，但成交量小，业务萧条。2014年流通股总额仅为1 800万美元，上市公司总市值为8 000亿美元，其中80%的股票为银行所持有。2016年1—8月，大马士革证券交易所累计交易6 691笔，交易金额为21.1亿叙利亚镑。2018年，大马士革证券交易所共有21 778笔交易，交易量为3 070万股，交易总额为259亿叙利亚镑（约合5 200万美元），比2017年交易总额增长了106%。2018年上市公司的总市值达6 670亿叙利亚镑（约合13.3亿美元），比2017年增长了3.3%。

4. 保险业

叙利亚保险业由国家所有并垄断经营。1963年，叙利亚所有的保险都被收归国有，并由叙利亚政府所有的保险总公司控制。叙利亚国内还有一些私人保险公司，包括联合保险公司、科威特保险公司、信托保险叙利亚公司等，可提供人寿保险、家庭保险、健康保险、车险、财产险以及建筑险等服务。自2006年起，叙利亚保险业取得了突飞猛进的发展。2010年年底,叙利亚保险业收入达5亿美元,较2009年增长了31.5%。

三、国际金融概况

1. 外汇和黄金储备

进入21世纪,巴沙尔总统放宽了国家对外汇的管控,刺激了外贸的发展。2003年,巴沙尔总统颁布了第33号法令。新法令规定,依据叙利亚经济和对外贸易部的制度规范外汇和贵重金属的所有交易。2007年,私人外汇交易合法化,两家私人控股公司——美国商会查姆控股公司和叙利亚控股公司先后成立。内战以来,因美国、欧盟对叙利亚的金融制裁,叙利亚外汇储备几近枯竭。2010年,叙利亚外汇储备达210亿美元。2011年12月,叙利亚中央银行已经动用了逾三分之一的外汇储备,外汇储备降至140亿美元。2013年,叙利亚引入了一种浮动汇率制度,以保护外汇储备。2013年8月,叙利亚禁止在其境内使用外币进行商业交易。2013年9月,国际金融协会的报告称叙利亚外汇储备已降至21亿美元。2014年,叙利亚政府损失了约50%的外汇收入。2015年年底,叙利亚外汇储备暴跌至7亿美元。2017年,国际收支仍为赤字,严重依赖外部援助来缓解贸易逆差和外汇储备枯竭的压力。相比2017年的外汇储备4.07亿美元,2018年叙利亚的外汇储备增至5.4亿美元。

2. 外资及外国援助

自2011年内战以来,叙利亚国际收支处于负债状态,严重依赖伊朗、俄罗斯等国的外部援助。内战以来,伊朗对叙利亚的援助总额高达100亿美元。伊朗每年还向叙利亚提供优惠信贷:2013年为19亿美元,2014年为30亿美元,2015年为9.7亿美元。此外,俄罗斯也在向大马士革提供经济和财政支持。2012年,俄罗斯和叙利亚签署了易货协议,用于交换叙利亚原油和俄罗斯的石油衍生品。

3. 外债

自内战以来,叙利亚政府严重依赖伊朗和俄罗斯的优惠贷款,使外债逐年增加。2011年叙利亚外债总额为73.89亿美元,占国内生产总值的117%。2014—2018年,叙利亚外债总额分别为460.9亿美元、442.5亿美元、439.6亿美元、500亿美元和546.9亿美元。

4. 汇率

目前，叙利亚国内存在着两个外汇汇率机制，一是政府管控下的浮动官方汇率，二是活跃的平行市场汇率。自内战以来，叙利亚镑一再贬值，汇率也一再上涨。2012 年叙利亚官方汇率为 1 美元兑换 64.39 叙利亚镑，2013 年官方汇率为 1 美元兑换 153.695 叙利亚镑，2014 年官方汇率为 1 美元兑换 236.41 叙利亚镑，2015 年官方汇率为 1 美元兑换 282.70 叙利亚镑，2016 年官方汇率为 1 美元兑换 497.8 叙利亚镑。2017 年，叙利亚政府实施新的货币政策后，汇率相对稳定。2017 年叙利亚官方汇率为 1 美元兑换 436.5 叙利亚镑。2018 年，叙利亚中央银行规定出口商将硬通货存入中央银行，并放宽了外汇汇款的条件。随着叙利亚中央银行干预措施的出台，以及汇款和投资的增加，政府控制地区的安全形势有所改善，经济活动复苏，贸易通道逐步重新开放，有助于维持叙利亚汇率的稳定。2018 年，官方汇率为 1 美元兑换 515.02 叙利亚镑，而平行市场的汇率约为 1 美元兑换 440 叙利亚镑。截至 2019 年 7 月，叙利亚官方汇率为 1 美元兑换 438 叙利亚镑。

第七节　对外贸易

对外贸易是叙利亚国民经济的重要组成部分，其产值约占国内生产总值的 20% 以上。叙利亚向来重视对外贸的监管，主要物资的进出口均由国家控制。叙利亚对外出口商品有原油、成品油、矿产品、水果、蔬菜、棉纤维、纺织品、成品服装、肉类等；主要进口产品有机电设备、电力机械、食品、金属及金属制品、化学品、塑料、纱、纸等。

❀ 一、对外贸易政策

叙利亚对外贸易由国家垄断，实行贸易保护政策，鼓励出口，限制进口，对同本国产品竞争的商品以及奢侈消费品的进口征收高关税。1987 年，叙利亚政府解除制造业以外私人企业不得参与进出口贸易的禁令，并将部分出口商品外汇收入的提留部分提高至 75%，同时大幅度放宽私人进出口商品的种类。1990 年，叙利亚颁布了《第 10 号投资法》，改革对外贸易体制，逐步开放外贸管理，改善服务质量。

　　叙利亚的进口贸易政策旨在限制进口、发展出口。叙利亚对进口限制很严，凡是国内生产能够基本满足市场需要的商品一律禁止进口。叙利亚对以色列执行贸易禁运政策，禁止以色列产品进入叙利亚。叙利亚禁止进口的商品有铝制品、化妆品、清洁用品（洗涤剂、去污粉、肥皂、香皂）、箱包、鞋类、干电池、地毯、服装、袜子、蔬菜罐头、摄像机、棉纱等。严格限制进口的主要措施是对进口实行许可证制度，总值超过 1 000 叙利亚镑的商品的进口，必须持有进口许可证。许可证有效期为 12 个月，签发进口许可证收取 25～200 叙利亚镑的费用。叙利亚只允许私有和外贸企业借用国有公司的进口许可证来进口原材料。2011 年 11 月 1 日，叙利亚政府成立由经贸部、农业部、工业部、财政部、中央银行、海关总署、工业商会联合会代表组成的进口工业产品定价委员会，以确定工业产品的最低进口价格。2019 年 7 月 4 日，叙利亚经贸部颁布法令，允许出口商自法令颁布的 6 个月里，进口牛皮并加工成皮革制品进行出口。

　　2001 年，叙利亚政府制定了促进出口的战略，取消出口许可证，免征蔬菜、水果的农业税，允许国有出口企业以出口换汇为目的进口生产所需原材料。

二、发展概况

　　独立后，叙利亚对外贸易长期出现逆差。自 1989 年起，连续两年出现贸易顺差。自 2001 年以来，叙利亚的全球出口份额逐渐缩减。2001 年，叙利亚商品进口额为 42 亿美元，出口额为 58 亿美元。2002—2006 年，叙利亚外贸逆差上升，贸易平衡由 22 亿美元的盈余变为 8.16 亿美元的赤字。2008 年叙利亚商品进出口总额为 272.7 亿美元，其中出口 127.8 亿美元，比上年增长 8.8%；进口 144.9 亿美元，比上年增长了 18.8%。2010—2011 年，叙利亚商品出口额为 128.4 亿美元，进口额为 135.7 亿美元，贸易逆差为 7.3 亿美元。

　　2011 年内战以来，叙利亚贸易逆差逐年增长，出口乏力。2011—2015 年，叙利亚进、出口贸易额均大幅下降，出口降幅大于进口，出口额从 2011 年的 79 亿美元下降到 2015 年的 6.31 亿美元，下降了 92%；进口额从 2011 年的 173.48 亿美元下降到 2015 年的 46.54 亿美元，下降了 73%。

2016年，叙利亚商品出口额为17.86亿美元，进口额63.62亿美元，贸易逆差达45.76亿美元。2017年，叙利亚的对外贸易有所恢复，进出口总量有所增长，但仍处于逆差状态，出口额为23.04亿美元，进口额为59.65亿美元，贸易逆差为36.61亿。2017年，叙利亚主要出口目的国有黎巴嫩（占出口总额的31.5%，下同）、伊拉克（10.3%）、约旦（8.8%）、中国（7.8%）、土耳其（7.5%）和西班牙（7.3%）；主要进口来源国有俄罗斯（占进口总额的32.49%，下同）、土耳其（16.7%）和中国（9.5%）。

随着贸易通道的恢复，叙利亚的进出口贸易开始缓慢复苏。2018年，叙利亚商品进口额为70.71亿美元，出口额为19.88亿美元，贸易逆差为50.83亿美元。

下篇

第九章 叙利亚在"一带一路"建设中的作用

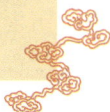

叙利亚地处中东地缘政治的中心区域，是连接东西方和亚欧非三大洲的枢纽。叙利亚是中国同伊朗、伊拉克进行石油贸易的重要中转国，也是中东地区同中国长期保持友好的伙伴国家之一。自"一带一路"倡议提出以来，中叙两国在叙利亚危机问题、政治互信和军事往来、经济重建、文化交流等领域展开了一系列的合作与交流，有力地推动了中国在叙利亚的"一带一路"建设。中国坚定支持叙利亚政府，主张尊重叙利亚人民的选择权和国家主权，加大对叙利亚人民的人道主义援助，为叙利亚政府和反对派实现政治磋商解决危机做出了一定的贡献。虽然叙利亚局势动荡不安，使中国在叙利亚推进"一带一路"充满很多挑战，但叙利亚仍是中东地区"一带一路"的关键国之一，是中国推进"一带一路"建设的重要突破口。

第一节　叙利亚的地缘战略地位

作为地中海东岸的一个小国，叙利亚具有大国不能忽视的地理位置及人类历史的多样化文明，已成为地区和世界大国都长期关注的焦点国家。20世纪70年代，哈菲兹·阿萨德总统就塑造了叙利亚"小国大外交"的战略形象。无论是和平还是战乱时期，叙利亚历来重视发挥其地缘战略地位的作用，善于在与国际大国的博弈中保持中立，维护其在中东地区的重要利益。

❦ 一、叙利亚地理位置的意义

从地理空间上，叙利亚地处东西方交会的十字路口，扼守着丝绸之路通往地中海大门的钥匙。叙利亚地处一个多宗教、多文化和多种关系的地缘政治环境中，相邻和周边国家有土耳其、约旦、伊拉克、以色列和黎巴嫩等。

历史上，"大叙利亚"地区就有着古代东西方对立的最前线的独特地缘位置。"大叙利亚"地区包括今天东地中海沿岸诸国家，包括叙利亚、黎巴嫩、巴勒斯坦、以色列和约旦，在阿拉伯语中被称为"沙姆"。从地理上看，"大叙利亚"地处小亚细亚与阿拉伯半岛和伊拉克、埃及之间，有海路通往欧洲和北非，具有极其重要的战略意义。正如研究阿拉伯的著名学者菲利普·希提所说，历史上的大叙利亚是"地图上最大的小国，论规模大小微不足道，影响却牵动世界"。

此外，叙利亚地区自古就是地中海国家与波斯湾附近诸国来往的陆路交通要道，许多重要商路都经过它的港口。叙利亚不是富油国，但其位于"中东油库"西大门，周边毗邻沙特阿拉伯、伊朗、伊拉克、科威特等产油大国，有三条输油管道穿越境内。

从人口分布看，叙利亚的人口分布多样化，且较为集中地居住于某一地域。叙利亚各教派和宗教都有特定的地理区域。阿勒颇是一个繁华的巴扎（集市）型城市，在阿勒颇的露天市场里，商贩的身份五花八门，有库尔德人、土耳其人、切尔克斯人、阿拉伯基督教徒以及亚美尼亚人。而大马士革集市则几乎是逊尼派穆斯林的世界。

❦ 二、叙利亚的地缘政治地位

叙利亚西邻地中海，位于幼发拉底河-底格里斯河流域和阿拉伯半岛之间，地处肥沃新月地带的中间，是阿拉伯世界的核心地区，曾被誉为"阿拉伯民族跳动的心脏"。这种特殊的战略地位，使叙利亚成为地区乃至世界大国争夺和控制的焦点。叙利亚内战期间，国内各种政治势力，包括政府和各反对派均受到国际、地区力量的影响和渗透。

叙利亚在中东和平方面起着举足轻重的作用，它不是中东棋盘上一枚简单的棋子，而是中东政治舞台上一位重要的演员。叙利亚周边都是非常敏感的国家，如伊拉克、约旦、以色列、黎巴嫩，以及北部的土耳其和隔着伊拉克的伊朗，中东几大热点问题如阿以问题、伊拉克问题、反恐问题、伊朗核问题、库尔德问题等无不与叙利亚息息相关。因此，叙利亚的安全形势牵动着整个中东地区的神经，直接关乎中东地缘政治格局的变化。

作为阿拉伯世界最重要的前线国家之一，叙利亚直接面临以色列的军事威胁，军事上长期与之处于对抗状态，随时都有被以色列进攻的危险。内战以来，以色列和土耳其加大对叙利亚政府的打击，海湾阿拉伯国家不断进行经济制裁和政治打压，以及叙国内反对派武装、伊斯兰极端武装和库尔德武装力量的发展，致使叙利亚局势不稳，国家面临着主权丧失和领土严重分裂的威胁。与此同时，叙利亚的地区战略盟友如伊朗、黎巴嫩真主党、巴勒斯坦哈马斯等力量，尽力从政治、军事、经济等方面支持叙利亚政府，确保叙利亚的政局稳定。因此，围绕着叙利亚的角逐实际是一场地区霸权争夺战。叙利亚局势的动荡，必将引发中东固有的力量结构和势力平衡的变化。

地缘政治同样会严重地影响叙利亚未来的政治发展走向。叙利亚冲突已演变为地缘政治博弈，西方国家和其他中东国家都试图从叙利亚政治变迁中获得私利。如今，叙利亚已成为中东地区逊尼派和什叶派博弈的焦点。西方和其他中东国家都在叙利亚寻找自己的"代理人"。目前，土耳其支持的反对派成为国内最强大的反政府武装，同时土耳其军队入侵叙利亚，并与库尔德武装发生冲突。叙利亚政府军收复国土的决心没有动摇，其与俄罗斯、伊朗的结盟，仍是促成叙利亚政权稳定的重要后盾。进入2019年，叙利亚局势更加复杂化，叙利亚的统一日益受到外部力量的制约，各种不确定性因素日益增加。

第二节　叙利亚在"一带一路"建设中的地位

作为古代丝绸之路的终点之一，叙利亚地区是中国通往西方和阿拉伯的重要通道，也是中国丝绸、瓷器远销阿拉伯地区的重要枢纽，以及基督教、伊斯兰教等进入中国的一条必经之路。而今，叙利亚局势虽动荡不安，但仍是中国与伊朗、海湾国家进行能源贸易的重要中转站，以及中国参与中东地区事务的重要平台。

一、叙利亚积极响应"一带一路"倡议

历史上，叙利亚是古代丝绸之路上的重要一站，叙利亚东部的古城巴尔米拉被誉为"丝路明珠"。丝绸贸易繁荣了大马士革、阿勒颇等都市，并留下了中叙文化之间的交流遗迹。自中国提出"一带一路"倡议以来，"一带一路"愈来愈成为叙利亚国内热议的名词。

2015年7月27日，叙利亚大马士革大学战略中心主任巴萨姆·阿布都拉赫对叙利亚如何参与"一带一路"建设表达了看法："历史上，叙中两国就建立了友谊，在丝绸之路的连接下，两国关系越来越好。现在要建设丝绸之路经济带，首先要解决安全的问题，有了安全才能发展。"

2017年5月15日，由中国贸促会主办的中国和叙利亚企业界对接洽谈活动在北京举行，叙利亚-中国商务理事会主席哈姆绍在发言中表示："'一带一路'倡议将给中叙之间的贸易带来新的契机，叙利亚商界期盼能在基础设施建设、油气开发、食品工业、新能源等领域与中国展开更多合作。"叙利亚驻华大使伊马德·穆斯塔法表示："中国和叙利亚的友谊始于古丝绸之路，无论是叙利亚政府还是普通民众，都欢迎中国人。"

2019年6月18日，中国国务委员兼外交部部长王毅在北京同叙利亚副总理兼外交部部长穆阿利姆举行会谈。穆阿利姆表示，叙利亚愿积极参与共建"一带一路"，欢迎中方参与叙国内重建，期待中国企业扩大对叙投资。

二、复兴党的社会主义执政理念与思想

叙利亚是中东地区奉行社会主义思想治国理念的国家，历来重视与中国在社会主义建设中的交流与合作。

阿拉伯复兴社会主义理论思想是当代阿拉伯世界公认的较为完整、成熟的理论流派。阿拉伯复兴社会主义既是一种政治思潮和理论，同时更是一个轰轰烈烈的政治运动。它的一整套理论思想体系，是当代叙利亚国家政治生活和复兴党政体模式及社会运动的最基本的指导原则，对叙利亚政治演进历程以及政治现代化产生了重大而深远的影响。阿拉伯复兴社会主义理论体系最重要的内容，是"统一、自由与社会主义"。

1964年4月，复兴党领导下的叙利亚颁布临时宪法，宣布叙利亚是"民主社会主义共和国"。20世纪80年代末90年代初，哈菲兹·阿萨德总统指出，叙利亚的社会主义是复兴社会主义，阿拉伯复兴社会主义实质上是"民众社会主义"，它实现了政治多元主义，而"全国进步阵线"是叙利亚特色的阿拉伯复兴社会主义最具体、最完整的体现。

叙利亚的执政党是阿拉伯复兴社会党，它是泛阿拉伯主义和民族主义政党，也是叙利亚执政联盟"全国进步阵线"的主导政党。阿拉伯复兴社会党与中国共产党有着友好的交往，两党的交流与合作为推动两国关系的发展做出了重要贡献。

❦ 三、多元化的宗教文化自由之地

叙利亚是世界性宗教文明的发源地、融合地和扩散地。多样的地形和频繁的民族迁徙、文化交往造就了今天大叙利亚社会的多样性。

复兴党执政以来，强调宗教文化自由和世俗化。阿拉伯复兴社会主义强调，只有民族主义和社会主义才能统一阿拉伯世界，而不是以伊斯兰教为纽带实现阿拉伯世界的统一。1973年宪法规定担任总统的人必须是穆斯林，但不规定总统应属于伊斯兰教哪个派别，也未将伊斯兰教定为国教。此后，哈菲兹·阿萨德参加了逊尼派清真寺的聚礼活动，赴麦加朝觐，试图以此淡化教派界限，缓解逊尼派与阿拉维派之间的教派对立，争取主流派逊尼派穆斯林对阿拉维派主导的叙利亚政权的支持。

自2011年叙利亚内战以来，虽然叙利亚国内面临着教派冲突与战争的局面，但叙政府仍坚持宗教文化自由的政策，树立了叙利亚宗教文化多元共存的发展理念。2016年4月3日，叙利亚总统巴沙尔接受俄罗斯"卫星"新闻通讯社采访时表示："我们具有很强的多样性：民族的、宗教的、社群的。为确保叙利亚的存在，如果我们确实希望它存在的话，我们应该相互友爱，是真正的友爱，而不是虚假的。叙利亚这样一个多样化的国家容不得狂热。"显然，这符合叙利亚社会多宗教、多教派的现实，也是叙利亚人民渴望的和平生活。

❦ 四、东西方文明争夺的十字路口

从地理位置看，叙利亚处于沟通西亚、非洲和地中海沿岸国家的枢纽地带，历来是兵家必争之地。历史上，它曾先后被亚述人、罗马帝国、阿拉伯帝国、十字军等征服过，被奥斯曼帝国统治长达400年，20世纪初划归法国委任统治。

历史学家彭树智先生认为，同阿富汗地区相比较，叙利亚"文明十字路口"的同异之处主要有以下几点：

第一，像阿富汗地区一样，叙利亚"文明十字路口"是就其历史地理上的广义而言，其地域并不限于今日叙利亚和黎巴嫩两国疆域。叙利亚"文明十字路口"有三条交通路线通向阿富汗地区，其终点都是印度。这三条路线实际上是西亚古文明和中亚、南亚古文明的连接线，也延伸到中华文明地区。

第二，叙利亚"文明十字路口"交通路线与阿富汗地区的不同之处，在于它是面向欧洲和非洲的交往方向。

第三，叙利亚"文明十字路口"的西南路线和南部路线的交通状况也相当重要。西南方向上由加沙通向北非尼罗河流域的交通线，把中东两个古老的文明（苏美尔文明和埃及文明）联系在一起。这种交往的结果，在人类文明史上的作用远远超过了一般的人类活动范围的扩大。

他还指出，叙利亚至今仍处在一个"十字路口"的变革地位上，正像它在历史上长期处于东西方文明汇聚的地位一样。叙利亚正在经历一场政治、经济和社会的重大变革，它面临的是一场提升内部文明交往程度和外部文明交往程度的重大抉择。作为一个地区大国，它将更加开放，着力于解决经济弊病、政治体制和社会诸多问题，推进现代化进程；同时也要解决与以色列、土耳其、美国等国关系的问题，从而在中东和平进程中发挥重要作用。

一些西方学者则是从叙利亚作为世界大国控制中东的枢纽角度看待叙利亚"十字路口"作用的。如英国著名叙利亚问题专家、记者帕特里克·希尔曾在他的著作《对叙利亚的争夺》中指出，任何试图支配中东的当地大国或域外大国，都必须控制中东的核心——叙利亚。叙利亚地处中东的"心脏"，既是西方国家觊觎的对象，也是中东地区什叶派和逊尼派争夺的焦点。外部势力的深度介入也在深刻影响叙利亚的局势。伊拉克战争之后，美国陆续通过了多项制裁法案，对叙利亚进出口贸易、外国投资和金融部门进行制裁，并且公开支持叙利亚反对派。中东地区逊尼派和什叶派的矛盾激化，叙利亚成为双方争夺的焦点。在西方国家打压下，叙利亚日益加强与伊朗的联系。此外，叙利亚与海湾国家关系恶化，后者试图孤立叙利亚。由于叙利亚地缘位置重要，美国、欧盟、俄罗斯、沙特阿拉伯、卡塔尔、伊朗出于不同的地缘利益介入叙利亚内战。在相当程度上，叙利亚政府同反对派之间的内战实际成了各方支持之下的"代理人"战争。

第三节　"一带一路"建设在叙利亚的战略安全风险

在叙利亚，"一带一路"建设有着重大机遇，同时也蕴藏着各种风险和挑战。截至2019年9月，叙利亚内战已持续8年多，长期的战争导致其国民经济陷入全面混乱，政府财政濒临崩溃边缘。目前，叙利亚政府仍然面临着恢复国家主权、建立统一的社会等艰巨任务。

一、政治安全风险

叙利亚国内局势动荡，内战导致叙利亚经济凋敝，国内民生问题严重，影响到中国"一带一路"的顺利推进。国际社会围绕政治解决叙利亚危机做过多轮努力，但均以失败而告终。2018年1月，在俄罗斯索契圆满举行了叙利亚全国对话大会并取得关键进展，也为日后叙利亚成立"新政府"打下良好基础。以美国、欧盟、沙特阿拉伯为主的日内瓦机制和以俄罗斯、伊朗、土耳其为主的阿斯塔纳机制，为了各自阵营的利益在叙利亚问题上互相争夺，致使叙利亚问题久拖不决。

进入2019年，叙利亚各派力量缺乏和谈的动机，短期内政治解决叙利亚危机的前景还不明朗。2019年10月7日，以肃清在叙边境地区活动的库尔德武装"叙利亚民主军"为借口，土耳其军队对叙利亚北部的幼发拉底河以东地区发起军事行动。土耳其的入侵，使叙利亚局势更加扑朔迷离。

长期内战导致叙利亚国家深度碎片化，影响到中国企业在叙利亚的投资与建设，也制约着中叙两国的正常贸易往来。

❀ 二、社会安全隐患

自内战以来，战乱暴恐肆虐叙利亚全国各地，社会安全环境极度危险。随着叙利亚内战的加剧，越来越多的宗教极端分子加入反对派阵线。这些极端组织在叙利亚制造各种恐怖事件，针对叙利亚政府和人民展开各种爆炸袭击、绑架等暴力活动，严重影响到叙利亚的社会治安环境，使叙利亚人民人人自危。此外，叙利亚派别林立，武器泛滥，恐怖主义思潮受众多，成为威胁叙利亚社会安全的重要因素。

随着叙利亚政府军不断收复国土，叙利亚政府也对控制区进行了经济和社会重建，安定了民心，恢复了社会秩序，逐渐改善了国内社会的不安全局面。但内战给叙利亚造成了巨大人员伤亡和经济损失。根据世界银行统计数据，截至2018年9月，叙利亚境内仍有620万流离失所者，叙利亚重建面临严重的人力资源缺失。

2019年以来，叙利亚战后重建工作已经逐渐展开，有助于实现社会的安定与团结，也为"一带一路"在叙利亚的推进创造了良好和稳定的社会环境。

❀ 三、经济投资环境

在叙利亚国内投资风险较高，环境仍较为恶劣。长期的内战，严重影响叙利亚经济的发展，基础设施遭到严重破坏，经济自身"造血"能力极差。叙利亚政府财政状况捉襟见肘，限制了其采取更为有效的措施应对经济危机。

第一，叙利亚整体经济形势严峻，持续内乱严重破坏了叙利亚的基础设施。截至2018年，80%的叙利亚基础设施遭到破坏，包括水电网络和50%以上的服务部门基础设施，如学校、医院等，超过20%（87万套）的叙利亚房屋被毁坏。

第二，自内战以来，叙利亚商业投资环境较为恶劣。叙利亚外汇储备消耗殆尽，投融资能力和偿付能力受到极大限制，国际社会对叙利亚经济重建的融资问题尚未达成一致。

第三，叙利亚政府行政效率较低，且情况有所恶化。

总体而言，叙利亚面临美国、欧盟和阿盟的制裁，很难在吸引外资、提高经济效率上做出更多努力。而俄罗斯和伊朗的企业参与规模相对有限，也无法向叙利亚提供足够的财政援助和重建资金。

第四节　"一带一路"框架下中叙合作的挑战与展望

　　丝绸之路是世界历史上贯通东西方的交通大动脉，古老的叙利亚地区和中国处在这一文明交往大动脉的两端，正是丝绸之路将相隔万水千山的叙利亚地区与中华文明连接起来。叙利亚的巴尔米拉、杜拉欧罗巴、哈莱比等地作为丝绸之路的中继站，使丝绸之路向西北延伸到欧洲，向西南通往古埃及，每年叙利亚都举办丝绸之路节。

　　历史上，中国与叙利亚地区交往频繁，叙利亚的巴尔米拉是丝绸之路的重要站点，是中国丝绸运往地中海的必经之地。中叙两国境内现存的一些文化遗迹表明了双方交往的久远，例如中国西安碑林现存的"大秦景教流行中国碑"就是叙利亚基督教聂斯脱利派传入中国的见证。1938年，在叙利亚古城哈马曾发掘出中国宋代德化窑白瓷片及元代青花瓷片。

　　1956年8月1日，中国同叙利亚正式建交。建交以来，双方始终坚持互信、相互支持、密切协调、真诚合作，建立了面向未来的全面友好合作关系。长期以来，中国坚定与叙利亚发展友好合作关系，两国在政治、经贸、军事、科技、文化等各领域开展了全方位的合作，加强了双方的友好关系。中叙两国之间不存在根本性的利害分歧，双方遵循"加深友谊、增进合作、共同发展"的原则，为两国友好关系的发展营造了条件。叙利亚奉行阿拉伯复兴社会主义的治国理念，对中国的现代化道路倍感兴趣，这成为中叙两国建立友好合作关系的重要基础。当前，中国坚定支持维护叙利亚主权和叙利亚人民决定自己命运的立场，支持叙政府和反动派进行政治对话和平来解决叙利亚危机，这一点赢得了叙政府和人民的好评，促进了两国人民的互相了解和双边关系的友好发展。

　　在中国政府全面支持叙利亚在中东国际事务中的正义立场的同时，叙利亚政府也对中国在国际政治中的立场给予有力的支持。自建交以来，两国在国际问题上相互理解、支持，叙利亚坚定地奉行"一个中国"的政策，在核心问题上坚定支持中国。叙利亚内战爆发之后，中国已五次在联合国安理会否决涉叙决议，使得相关草案未获通过。2012年2月4日，中国否决联合国安理会关于叙利亚问题决议草案之后，《人民日报》阐述了中国坚持通过和平、对话和政治方式解决问题的原则立场。2019年9月19日，中国常驻联合国代表张军在安理会投票反对关于叙利亚人道问题的决议草案后作解释性发言，表示在当前局势下强推表决有重大分歧的决议草案不具建设性。

在叙利亚问题上，中国一直扮演着积极的、建设性的角色，努力维护叙利亚人民的根本利益，主张尊重叙利亚的主权和领土完整。2012年3月，中国提出关于叙利亚问题的"六点主张"，最重要的一点是"坚定主张通过政治对话和平、妥善地化解当前危机"。2013年10月31日，中国有关专家应邀参加叙利亚化学武器销毁工作，并对禁化工作提供资金支持。2014年，中国提出"五个坚持"、"四步走"和"三个坚持"等解决叙利亚危机的框架思路。中国积极支持联合国叙利亚问题特使的促和努力，参与了所有与叙利亚问题的多边会议。中国尊重叙利亚人民的选择，呼吁叙各派政治力量通过政治对话和和平方式来解决叙利亚内部纷争，实现和解，并分别邀请叙利亚政府高官和反对派代表访华，积极劝和促谈。2015年12月24日，中国外交部部长王毅在同叙利亚副总理兼外交部部长穆阿利姆共同举行的记者会上强调，叙利亚的前途未来、国家体制及其领导人最终应由叙利亚人民做出选择和决定，这符合联合国宪章的精神，符合安理会第2254号决议，也是中方的原则立场。2019年6月18日，中国国务委员兼外交部部长王毅与叙利亚副总理兼外交部部长穆阿利姆共见记者时表示，看待和处理叙利亚问题下一步要着重把握好三点：一是加快政治解决，坚持"叙人主导、叙人所有"的原则；二是反恐不容松懈；三是稳步开展经济重建。

中叙建交63年来，中叙两国友好交往，展现了两国人民的友谊与情谊。无论在和平还是在战乱时期，两国都保持着友好关系，从未中断。叙利亚内战以来，中国是为数不多的坚定地与叙利亚政府在各领域友好合作的国家之一，双方在经贸往来、文化交流、军事交往、政治互信、打击恐怖主义活动等方面相互合作。中国不断地向叙利亚人民提供各种人道主义援助，努力推动叙利亚问题政治解决进程，尽力推动叙利亚和平稳定，促进叙利亚的经济和社会重建进程。

一、中叙合作的挑战

长期以来，中国与叙利亚虽在政治、经济、文化、军事领域有合作与交流，但尚未形成战略伙伴关系。叙利亚的一些国内外因素制约着中国"一带一路"在叙的顺利推进。

第一，叙利亚国内恐怖组织的活动，成为威胁中叙关系发展的重大安全风险。进入2019年，"伊斯兰国""沙姆解放阵线"等地区恐怖主义组织在叙利亚的活动几乎消失，但恐怖分子化整为零，融入民众中，时常制造恐怖袭击，这对中国在叙利亚及周边国家推进"一带一路"建设形成了巨大的安全隐患。恐怖组织的活动威胁到中国在叙利亚的人员和机构的安全，也会加剧叙局势的动荡、社会的混乱和经济的衰退，影响中国在叙利亚的"一带一路"建设。

第二，中叙两国友好关系的发展，受到地区力量的制约。中国在叙利亚推进"一带一路"建设，受到叙利亚传统盟友及地区力量的制约。因此，中国在与叙利亚发展友好关系的同时，还需要加强与叙利亚传统盟友及地区力量的友好关系，形成一种地区性的战略伙伴关系。

第三，一些西方国家和地区大国对中国在叙利亚问题上的政策和作用颇有微词。中国应在尊重叙利亚主权等的基础上，加强外交政策的灵活性，促进叙利亚政府同反对派沟通，同时加强与海湾阿拉伯国家的合作，在联合国框架内行使自己的权利。

二、对策及建议

如上所述，中国在叙利亚推进"一带一路"建设面临着诸多风险和挑战，需要更进一步加强与叙利亚的友好关系，积极促进叙利亚政治和谈，使叙利亚走上和平与重建的轨道上来。未来中叙两国的友好发展，需要着眼于以下几个方面的合作与交流：

第一，坚定支持叙利亚主权与领土完整，维护叙利亚的和平与稳定，确保叙利亚人民的利益，为"一带一路"建设的稳步推进创造条件。

第二，加强与地区力量的战略伙伴关系，实现地缘战略的目标，进而为中叙未来友好关系奠定坚实的基础，也有利于实现"一带一路"建设在中东地区的顺利推进。

第三，切实关注和帮助叙利亚战后重建，切实加强两国在经贸、文化、旅游、教育等方面的合作与交流，积极推动叙利亚企业家到中国经商、考察，务实性地促进两国的战略合作，同时实现中叙两国人民的根本利益。

❖ 三、合作的前景

自叙利亚内战以来，中叙友好交往虽存在一定的挑战，但两国经受住了国际和地区的安全风险，正朝着正常、健康的方向发展。

双方有着传统的友谊，在国际和地区问题上有共识和共同利益，两国领导人也非常重视双边关系，这成为双边关系未来发展的坚实基础。2015年11月24日，叙利亚总统巴沙尔接受专访时就曾指出："事实上，我们同中国的关系并没有退化，交流也没有停止。两国关系几十年来一直十分稳固，没有受到危机的影响。"

中国加强对叙利亚的援助，展示了中国负责任的大国形象，体现了中国的人道主义精神。2017年1月18日，习近平主席在联合国日内瓦总部发表了题为《共同构建人类命运共同体》的主旨演讲，宣布中国决定提供2亿元人民币作为新的人道主义援助，用于帮助叙利亚难民和流离失所者。

中叙两国在政治、经济、贸易、文化等领域保持着密切的交流和友好互利合作。2017年5月10日，中国贸促会在北京举办了中国和叙利亚企业对接交流会，来自工程建设、机电制造、石化、汽车、农业等领域的100多家中国企业与叙利亚企业签订了各种经贸合作项目，表明两国经济各具优势，互补性强，合作潜力巨大。2018年11月15日，叙利亚总统巴沙尔在大马士革接受中国新任驻叙利亚大使冯飚递交国书时表示，叙利亚欢迎中国企业到叙投资，参与叙利亚的经济重建。

第十章 "一带一路"框架下
中叙经贸合作展望

作为古代丝绸之路的重要枢纽和当今"一带一路"的重要节点，叙利亚历来重视与中国的经贸往来，是最早与中国建交的阿拉伯国家之一。建交后，中叙两国开展了各种经贸易交往，签署了各种经贸合作协定，确定了两国经贸关系的基础。中国也一直重视发展与叙利亚的经贸合作关系，双方在农业、工业、水利、金融等方面有具体的经贸合作协议。双方不断加强贸易交流，有力地促进了两国关系的友好发展。中国改革开放取得的成就成为叙利亚效仿的重要模式，吸引着叙政府和人民的关注。在"一带一路"倡议的框架下，虽然叙利亚内战还未结束，中叙两国仍维持着良好的经贸关系。叙利亚主要从我国进口机电、音像设备及其零件、贱金属及其制品、农产品等，向我国出口纺织原料及纺织制品、矿产品、农产品等。

第一节　中叙经贸合作的现状

中叙友谊源远流长，古老的"丝绸之路"是两国人民友谊的象征，叙利亚是这条大动脉的重要一环，两国合作具有深厚的历史基础。自1956年建交以来，两国就发展了正常的经贸关系，中叙双方贸易结算方式也由最早的记账贸易转变为现汇贸易。自2000年以来，中叙两国经贸往来有所增长，尤其是2007年，中叙双边贸易总额达18.7亿美元，较2006年同期增长了32.9%。但自2011年叙内战以来，双边贸易额不断下滑，尤其是2013年降至6.95亿美元，为叙利亚内战以来双边贸易额的最低值。目前，中国已成为叙利亚重要的贸易伙伴国。

一、双边经贸合作的历程

　　中叙友好的关系为两国开展经贸合作奠定了良好基础。自两国建交以来，经贸往来较为频繁，保持着良好的贸易关系，并在不同历史时期有着不同的发展状况。总的来说，中叙两国经贸发展经历了三个不同的阶段，即建交后至1999年中叙经贸合作形成期、2000—2010年中叙经贸合作发展期和2011年叙利亚内战以来中叙经贸合作恢复期。

1.建交后至1999年中叙经贸合作形成期

　　中叙两国贸易往来较早，著名的"丝绸之路"曾直通大马士革。1956年，叙利亚与中国正式建立外交关系后，互信的政治关系使双方长期保持着良好的经贸合作。建交后至1999年，是中叙两国经贸合作的形成期，双方也经过了贸易合作的各种探索和尝试，贸易交往中时有摩擦或矛盾，贸易额有增有降，反映了双方在经贸关系初创中经验不足和经济发展的状况。如表10-1所示，20世纪90年代中期以来，两国贸易额稳步增长，直到1999年双方贸易总额达2.083 3亿美元。

表10-1　1960—1999年中国与叙利亚贸易统计表　　　单位：万美元

年份	进出口总额	中国向叙利亚出口额	中国从叙利亚进口额
1960年	457	317	140
1970年	2 405	1 390	1 015
1977年	11 932	6 615	5 317
1983年	19 102	17 007	2 095
1990年	3 952	3 547	405
1991年	4 990	4 633	357
1992年	7 894	7 742	152
1993年	9 391	9 199	192
1994年	16 394	16 196	198

（续表）

年份	进出口总额	中国向叙利亚出口额	中国从叙利亚进口额
1995年	15 753	15 582	171
1996年	15 185	14 874	311
1997年	15 452	15 130	322
1998年	17 588	17 440	148
1999年	20 833	20 334	499

资料来源：中国外经贸部西亚非洲司。

中叙两国1955年就签订了贸易协议。1963年，中叙双方贸易实行记账贸易，贸易额总体上呈增长趋势。1970年，中叙贸易总额为2 405万美元，其中，中国向叙利亚出口额为1 390万美元，从叙利亚进口额为1 015万美元。1977年，中叙贸易总额破亿，达1.193 2亿美元，中国向叙利亚出口额为6 615万美元，从叙利亚进口额为5 317万美元。1971—1980年，两国进出口贸易总额平均每年增长15.3%。1974年，中国对叙利亚出口额位居对叙利亚出口国第5位，占叙利亚进口总额的4.15%。

1983年6月30日，两国贸易支付方式由记账贸易改为现汇贸易。中叙两国实施现汇贸易结算后至1993年，贸易额逐年下降。1984年，中国对叙出口额降至历史最低点353万美元，中国对叙利亚出口额位居对叙利亚出口国第19位，仅占叙利亚进口总额的0.09%。之后几年，中叙贸易额逐渐恢复。1990年，两国贸易总额为3 952万美元，其中，中国向叙利亚出口额为3 547万美元，从叙利亚进口额为405万美元。其间，中国向叙利亚主要出口的产品有大米、罐头食品、人造棉、自行车、缝纫机、玩具、化工产品、五金工具等，中国从叙利亚进口的主要产品有棉花、磷酸盐、羊皮等。

20世纪90年代，中叙经济交流不断加强，双边贸易额逐年增加。20世纪90年代，中国向叙利亚出口的主要产品有粮油食品、纺织品、轻工产品、五金矿产、机械设备、化工医药等。1991年，中叙进出口商品总额为4 990万美元，其中中国向叙利亚出口4 633万美元，从叙利亚进口357万美元。1994年，随着中国在叙利亚承包纺织厂和电站两大项目，中国向叙利亚出口额增长幅度较大，两国经贸额也随之增长。1995年4月，中叙两国政府建立经贸混委会机制，并召开了两国经贸混委会第一次会议。到1999年，两国贸易额突破2亿美元，达2.083 3亿美元，其中，中国向叙利亚出口额为2.033 4亿美元，从叙利亚进口额为499万美元。

2. 2000—2010年中叙经贸合作发展期

进入21世纪后，中国经济发展很快，不断开拓市场，而叙利亚正值经济改革时期，急需借鉴中国的发展经验。这两点都助推了双方经贸合作的发展，双方经贸合作步入黄金期，经贸合作的领域和贸易额不断拓宽和增加。自2000年巴沙尔总统执政以来，叙利亚实行全方位的经济改革，并积极学习中国的发展经验，中叙双边经贸关系取得了快速的发展。

如表10-2所示，21世纪前十年两国经贸合作蓬勃发展，贸易总额从2000年的1.7亿多美元增至2010年的24.8亿美元。2000年，中国与叙利亚进出口贸易总额为1.740 7亿美元，其中，中国向叙利亚出口额为1.739 8亿美元，从叙利亚进口额为9万美元。2001年，中叙双边贸易总额为2.234 1亿美元，其中中国向叙利亚出口额为2.234亿美元，从叙利亚进口额为1万美元。2002年，中国加快了对叙利亚市场的开拓力度，通过工程承包项目、援外项目提供设备，参与叙利亚政府部门的采购投标项目等方式，扩大了双边经济合作领域，双边贸易额创下历史新高。2002年，中叙贸易总额为3.710 7亿美元，其中，中国向叙利亚出口额为3.569 3亿美元，从叙利亚进口额为1 414万美元。

表10-2　2000—2010年中国与叙利亚贸易一览表　单位：万美元

年份	进出口总额	中国向叙利亚出口额	中国从叙利亚进口额
2000年	17 407	17 398	9
2001年	22 341	22 340	1
2002年	37 107	35 693	1 414
2005年	90 700	88 900	1 800
2006年	140 700	135 600	5 100
2007年	187 000	186 200	800

（续表）

年份	进出口总额	中国向叙利亚出口额	中国从叙利亚进口额
2008年	227 200	226 200	1 000
2009年	222 000	221 000	1 000
2010年	248 000	244 000	4 000

资料来源：中国海关。

自2003年起，中叙两国贸易额增长迅猛。2003年，两国贸易总额为5.069 4亿美元，2004年达7.205 8亿美元。2005年，中叙贸易总额为9.07亿美元，其中中国向叙利亚出口8.89亿美元，从叙利亚进口1 800万美元，比2001年中叙贸易额翻了两番。2006年，两国经贸合作稳步发展，贸易额明显增长，双边贸易总额达14.07亿美元，较2005年增长了55.1%。其中，中国向叙利亚出口额为13.56亿美元，从叙利亚进口额为5 100万美元，相比2005年分别增长了52.5%和183.3%。2007年6月，在大马士革召开了中国与叙利亚第三届经贸混委会会议，其间，叙利亚正式承认中国的完全市场经济地位，两国经贸合作打开新局面。2007年，中叙双边贸易总额达18.7亿美元，比2006年增长32.9%；其中，中国向叙利亚出口额达18.62亿美元，比2006年增长37.3%，中国一跃成为叙利亚的第一大进口国。2008年国际金融危机爆发后，中国与叙利亚经贸合作却发展顺利，双边贸易额较2007年明显增长，贸易总额达22.72亿美元，较2007年增长了21.5%；其中，中国向叙利亚出口额为22.62亿美元，从叙利亚进口额为1 000万美元，分别比2007年增长了21.5%和25%。2010年，中叙双边贸易额又有所增长，贸易总额达24.8亿美元，其中，中国向叙利亚出口额为24.4亿美元，从叙利亚进口额为4 000万美元。

3.2011年叙利亚内战以来中叙经贸合作恢复期

自2011年叙利亚内战以来，两国贸易额锐减，但仍保持着正常经贸往来，贸易较为顺畅，如表10-3所示。中国对叙利亚出口的主要产品为日用消费品、电器和机电设备、通信和电子设备、重型机械、钢铁、化工产品、汽车、纺织品和服装等，而从叙利亚进口的产品主要为磷酸盐、橄榄油和棉线等。

表10-3　2011—2017年中国与叙利亚贸易一览表　　单位：亿美元

年份	进出口总额	中国向叙利亚出口额	中国从叙利亚进口额
2011年	24.55	24.29	0.26
2012年	12.01	11.90	0.11
2013年	6.95	6.90	0.05
2014年	9.86	9.84	0.02
2015年	10.27	10.24	0.03
2016年	9.18	9.15	0.26
2017年	11.04	11.03	0.01

资料来源：中国海关。

　　2012年、2013年两年，中叙双边贸易额下降严重。2013年中叙双边贸易额为6.95亿美元，同比下降42.1%，其中，中国从叙利亚进口额为0.05亿美元，中国向叙利亚出口额为6.9亿美元。2014年两国贸易有所好转，中叙双边贸易总额较2013年增长了41.9%，其中，中国向叙利亚出口额达9.84亿美元，中国从叙利亚进口额为0.02亿美元。2015年中叙双边贸易额达10.27亿美元，同比增长4.2%，其中，中国向叙利亚出口额为10.24亿美元，从叙利亚进口额为0.03亿美元。2017年两国贸易增长较快，双边贸易总额为11.04亿美元，同比增长20.3%，其中，中国向叙利亚出口额为11.03亿美元，从叙利亚进口额为0.01亿美元。

❀ 二、双边经贸合作的领域

　　纵观中国与叙利亚经贸发展的历史，两国在诸多经济领域展开了较为密切的合作，除了在农业、水利、金融业、石油工业、电力、交通、通信等产业展开合作之外，还包括政府间框架协议内的经济援助、组织援外机电产品出口、互派技术专家等。中石油、中兴、华为等中国知名企业纷纷在叙利亚承担重要项目，中国产汽车在叙利亚的年销售量超过1万辆，数以千计的叙利亚商人踊跃参加广交会，琳琅满目的中国商品占据了叙利亚市场很大的份额。

　　叙利亚积极学习中国经济改革的经验，两国在经济和技术人员培训交流中展开了密切合作。叙利亚政府认为"改革只能走中国式道路",并学习中国深圳的改革经验,加强与中国的经贸合作。

中叙双方在纺织、化工、工程、汽车、电子设备等工业领域展开合作,同时还在培训技术人员等方面进行合作。中叙经贸混委会分别于1995年、2004年和2007年召开了三次会议,发挥了很好的作用。2000年,中叙双方开展了经济技术等方面的互利合作,中国为叙利亚建成纺织厂、体育馆、水电站、轮胎厂等项目。2005年11月,中国为叙利亚培训了60名经济管理和国际合作管理官员。2006年,中国华为在叙利亚举行两期经济管理官员研修班。2008年,中叙双方开展了经济技术等方面的互利合作,主要项目包括:迪什林水电站、杰布莱棉纱厂、迈哈德电厂改造等。

中叙两国在农业领域开展了各种合作,包括在农业领域培训叙利亚技术和管理人员,以及在农业科研方面和水利领域的合作等。2006年7月,中国向叙利亚提供援助,帮助叙利亚应对禽流感危机。

中国与叙利亚也开展了金融方面的合作。自2011年内战以来,叙利亚镑兑换美元一再贬值,而人民币与叙利亚镑不能直接结算。2011年10月20日,中叙两国签署了《中华人民共和国政府和阿拉伯叙利亚共和国政府经济技术合作协定的银行账务处理细则》。2018年,叙利亚中央银行每日汇率浮动表中已将卢布和人民币汇率列入其中。

中国与叙利亚在展览业、商业和海关领域也开展了各种合作。2018年11月4日,叙利亚经济与对外贸易部部长穆罕默德·萨米尔·哈利勒率叙利亚政府代表团抵达上海,参加首届中国国际进口博览会。哈利勒部长出席了博览会开幕式、虹桥国际经贸论坛,并参观了叙利亚展台及其他展馆。首届中国国际进口博览会共有9家叙利亚企业参展,展位面积90平方米,参展商品主要包括咖啡、叙利亚甜点、橄榄油、植物护肤品等特色产品。

经叙利亚经济部批准,获中国驻叙利亚经商参赞处及叙利亚多个部委支持,2019年4月22日—25日,在叙利亚首都大马士革阿德拉保税区,叙利亚中国城隆重举办了叙利亚重建采购对接会。本次对接会邀请叙利亚政府相关领导及企业家代表参加,介绍叙利亚及中东地区国家在贸易、法规、税务、物流等方面的政策,正确引导中国商人避开贸易合作中的屏障。此外,还邀请了来自大马士革、阿勒颇、霍姆斯等地的叙利亚本土企业,驻叙利亚俄罗斯和伊朗企业采购商和个人也参与了本次采购对接会，与中国企业洽谈各种项目及合作。

2019年8月28日—9月6日，叙利亚举办了第六十一届大马士革国际博览会，来自工程机械、汽车、建材等行业的多家中国企业参展。

三、双方签订的经贸协定

中叙两国友好交往63年来，两国贸易交往较为活跃，双方也签订了多个经贸协定，推动了经贸关系的发展。

在1956年两国建交之前，双方就开展了经贸活动。1955年11月30日，中叙在大马士革签订了《中华人民共和国政府和阿拉伯叙利亚共和国政府贸易协定》《中华人民共和国政府和阿拉伯叙利亚共和国政府支付协定》，自1957年12月5日起生效。在贸易协定中两国政府还规定了最惠国待遇和相互在对方首都设立政府商务代表处，并确定了在两国的贸易中实行记账贸易。随后为促进双边贸易，两国又先后签订了一系列贸易和经济技术合作协定，以及鼓励和保护投资协定。1963年2月，中国与叙利亚签订了政府间经济技术合作协定，中国向叙利亚提供7 000万瑞士法郎的无息贷款，用于购买成套设备。1972年5月24日，中叙两国在北京签订了经济技术合作协定。1982年3月16日，中国与叙利亚在大马士革签订了一项长期贸易协定和一项新的支付议定书。议定书规定，两国之间的贸易采用可兑换的货币来支付，废除记账支付方式。1996年12月，双方签订了鼓励和保护投资协定，同时签订了科学技术合作协定，以及中国银行和叙利亚商业银行信用额度协议。

2001年，中叙两国新签订了贸易和经济技术合作协定，以替代1982年的长期贸易协定。2003年3月，双方草签了避免双重征税协议。2008年4月，双方签署了《中华人民共和国政府与阿拉伯叙利亚共和国政府经济技术合作协定》。2010年10月31日，中国与叙利亚在大马士革正式签署了《中华人民共和国政府和阿拉伯叙利亚共和国政府对所得避免双重征税和防止偷漏税的协定》，协定自2011年9月1日起生效。

第二节 中叙经贸合作的机遇与挑战

自中国与叙利亚签订贸易协定和支付协定以来，两国经贸得到了长足的发展。叙利亚经济的支柱是农业、旅游业和石油工业，这些产业主要通过外贸商业的方式实现经济价值，也是国家收入的重要来源。因此，商业一直对叙利亚经济很重要，这主要归因于叙利亚处于东西方贸易路线的枢纽地带，以及叙利亚拥有纺织等传统产业和现代重工业的基础。叙利亚出口的商品和中国出口的商品有一定互补性，有助于实现双方经贸的"双赢"结果。但叙利亚局势的动荡和叙利亚经济的严重衰退，导致当前中国与叙利亚经贸关系呈现向中国一边倒的局面。

一、"一带一路"推动中叙经贸合作

在"一带一路"倡议的推动下，中国与叙利亚均有加快发展两国经贸的需求。中叙两国经贸关系的良好发展，有助于深化两国人民的友好交往，同时有助于推动叙利亚的和平与稳定。"一带一路"倡议已成为中国与叙利亚经贸发展的重要活力源。中国是为数不多的与叙利亚保持正常经贸往来的国家，也是支持叙利亚政府实现和平解决危机的国家。

随着"一带一路"倡议在中东地区的推进，中国与叙利亚等中东国家的合作扩展至更广阔的领域。叙利亚非常重视中国提出的"一带一路"倡议，这为中叙双边经贸关系的发展创造了良好的环境。叙利亚作为中国与伊朗、沙特阿拉伯等国石油贸易的枢纽，在"一带一路"建设中发挥着重要的节点作用。与此同时，叙利亚本国也与中国展开了能源战略合作，同时也是中国建筑施工的重要基地。2016年9月7日，叙利亚计划与国际合作署署长伊马德·萨布尼表示，叙利亚愿在"一带一路"框架下加强同中国在各领域的务实合作，欢迎中国企业积极参与叙利亚重建。

💠 二、中叙经贸合作中的问题

中东地区局势不稳定，尤其是叙利亚内战导致其国内政局不稳定，成为障碍中国深化与叙利亚经贸合作的主要风险。此外，在中叙双边贸易中，也存在着贸易市场容量有限、贸易保护主义政策壁垒、贸易结构单一、中国企业对叙利亚外贸政策不甚了解等问题，导致双边贸易中也存在摩擦。

叙利亚局势的动荡，影响到中叙双边经贸合作的深化。自2011年叙利亚内战以来，其不稳定局势影响着整个西亚地区的安全局势。由于叙利亚动荡的国内局势，中国部分石油企业不得不撤离叙利亚，中国在当地的援外项目也无法继续实施，中国目前也暂不鼓励国内企业和人员进入叙利亚。这些都对中叙两国的贸易产生了消极的影响。

中叙双边贸易的不平衡，成为制约双边经贸合作深化的重要瓶颈。中叙贸易不平衡情况一直存在，中国长期贸易顺差。如何平衡中叙之间的贸易，使双边贸易实现均衡发展，是未来中国与叙利亚开展经贸合作不能回避的主要问题之一。

中国企业不了解叙利亚的外贸政策及其社会和文化传统，导致中叙双边经贸合作中时有摩擦，不利于双边经贸的深入发展。叙利亚对外贸实行政策管制，进口商进口任何产品都必须从经贸部或其附属机构取得进口许可证，且有严格的规定。此外，叙利亚的民族成分复杂，宗教文化氛围和社会风俗多样化，这使中国企业在与叙利亚企业进行贸易时，会不完全适应当地人民的生活习惯和文化习俗。

第三节　　中叙经贸合作的前景

在"一带一路"倡议的推动下，中国愈发重视与叙利亚展开经贸合作，打通中国与伊朗、沙特阿拉伯等海湾国家的石油能源战略合作通道，发挥叙利亚作为"一带一路"重要链条的作用。

💠 一、双边经贸合作的建议与措施

为实现中叙两国经贸合作的双赢发展，中国需要加大对"一带一

路"建设的力度，努力寻求与叙利亚展开多元化的经贸合作道路，积极参与叙利亚的经济建设，促进双边经贸合作项目的扩大。与此同时，中国也需要加强与叙政府的友好关系，确保叙局势的稳定与和平，为中叙经贸发展营造一个稳定的环境。

首先，中国和叙利亚须在互利的基础上通过各种适宜方式和途径，抓住"一带一路"的历史机遇，扩大双边贸易，实现贸易多元化。中叙两国需要增进政治互信，这是双边经贸往来的基础。中国需积极推动双边经济的合作交流，引导更多有实力的中国企业去叙利亚投资。中叙双方需要鼓励两国相关企业积极参加国际博览会和举办展览会，鼓励两国贸易机构为在第三国推行两国产品进行相互合作，鼓励两国的国有企业和私营企业充分利用两国自由区提供的优惠和便利。于2005年4月1日开业的阿德拉自由区内的叙利亚中国商贸城是叙利亚建设的最大的商贸城，它容纳了170家中国商贸和工业公司，以及600个中小型工厂，生产的中国商品向17个阿拉伯国家出口。2017年7月10日，首届叙利亚重建项目洽谈会在北京举行，中国承诺为重建叙利亚基础产业捐款20亿美元，其重点是建设一个可容纳150家公司的工业区。

其次，中国企业需要处理好与叙利亚政府机构的关系，熟悉叙利亚的相关政策法规。中国企业需要与叙利亚政府及主管机构建立友好的关系，需承担更多的社会责任，这有助于中方在叙业务的顺利开展。中国企业员工需要严格遵守当地的法律和社会制度，配合叙利亚相关部门开展工作。中国企业需要全面了解叙利亚的经贸法规，不与叙方企业达成口头协议和不规范的合同，交易时需采用第三国保兑的信用证付款方式，以避免贸易活动中的风险。此外，中国企业需要树立良好的社会责任感，注重解决经贸合作中出现的资源、环境、劳工、安全以及社会治理等问题，并积极参与当地社会公益活动，扩大中国企业的影响和声誉。

再次，未来中叙经贸合作的友好发展，取决于双方贸易结构的多元化发展。双方均需调整外贸结构，确保经贸发展的平衡和双赢，这也有助于加强双边的友好关系。中国应支持叙利亚增加向中国出口商品，如石化产品、橄榄油及其产品、小麦、大理石、磷酸盐、纺织品、传统工业制品、高品质叙利亚成衣和罐头食品等。中叙双方还需加强在工程合作、劳务承包、产业投资等领域的合作。中国企业也应结合叙利亚当地市场需求，提高中国对叙利亚出口产品的科技和技术含量，提高优质产品的出口数量。

二、双边经贸合作展望

中叙经贸合作潜力巨大，前景广阔。随着中国"一带一路"倡议的推进，中国与叙利亚的经贸合作将达到更广更深的领域。2017年2月14日，叙利亚驻华大使伊马德·穆斯塔法在接受采访时表示，中国现在是叙利亚最大的贸易伙伴。他指出："目前，中国商品已占据了叙利亚市场，小到家用百货、衣帽鞋袜，大到汽车电器、工程机械，高性价比的各类中国商品随处可见。"

中叙两国在经济交往中的互信互利是头等重要的大事。叙利亚的经济管理体制处于从计划经济向市场经济转型时期，仍在申请加入世贸组织的过程中。中叙两国经济政策的互补与合作，已经成为中叙实现经贸合作发展的重要前提。

贸易互补成为中叙经贸合作未来发展的最重要引擎。中国与叙利亚经济结构不同，双边贸易互补性较强。如叙利亚的橄榄、水果、棉花、芝麻等农产品质量好，大多数是未受污染的绿色产品，且价格合适，在中国市场具有一定竞争力，中国可以加大进口力度。

中国企业需掌握在叙利亚经商的法规和各种制度，做到投资、招标、签订合同有法有据，避免或减少贸易纠纷，实现中国企业的合法利益。中国企业需要树立自信心，诚聘当地有实力的代理商，用中国的科技创新和管理实力来赢得项目合同。中国企业需要加大对叙利亚的基础设施建设方面的投资，满足叙利亚战后重建的基本需求，切实做到经贸活动发展服务于叙利亚人民的利益。

第十一章 "一带一路"框架下 中叙投资与基础设施建设 合作展望

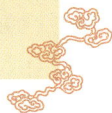

随着叙利亚局势逐步稳定，中国与叙利亚经贸合作稳步开展，到叙利亚投资的中国企业逐渐增多。它们参与石油、化工、道路桥梁等基础设施的建设，有力地促进了叙利亚战后的重建，为双方进一步的经济合作创造了条件。"一带一路"倡议提出后，叙利亚作为中国和中东地区经济贸易交往的重要中转地，自然成为中国企业关注的重要投资地。叙利亚政府也欢迎中国企业参与叙利亚战后重建，对中国的经济实力和科学技术能力非常认可，这为中国和叙利亚实施投资与基础设施建设创造了机遇。

第一节 中叙投资与基础设施建设合作的现状

叙利亚非常重视吸引外资来加快叙利亚经济改革和建设的步伐，2007年颁布的新投资法，为吸引外资提供了宽松的优惠和保障政策。2011年叙利亚内战以前，叙利亚与阿拉伯国家和西方国家公司长期有着投资合作，境内基础设施相对完善。自叙利亚内战以来，叙利亚吸引外资的能力严重下滑，叙利亚成为全球吸引外国企业投资建设的高风险国家之一。

叙利亚向来重视与中国开展各种经济投资合作，早在1981年双方就开始了劳务承包工程的合作。中国在叙利亚完成的承包工程项目主要有房屋建筑、水电站、纺织厂和炼油厂等基础设施建设。2016年以来，中国加大了对叙利亚的投资力度，双方在能源开发和利用、交通运输和建筑业等方面展开了较为深入的投资合作。

❖ 一、中叙投资与基础设施建设合作的现实基础

叙利亚地理位置优越，基础设施比较完善，劳动力成本低，投资法律完备，具备良好的投资环境。叙利亚是阿拉伯世界的人口大国，劳动力成本较低，叙利亚政府也加大经济改革的步伐，同时出台多部投资法，鼓励和支持外国公司到叙利亚投资，注重与外国展开投资建设的合作。然而，随着内战的加剧，以及西方和部分阿拉伯国家的经济制裁，叙利亚经济改革步伐停止，战争造成国内基础设施严重破坏，汇率不稳定，叙利亚镑严重贬值，致使外国投资者对叙利亚的投资兴趣减弱，不利于叙利亚的经济复苏和发展。在"一带一路"背景下，中国保持与叙利亚的投资合作，促进在叙利亚开展"一带一路"建设，双方在基础设施建设方面也展开了合作，进一步加强了双边关系的发展。

1. 中国企业到叙利亚投资的条件

21世纪以来，叙利亚政府颁布了一系列投资法，为外国企业在叙利亚投资提供了重要的法律和制度保障。2000年5月13日，叙利亚政府颁布了《第10号投资法》的修正案《第7号法令》。《第7号法令》重申遵守宪法，保护投资者的合法权益，并允许外国人在叙利亚拥有财产权和投资必要的不动产，以便使他们在拥有的土地上建造和扩建企业。2007年1月，叙利亚政府颁布《第8号投资法》和《第9号投资法》，规定投资者可投资除涉及军事和国家安全项目外的任何领域，鼓励投资的领域主要有农业和土地改良项目、工业项目、运输项目等。

叙利亚政府不断改善投资环境，十分重视吸引外国直接投资，政府将招商引资作为一项重点工作。进入21世纪，叙利亚吸引外国直接投资成效显著。2001年，叙利亚吸引外资1.1亿美元，以后逐年递增；2005年，吸引外资金额增至5亿美元，其中叙利亚能源和电力领域吸引了51.2%的外国投资，创造了约10 000个就业机会，占外资创造就业机会总数的1/4。2007年，叙利亚政府专门制定了诸多吸引外资的优惠政策，简化行政审批手续，实行一站式投资服务，适当放宽外汇管制；改善自由区环境，增加服务功能，并增建新的自由区，以

吸引更多外国直接投资流入叙利亚。2005—2008年，叙利亚外贸额年增长幅度达到20%，而此前一直忽涨忽落，起伏不定。2008年7月，为促进外部投资，叙利亚中央银行继续减少对外币交易的限制。2010年年初，叙利亚进一步放松对外国资本的管制，允许其在叙利亚私营银行中控股超过50%。2010年受金融危机影响，外国对叙利亚直接投资有所下降。自2011年内战以来，叙利亚政府在投资方面的改革措施陷入停顿，外国直接投资陡降。2011年5月22日，叙利亚投资总局称，2011年第一季度共批准并签发投资许可证96个，同比减少8.5%。显然，叙利亚过于严格的经济监督、黑市走私的盛行、安全法和知识产权法的缺失，都使得叙利亚离具有吸引力的投资环境相距甚远。根据世界银行发布的数据，2017年叙利亚商业环境排名世界第173位。2019年2月21日，叙利亚总理哈米斯主持召开叙利亚投资委员会会议，提出政府将为投资者提供便利，包括提供、豁免贷款，修改一些与经济发展有关的法律等。

叙利亚位于中东交通网的中心，是出入地中海的走廊，基础设施较为完备，全国公路、水运、航空较为发达，这为外国投资者创造了得天独厚的条件。然而，叙利亚内战导致基础设施遭到不同程度的破坏，有些地区的电力系统、道路桥梁几近瘫痪，公路、铁路运力均大幅降低。自2011年内战以来，叙利亚电力供应紧张，每年需从外国进口大量电力维持国内正常需求。2018年，叙利亚仍存在5 100兆瓦的电力缺口。

内战对叙利亚工业地区的发展造成严重影响，如霍姆斯、哈马、大马士革和阿勒颇等地区原本计划建立的工业区，因内战而不得不中断。随着2018年叙利亚政府军控制区的扩大，政府控制区域已经恢复了工业生产，沿海地区磷酸盐产业和食品加工工业开始恢复。

总体而言，叙利亚重建工作已经开始启动，这为外部投资者对叙利亚进行投资创造了条件。2019年8月29日，叙利亚首都大马士革举办了第六十一届大马士革国际博览会，叙利亚总理哈米斯在开幕式致辞中表示，叙利亚欢迎经济合作项目，叙利亚政府为给本地和外国投资者创造良好的法律和行政环境做出了努力。

2. 中叙投资合作与"一带一路"建设

2004年，叙利亚中国城的建立，使中国企业在叙利亚建立了良好的信用基础和知名度，为中叙企业双边合作搭建了安全、成熟、稳定的桥梁。

叙利亚经受数年战火摧残，维持国家正常运行的基本公共设施大部分遭到了摧毁，亟须外部投资来帮助其恢复基础设施建设。中国的基础设施建设能力令世界瞩目，中国的"一带一路"建设可与叙利亚经济重建实现对接，在基础设施建设方面与叙利亚重建有机结合。叙利亚政府也希望借助"一带一路"建设，吸引中国企业参与这些基础设施和大型重建项目建设。

随着"一带一路"建设的稳步推进，中国与叙利亚已建立起广泛的合作机制，企业参与"一带一路"相关项目的积极性不断提升。中国在叙利亚推进"一带一路"建设中，中国工程承包企业需要积极参与叙利亚基础设施建设，进行战后重建，为当地居民提供更好的生活环境，并且通过参与叙利亚工程项目的设计和创新，提升自身把握产业链的更高价值的能力，为产业整体的升级提供更大的发展空间。

中国在叙利亚推进"一带一路"建设，需要发挥在轻工、家电、纺织服装等传统产业以及钢铁、有色金属、建材、化工等富余产能产业的优势，积极参与叙利亚战后经济重建进程，进一步提升工程机械、交通设备等装备制造业的生产能力和技术水平。2017年2月15日，叙利亚外贸部部长阿迪布·马雅莱赫接受电视采访时表示，俄罗斯、中国和伊朗在叙利亚重建进程中有优先权。为推动中叙企业界交流，2017年5月10日，中国贸促会在北京举办中国-叙利亚企业对接交流会，来自两国基础设施、能源、制造业等领域的150余位企业代表与会，并进行了企业对口交流。

随着叙利亚国内局势逐渐好转，2018年，已有数十家中国企业赴叙利亚考察洽谈，涉及能源、电力、建材、汽车等行业。进入2019年，叙利亚政府最重要的建设工程集中在电力、能源、住房、铁路、公路、桥梁等主要基础设施建设，各类工业制造设备及产品、日用品、家电、建材、农机农具等也都需求巨大。

二、中叙投资与基础设施建设合作的成果

（一）中叙投资与基础设施建设合作的历程

1965年，中国与叙利亚签订经贸协议后，两国就开始了投资合作。1969年，中国开始在叙利亚援建第一个工程项目——叙利亚哈马纺纱厂，之后的援建与合作工程包括大马士革体育馆、代尔祖尔纺织厂、伊德利卜纺织厂、哈布尔水利工程及水电站等。1974年4月9日，在哈马市举行了由中国援建的叙利亚哈马棉纺厂扩建工程奠基仪式。20世纪90年代初，中叙双方加强了投资领域的合作，中国企业在叙利亚曾共同经营电焊条厂和汽车装配厂等合资项目。1995年5月，首届中国-叙利亚经贸混委会会议在大马士革举行，双方讨论了两国政府积极推动两国企业间合作和交流、鼓励两国企业投资办厂、进一步加强两国经贸合作等问题。

进入21世纪，中国企业进一步到叙利亚进行投资建设。2000年9月，由中国机械进出口总公司下属中机润达公司与美国米德兰公司及叙利亚轮胎生产公司三方合资兴建的轮胎厂项目开始动工兴建。这是当时中国企业在叙利亚投资的最大项目，叙利亚政府对此项目十分重视，给予诸多便利，以期吸引更多的中国企业在叙利亚兴建工业项目。2006年，中国公司承建叙利亚通信、纺织等领域的多个项目进展顺利，其中大马士革校园网、海关集装箱检测设备交付使用，代尔祖尔棉纺厂改造取得成效。2008年1月9日，中国驻叙利亚大使同叙利亚国家计划署署长签署了关于中国援建叙利亚"友谊桥"项目的换文。根据双方协议，叙方将使用中方优惠贷款，在叙东北部代尔祖尔省建设一座横跨幼发拉底河的大桥。2009年，中叙两国在能源、基础设施建设等领域展开了密切的合作。中兴通讯股份有限公司、华为技术有限公司在叙利亚网络和通信项目建设中的业务规模不断扩大。

自2011年叙利亚内战以来，中国对叙利亚的投资合作仍未中止。据中国商务部统计，截至2011年年末，中国对叙利亚非金融类直接投资达1 483万美元。在叙利亚开展合作业务的主要中资企业有中石油、中石化、中材建设、中兴、华为、平高集团、四川机械设备公司等。因受叙利亚国内安全局势的影响，2014年外国直接投资表现为零投资

或负投资。随着内战的加剧，2015年中国对叙利亚新签合同额出现下滑。据中国商务部统计，2017年中国对叙利亚直接投资53万美元。截至2017年年末，中国对叙利亚直接投资存量为1 031万美元。

（二）中叙投资与基础设施建设合作的领域

从中叙投资与基础设施合作的历史看，中国对叙投资主要集中在劳务合作类的承包工程、工业制造、电力和交通运输等基础设施建设的合作，以及电信和高科技领域的合作。

1. 承包工程的互利合作

中国与叙利亚投资的互利合作最早开始于劳务承包工程的建设。1981年，中叙双方就开展了劳务合作的承包业务。1983—1986年，中国在叙利亚承包工程营业额为5万美元，劳务合作营业额为8万美元。此外，双方还开展了经济技术等方面的互利合作，主要项目包括迪什林水电站、阿勒颇"十月"水电站、杰布莱棉纱厂、迈哈德电厂改造等。中国纺织工业对外经济合作公司承建的杰布莱棉纱厂项目，年产纱2.4万吨，合同总价为1.825亿美元，项目于2002年5月初步移交，2005年5月全部结束。截至2007年年底，中国在叙累计完成承包工程营业额4.18亿美元，累计完成劳务合作营业额185万美元，在叙利亚劳务人员总数484人，主要分布在建筑业。

自叙利亚内战以来，中国企业一直参与叙利亚承包工程的建设。2011年，中国企业在叙利亚新签承包工程合同45份，新签合同额3亿美元，完成营业额1.19亿美元；当年派出各类劳务人员444人，年末在叙利亚劳务人员329人。2012年，中国公司新签大型工程承包项目，包括中材建设有限公司承建叙利亚UCG水泥生产线项目、江苏恒远国际工程有限公司承建叙利亚阿尔巴迪亚水泥厂（ABC）项目等。2017年，中国企业在叙利亚新签承包工程合同1项，新签合同额310万美元，完成营业额62万美元。

2. 工业制造领域的投资合作

早在1971年12月13日，中国就援助叙利亚建设了大马士革纺织厂，由此开辟了双方工业投资合作的先河。中国在叙利亚的工业投资，主要有石油化工工业，电器生产线如哈马洗衣机生产项目（年产量5万台）和微波炉生产项目（年产量5万台），以及煤产品加工、服装制造、纺织专用设备制造、铁路机车车辆制造等。

1995年7月，叙中汽车制造公司在叙利亚塔尔图斯自由区建设汽车厂。自2003年起，中国汽车制造业开始进军叙利亚市场，经过不断地开拓与发展，至2006年，中国汽车占有叙利亚汽车市场约1/3的份额。2008年，叙利亚共销售汽车98 942辆，其中乘用车79 972辆，中国奇瑞销售量居第五位，达2 200辆，在乘用车市场占有率为2.75%。2017年，中国承诺向叙利亚工业投资20亿美元。2017年8月17日，众多中国汽车企业参与第五十九届大马士革国际博览会，包括一汽、奇瑞、比亚迪、北汽、东风、江淮、长安、吉利等品牌，并展出多款样车，显示出中国汽车企业对叙利亚市场的浓厚兴趣。

3. 电力和交通等基础设施建设的合作

叙利亚与中方合作的项目主要集中在房屋、发电厂、堤坝、基础设施等项目的建设中，这为中国与叙利亚的制造业提供了充分的合作契机。内战以来，叙利亚电力供应极度紧张，中国与叙利亚加强了电力方面的合作。2018年10月，中国向叙利亚最大港口拉塔基亚捐赠了800台发电机。

中国与叙利亚在交通运输方面展开密切合作。1975年11月10日，中叙两国在大马士革签署了一项关于民用航空运输的协定。2004年4月6日，由湖北机械进出口公司通过投标为叙利亚承建的两艘集装箱船，在叙利亚海滨城市塔尔图斯港口交付使用，这是中国公司在中东地区首次成功实施的船舶项目。2011年4月6日，150辆中国客车抵达叙利亚塔尔图斯港，总价值达6.2亿叙利亚镑（约合0.132亿美元）。2019年6月20日，中国向叙利亚援助了100辆公交车，此项目不仅体现了中国与叙利亚的传统友谊，也将大幅提升叙利亚城市的交通运输能力，为民众出行提供便利。

4. 电信和高科技领域的合作

中国和叙利亚也开展了通信技术领域的投资合作。1963年，中叙两国就建立北京—大马士革的直达无线电报电路和直达无线对话电路达成协议。1998年，中兴公司在叙利亚设立办事处，已先后为叙利亚提供了全叙利亚第一个"综合光缆接入项目"，即语音、数据和宽窄带一体化接入项目，为大马士革郊区亚夫尔地区提供了"无线本地环绕WLL项目"，为叙利亚电信提供了全国智能网项目并先后两次扩容。

2004年10月，中兴公司与大马士革大学签订了改造该校网络的项目合同。2005年，中兴公司又为叙利亚提供了"下一代网络技术"，为叙利亚电信、网络升级和改造提供了范例。2006年6月13日，由中兴公司承建的大马士革大学校园网项目竣工交接仪式在该校隆重举行。2007年8月27日，中兴公司在叙利亚首都大马士革举行为期4天的3G无线通信产品展示会，叙利亚副总理达尔达里出席开幕式。达尔达里副总理表示，叙利亚信息和通信技术产业近年来发展迅速，将成为深化叙中合作的一个广阔平台，叙利亚政府欢迎更多的中国通信技术公司来叙利亚投资与合作。此外，中兴公司还为叙利亚培训了五六百名工程技术人员。

中国与叙利亚在高科技领域也有合作。2019年，中国向叙利亚提供了3集装箱包括"扫描仪"在内的高科技检查设备，以提高叙利亚海关的工作效率。

第二节　　"一带一路"建设与中叙能源合作

能源战略合作是中国在中东地区实施"一带一路"建设的主要项目。叙利亚既非富油国，也不是资源非常丰富的国度，但中国与叙利亚在能源开发与利用等领域却展开了密切的合作。叙利亚成为中国与中东富油国家能源合作的重要桥梁。

一、中叙能源合作的背景

中国与叙利亚展开能源合作有着重要的历史背景和现实因素。长期以来，叙利亚在中叙贸易往来中一直处于逆差状态。为了实现中叙贸易的平衡、解决巨大的贸易逆差，叙利亚政府决定向中国公司开放石油勘探市场，以便吸收中国公司的资金以及向中国增加出口石油。

此外，在"一带一路"建设的推进下，中叙两国不断加强石油、天然气等能源的开发与合作。叙利亚欢迎中国企业参与叙油气行业建设，希望中国在人员培训、设备援助等领域向叙利亚提供更多的支持。

❧ 二、中叙能源合作的成果

中国与叙利亚在能源领域的合作，主要集中在石油、天然气的开发、利用与加工方面。

中国与叙利亚在石油领域的合作主要有三个方面：

一是购买原油。2003年，中石化伦敦公司向叙利亚购买原油64.5万吨，金额为1.38亿美元，其中直接销往中国的原油为7.9万吨，金额为1 362万美元，这是叙利亚原油首次出口到中国。

二是油田开发和原油加工。2003年3月2日，叙利亚石油部、国家石油公司与中国石油天然气勘探开发公司签署了对叙利亚戈贝比油田二次开采项目的合同。该合同规定中方投资约1亿美元，合同承建期为25年，将戈贝比油田日产量从4 000桶提高到10 000桶。这一合同标志着中叙能源合作跃上了一个新的台阶。2004年7月26日，中叙两国的第一个石油联合作业公司——中叙考卡布石油公司（SSKOC）在大马士革正式宣布成立，该公司在叙利亚投资的油田日产量约为1.2万桶。2008年4月，中石油与叙利亚石油和矿产资源部签署了多项协议，双方决定成立合资公司，在叙东部兴建一家年加工能力为500万吨的炼油厂。2016年，中石油在叙东北部的哈塞克省开发吉贝萨油田项目。

三是提供石油勘探、开采设备和油田服务。2003年，中国石油天然气技术开发公司、中石化第四建设公司等参加叙石油工程建设及供应石油机械和设备的投标项目，中标850万美元，主要包括油罐项目、输油管项目，以及提供油泵、电潜泵、管件、阀门等机械设备。2009年3月，中叙签署协议，叙利亚向中国建筑技术开发总公司购买7套石油勘探和开采设备。

第三节　中叙投资与基础设施建设合作的挑战与前景

中国企业到叙利亚进行投资与基础设施建设，符合叙内战后重建的需要，中国在基础设施建设方面有充足的技术、产能和资金，可以帮助叙利亚人民摆脱经济重建的困境，从而带动双方经贸合作的发展。然而，叙利亚国内基础设施较差，国内信息网络水平滞后，西方国家等外部制裁以及国内局势的不明朗等因素，制约着中叙两国未来投资与基础设施建设合作的发展。

一、中叙投资与基础设施建设合作的风险与挑战

2018年以来，中国企业到叙利亚投资受叙利亚国内恐怖主义活动的威胁较大。同时叙利亚的投资环境也存在着变数，技术和服务基础建设无法适应引资要求，影响到投资的持续发展。

第一，叙利亚国内依然存在的政治风险，成为中叙开展投资合作的重要障碍。当前，叙利亚政治环境不甚稳定，内战尚未彻底结束，恐怖活动仍时有发生。由于叙长期的内战破坏，以及国内安全形势堪忧，中国在叙利亚的投资也遭到了巨大的干扰。中国商务部提醒中国企业和人员审慎赴叙利亚开展投资合作；在叙利亚的中国企业和人员切实加强安全防范，尽量压缩员工人数，并与中国驻叙使馆保持联系。

第二，随着叙利亚石油产量的下降，以及反政府武装和库尔德武装仍控制着叙重要油田，严重影响到中国与叙利亚的石油开发合作项目。内战前，中国的油气企业在叙利亚境内进行了一定的勘探，并且投入了一定的资金。但是随着叙利亚内战的爆发，叙国内局势不稳，一些中国在叙利亚的油气合作项目不得不终止。

第三，叙利亚面临国际制裁，使得叙利亚的对外贸易困难重重。2011年叙利亚内战爆发后，西方国家宣布对叙实施石油禁运等经济制裁，使得叙利亚同国际社会的原油交易几乎陷于停滞。这也影响到中国与叙利亚的原油交易。

第四，在承包工程合作方面，中国企业在叙利亚开拓承包市场，需要做好风险预判，保证人员和项目安全。在做好市场调研和可行性研究的基础上，结合自身优势，选择效益好、叙利亚急需的项目进行开拓。值得注意的是，当前叙利亚重建资金缺口巨大，很多项目需要承包商带资承包，这又给中国企业增加了一定的资金风险。

总之，当前叙利亚的安全状况仍然脆弱，对叙利亚投资容易受到不稳定的社会治安状况的困扰，安全风险较高，贸然地、大规模地参与叙利亚重建需慎重考虑并权衡利弊。但作为负责任大国，中国有义

务在叙利亚重建问题中发挥相应作用。中国参与叙利亚重建应该始终秉持公正客观与合作共赢的原则,从相对安全和对重建而言较为迫切的领域入手,逐渐扩展至其他领域。中国参与叙利亚重建应着眼于基础设施的恢复和建设,双方在能源、医疗、交通、电力等基础设施领域有着广泛的合作空间。

✿ 二、中叙投资与基础设施建设合作的对策及建议

中国企业需要更准确地了解叙利亚的投资环境和各种政策法规,签订合理的投资协议,实现双方投资的共赢发展。中国企业投资叙利亚市场必须要了解当地的各项法律制度,有必要寻找好的法律咨询机构进行协助。同时,要正确选择拟注册的公司形式和经营范围。叙利亚高级投资委员会规定投资项目必须满足以下条件:符合国家发展计划;尽量利用当地资源;增加国内生产总值和就业机会;利用现代化机械和技术;有利于增加出口和减少进口;投资金额不得少于200万美元。这些规定是中国企业投资必须符合的条件。

中叙双方需要进一步加强基础设施建设及产业互联互通的合作。中叙两国在港口、铁路、航空领域互联互通进程的发展,有助于实现叙利亚基础设施的快速发展,从而深化中国与叙利亚的经贸合作。两国需要进一步加强能源基础设施互联互通合作,共同维护输油、输气管道等运输通道安全,推进跨境电力与输电通道建设,积极开展区域电网升级改造合作。

✿ 三、中叙投资与基础设施建设合作的前景

叙利亚在中东地区有着独特的辐射市场,能够带动中国企业加快对中东地区国家的投资合作和经贸往来。叙利亚辐射的市场范围主要是伊拉克、土耳其、伊朗、黎巴嫩、约旦、巴勒斯坦等周边国家及大阿拉伯贸易自由区成员国。叙利亚重视与周边国家的经贸往来和合作,是大阿拉伯贸易自由区成员国,与土耳其、黎巴嫩、伊拉克签有自由贸易协定,与欧盟签有合作协议。

虽然目前叙利亚投资环境还存在许多不足之处,但由于叙利亚正处在对外开放、经济发展的起步阶段,缺乏完整的工业体系,制造业水平较低,许多国有企业的现有设备相当陈旧,需要更新改造,对先

进的生产技术和设备有迫切的需求。随着叙利亚国内政治形势逐渐朝着稳定发展，战后重建问题也已展开，政府实行全面改革、振兴经济的决心很大，措施很多，这也是中国企业对叙利亚进行投资的较好机会。

　　然而，鉴于当前叙利亚局势仍不稳定，中国与叙利亚的投资与基础设施建设合作存在着诸多的不确定因素，许多项目的合作前景仍存在变数。

第十二章 "一带一路"框架下 中叙人文交流展望

中国与叙利亚的经贸合作发展，促进了双边人文的交流与合作，加深了双方对彼此文化的了解和认识，也加强了两国人民的友好交往。历史上，中国与叙利亚有着重要的贸易和文化交往。两国建交后，双方人文交流与往来愈加频繁，签订了多个文化合作的协定和执行计划，两国在艺术、教育和学术、新闻媒体、体育、文化等方面展开了有效的合作。叙利亚曾多次举办"中国文化周"活动，中国也举办了"叙利亚文化周"等大型活动。两国在人文领域的合作与交流，是中叙两国友好关系的基础。

第一节　中叙人文交流与合作回顾

自建交以来，中国与叙利亚的人文交流已逾60载，双方在新闻出版、教育、艺术、学术和科学等领域展开了密切的合作。中叙两国官方的文化交往和民间的人文交流，组成了两国人文交流与互动的重要形式。中叙两国在人文交流方面签订了多个官方的合作协定，从制度上保证了两国文化合作的顺利实施。

中国与叙利亚都是文明古国，都有着悠久的历史和文化。两国文化的传播与交流，成为两国人民友谊的重要见证。早在20世纪50年代，叙利亚出版社就出版发行过中国领导人的著作。叙利亚著名作家和诗人阿卜杜·穆恩·马鲁海为中国文学在叙利亚传播做出了重要贡献。从1954年起，他翻译出版了鲁迅、巴金、茅盾等数十名当代中国著名作家和诗人的作品。1954年，叙利亚邀请中国参加大马士革国际博览会，这是中国第一次参加在阿拉伯国家举办的博览会。1956年，中国文化艺术代表团访问了叙利亚等阿拉伯国家，中国杂技团在叙利亚进行了友好访问演出，为叙利亚人民带来了传统的中国戏剧、舞蹈、杂技和书法艺术，使叙利亚人民对中国文化有了更直观的认识，为中叙友谊和人文交流创造了新的良好开端。1957年9月30日，"中叙友好协会"成立，中国人民与叙利亚人民的友好关系进一步发展。1991年5月26日，两国在大马士革正式成立了"叙利亚-中国友好协会"，其主要职责是促进叙中两国人民的友好关系，增强叙利亚政府和人民对中国的认知和了解，向叙利亚人民介绍中国的语言、文化、历史和生活方式、风俗习惯，以及中国改革开放后在政治、经济、文化、科学等方面取得的成就。

从20世纪70年代中叶起到20世纪90年代，双方人文交流十分密切，签订了多项文化协定。叙利亚国家体育代表团、文化代表团、作家代表团、教育代表团、青年代表团，以及叙利亚翻译家苏海尔·阿尤布、戏剧导演穆罕默德·哈桑尼、高等戏剧学院院长哈桑·马利赫、阿萨德图书馆馆长等先后访问中国。中国政府文化代表团、群众文化代表团、青年代表团、作家代表团、图书馆代表团、手工艺代表团、教育代表团、文物代表团和男女柔道代表团也先后赴叙利亚访问。

进入20世纪90年代，中叙双方人文交流更为广泛，合作领域不断扩大，包括艺术节活动、文学交流、画展和各种文化代表团互访等。1993年6月，大马士革举办了中国国画展；叙利亚两名女画家访华并联合举办个人水彩画画展。1996年5月，大马士革举办了中国工艺品展。1997年5月，中国文物考察团访问了叙利亚，参观考察了叙利亚的文物古迹，叙利亚文物专家期待更多的中国文物代表团前来访问，并希望叙利亚的文明古迹能出现在中国的展览会上。1997年6月，叙利亚-中国友好协会代表团回访中国。1999年5月，叙利亚文化部部长纳加哈·阿塔尔率政府文化代表团访华。1999年9月，为庆祝中华人民共和国成立50周年，中国驻叙利亚大使馆和叙利亚文化部在大马士革联合举办中华人民共和国50年成就图片展和中国瓷器展。

进入21世纪，中叙两国文化交往愈加频繁。2000年3月，中国乒乓球、柔道教练到叙，在叙乒乓球协会、柔道协会中任教；4月，海南省少儿艺术团一行22人访叙演出；6月，应中国文化部邀请，叙利亚摄影艺术家阿卜杜·法塔哈赴华拍摄并于9月在阿萨德国家图书馆举办"一个叙利亚人眼中的中国"个人摄影展；11月，中央民族乐团一行30人访叙演出。2003年，中国文化部在叙利亚等国举办了"中国文化周暨海上丝绸之路泉州文化节"。2003年12月10日，中国文化代表团访问叙利亚。2004年，中国成功举办了"叙利亚文化周"，为中国人民了解叙利亚艺术和文明起到了媒介作用。2004年9月14日，为庆祝中华人民共和国成立55周年并参加大马士革第十一届"遗产文化节"，中国与叙利亚在大马士革联合举办了"锦绣中华"和"双面绣"艺术展。2006年6月，叙利亚文化部部长里亚德·伊阿率领叙利亚政府文化代表团访华，并出席阿拉伯艺术节。2008年10月，中阿友好协会代表团参加了在大马士革举行的第二届中阿友好大会。2010年6月，叙利亚文化部部长里亚德·伊阿来华出席第二届阿拉伯艺术节。此外，中国长期参加叙利亚大马士革国际图书展，以此将中国书刊传播到阿拉伯国家，为两国深入发展人文交流创造了条件。

近年来，在"一带一路"倡议推动下，中叙两国人文交流日益密切。2016年6月17日—19日，北京大学第十三届国际文化节之"叙利亚难民儿童画展及系列活动"成功举行，使更多的中国人了解了叙利亚难民儿童的生活。2017年5月，叙利亚文化部部长穆罕默德·艾哈迈德参加"一带一路"国际合作高峰论坛。

中国与叙利亚在官方层面签订了诸多文化合作的协定或文件，有力地保障了双方文化的交流与合作。

第二节　中叙人文交流与合作现状

中叙两国人文交流的领域较为广泛，合作形式主要有官方人文交流和民间人文交流。自1956年两国签订文化协定以来，中叙双方在教育与学术、艺术、新闻出版、医疗、卫生、体育，以及文化展览和会议等方面进行了广泛的合作和交流。进入21世纪以来，两国在文化、教育交流等方面进入了新的阶段。自2011年叙利亚内战以来，中叙两国人文交流日趋增多，双方政府高级文化官员和文化代表团、作家代表团、教育代表团先后互访，两国的民间艺术交流也非常活跃，如戏剧、歌舞艺术、电影等，有力地促进了两国的人文交流。

一、中叙教育交流与合作

教育交流是两国关系的重要组成部分。中国与叙利亚互派留学生和学者开展学术研修活动。根据中叙文化合作协定，自1963年接受中国留学生以来，叙利亚一直是阿拉伯国家中主要接受中国留学生最多的国家之一。1964年9月，中国首批留学生赴叙利亚学习阿拉伯语。自2001年起，中国每年向叙利亚派遣30名留学生，以语言本科生为主。叙利亚自1957年开始向中国派遣留学生。截至2018年，叙利亚在华有各类留学生600余人，以中文、医学类专业为主。

中国与叙利亚在高等教育的合作与交流方面也展开了一些活动，叙利亚高等教育部与中国高校和科研机构共同建立了培训中心或科技交流中心，促进了双边的科技与教育交流。1996年，中国电子工业部十一所部属大学与大马士革大学签订了向其提供4套激光设备、建立实验室、进行人员培训的合同。2000年3月20日—30日，叙利亚高等教育部副部长穆希丁·伊萨率叙利亚高等教育代表团访华。

进入21世纪以来，两国教育合作更加密切。2004年11月8日，中国教育部部长和叙利亚教育部部长在大马士革签订了"中叙三年高校文化协定"。2017年5月，叙利亚驻华大使伊马德·穆斯塔法在中国-阿拉伯交流协会上表示，希望能够与中国进一步发展教育方面的合作。穆斯塔法称："希望在叙利亚看到一所中国办的大学，相信在未来十年的发展合作中，会进一步发展中学、小学等。"2018年11月25日，叙利亚教育部副部长法赫尔·苏莱曼·穆拉克参加了由北京外国语大学举办的第二届"一带一路"教育合作论坛，穆拉克表示期待和"一带一路"沿线国家教育工作者深入对话，增加了解与互动。2019年7月16日，华东师范大学举行"2019年叙利亚中小学教育政策及课程发展研修班"开班仪式，共招收了来自叙利亚的20名学员。同年7月18日，叙利亚教育代表团一行20余人来到上海市黄浦区青少年科技活动中心参观交流。

中叙两国在文学语言方面也有较为深入的交流。2004年3月，经叙利亚外交部批准、中国教育部认可，大马士革汉语教学中心成立。

2005年8月18日，叙利亚大马士革汉语教学中心举行新一期初级班学员结业典礼。

二、中叙新闻出版交流与合作

中叙两国在新闻出版领域开展了友好合作。1975年8月，中叙两国签订了广播电视协定。1997年10月13日，中国广播电影电视部代表与叙利亚广播电视总局局长在北京签订了两国广播电视合作协议。叙利亚的大马士革出版社是60年来一直与中国保持友好联系的国际书店和文化机构，先后组织翻译出版阿拉伯文版的《毛泽东选集》一至三卷，毛泽东著作单篇等10余种图书。20世纪80年代，叙利亚对中国文学作品的翻译出版越来越多。1982年9月，叙利亚大马士革出版社与中国外文出版社合作出版了《三国演义》《西游记》等阿拉伯文版图书。此外，中国国际图书进出口总公司曾多次应邀参加大马士革书展，取得了很好的社会效果，为宣传中国的优秀文化和建设成就、加强中叙两国之间的友谊做出了贡献。

进入21世纪，两国新闻出版界互访较多。2000年10月15日—22日，由叙利亚新闻部出版审查司司长穆特兹·谢赫率领的叙利亚新闻代表团访华。2005年4月3日，中国新闻代表团访叙，同叙利亚新闻部部长马赫迪·达赫鲁拉举行会谈。达赫鲁拉表示，希望叙中两国新闻界的合作同其他领域一样得到进一步加强和发展，为两国业已存在的友好合作关系添砖加瓦。2007年10月18日，中国驻叙利亚使馆宴请叙新闻界人士，来自叙利亚广播电视总局、叙利亚通社、《复兴报》《十月报》《革命报》等主流媒体和《人民日报》、新华社驻叙利亚记者等20多人应邀出席。2008年4月23日—26日，在北京举行了首届"中国-阿拉伯国家新闻合作论坛"，叙利亚《革命报》主编艾斯阿德·阿布德、《大众报》主编艾哈迈德·纳贾尔出席了论坛。2009年12月，中国记者协会代表团对叙利亚进行了友好访问。

三、中叙艺术交流

中叙两国在艺术领域交流较为频繁，中国文化艺术代表团在叙利亚展现戏剧、歌舞、杂技等各种形式的艺术。与此同时，双方还在影视艺术方面互相交流。

　　中叙两国在戏曲和歌舞艺术方面交流频繁，尤其是中国的文化艺术代表团到叙利亚演出，赢得了叙利亚人民的赞赏。1965年，中国歌舞团和中国杂技团访叙。1966年，中国民间歌舞团一行50人访叙，叙利亚副总理兼外交部部长马胡斯、内阁部长等观看演出并祝贺演出成功。1999年10月29日—11月22日，江苏省京剧院出访团一行21人赴叙利亚，演出了《三岔口》《闹天宫》《青石山》等折子戏和古典乐曲《夜深沉》。2002年4月，叙利亚高等戏剧学院邀请中国京剧表演艺术家到校讲学一个月，并举办了《中国京剧脸谱展》。为庆祝中叙建交50周年，2006年12月6日—12日，南京市艺术团一行36人对叙利亚进行了访问演出。2008年4—6月，首届"中国艺术节"在叙利亚举行，标志着中叙互办艺术节机制的正式启动。2008年5月28日—6月4日，湖南省杂技团在叙利亚大马士革国家剧院阿萨德艺术宫举行演出。为加强中国与叙利亚的人文交流，2009年12月16日，叙利亚大马士革国家剧院举行了"2009年阿拉伯海湾地区中国艺术节——湖南文化周"，叙利亚文化部部长和新闻部部长现场观看了演出，并给予了很高的评价。2010年5月6日—8日，中国中央歌剧院一行168人携歌剧《图兰朵》赴叙利亚，在阿萨德艺术宫连续演出3场，4 000多名观众观看了演出。应叙利亚文化部邀请，2011年4月16日，中国残疾人艺术团访问叙利亚，并在大马士革阿萨德艺术宫举行了演出。

　　中国与叙利亚在影视艺术方面也有交流，中国影片及演员、导演多次参加大马士革国际电影节，并屡次获奖，受到叙利亚人民的欢迎。自1981年第二届大马士革国际电影节起，中国多次派团或送片参加展演。1989年10月，电影《红高粱》在第六届大马士革国际电影节上被评为特别奖。1990年7月28日—8月17日，叙利亚在大马士革、拉塔基亚、阿勒颇等地举办中国电影周，中国电影代表团一行4人出席了开幕式。电影周共放映了《红高粱》《黑蜻蜓》《姣姣小姐》《侠女十三妹》《舞台姐妹》等6部中国影片。1990年8月1日，叙利亚文化部部长纳佳赫·法赫米接见中国电影代表团，双方进行了两次业务会谈，达成了几个原则性协议。1997年，在第十届大马士革国际电影节上，《黑眼睛》女主角扮演者陶红获得了最佳女演员奖。

　　进入21世纪以来，两国在电影领域展开了密切合作。2005年11月19日，中国电影代表团一行5人参加第十四届大马士革国际电影节。为祝贺中国电影诞生百年,第十四届大马士革国际电影节专门设立了"中国过去和现代的电影"放映单元,放映了《神女》《城南旧事》《老井》等22部各个时期中国电影的代表作。2009年3月10日,由中国广电总局电影局、叙利亚驻华大使馆、叙利亚国家电影总局主办的2009年首届中国叙利亚电影展在新世纪影院拉开序幕。2017年3月9日,由叙利亚文化部、中国驻叙大使馆联合举办的"中国电影周"在大马士革拉开帷幕。

❖ 四、中叙医疗卫生合作

内战以来,叙利亚医疗卫生事业严重受损,医生和护士人员、医疗设施极度缺乏,导致叙利亚人民看病治病极为困难。2016年以来,中国政府通过资助相关国际机构在叙利亚实施了一批援助项目,在改善叙利亚医疗卫生状况方面发挥了积极作用。

2017年5月15日,中国政府与红十字国际委员会签订协议,提供100万美元紧急资金专项援助,用于支持红十字国际委员会向叙利亚境内的流离失所者和返乡难民提供水、食品、临时住所和医疗服务等。同年11月16日,中国驻叙利亚大使馆向大马士革当地医院捐赠了一批医疗设备。

2018年3月7日,中国驻叙利亚大使馆向阿萨德大学医院捐赠残障设备,包括100台轮椅、100个助行器及200双拐杖。同年8月15日,中国红十字会代表团在大马士革为其援助的叙利亚儿童假肢康复中心挂牌。同年8月16日,中国红十字会在叙利亚首都大马士革向叙利亚交接医疗援助设备,此次交接的医疗援助是由两辆医疗大巴及两辆救护车组成的移动医疗单元。

❖ 五、中叙体育交流与合作

中叙两国在体育方面一直保持交流。1997年11月10日,中国国家体委主任、中国奥委会主席率团访叙,与叙利亚体育总会主席、叙奥委会主席在大马士革签订了1998—2000年体育合作协议,决定增进相互交往,协调两国在国际体育活动中的立场。2001年3月,国家体育总局一行3人访叙。同年5月21日,叙利亚体育总局主席努里·巴拉卡率叙利亚体育代表团访华。2006年10月11日,中国武术协会向叙利亚武术协会赠送武术器械，交接仪式在叙利亚体育总局举行。叙利亚体育总局局长费萨尔·巴萨利表示，叙中两国长期友好，感谢中国帮助叙援建了费伊哈体育馆等体育设施。叙利亚希望以2008年北京奥运会为契机，与中国进一步发展在体育方面的交流与合作。2010年11月12日—27日，第16届亚洲运动会在广州举行，叙利亚奥委会主席朱马率领包括官员、教练员、运动员等在内的共76人的代表团，参加了举重、摔跤、拳击、马术等12个项目的比赛。

六、中叙旅游合作

叙利亚历史悠久、文化灿烂、文化遗产丰富。随着中国与叙利亚经贸的发展，以及两国人文交流的深入，越来越多的中国人到叙利亚旅游参观，同时很多叙利亚人也来到中国观光。

进入21世纪以来，中叙双方旅游合作有所加强，通过举办各种文化艺术活动、签订旅游合作协议，推动两国旅游合作的发展。叙利亚文物总局重视发挥文物古迹在宣传本国历史、传统和公民进行爱国主义教育中的作用，同时也积极利用古迹遗址推动旅游业的发展。2002年9月，中国驻叙使馆和公派留学生参加了叙利亚举办的"泰德穆尔国际旅游节"活动。2004年6月，叙利亚政府文化代表团访华，成功举办叙利亚旅游文化周。2004年6月，中国与叙利亚签署了《中华人民共和国政府和阿拉伯叙利亚共和国政府旅游合作协议》。2006年12月19日，叙利亚驻华大使与中国国家旅游局副局长在北京共同签署了有关旅游的谅解备忘录，迈出了叙利亚成为中国公民组团出境旅游目的地的重要一步。2007年10月23日—28日，叙利亚举办第六届"丝绸之路艺术节"。"丝绸之路艺术节"系叙利亚旅游部主办的大型旅游宣传活动，旨在展示叙利亚古老文明，促进叙利亚旅游业发展。中国使馆积极参与此次艺术节活动，精心准备了中国工艺品、图书和影像资料参展，受到来宾们的欢迎。

自2011年内战以来，叙政府对到叙利亚旅游的规定较为严格，如无叙利亚公司邀请，又无旅行社组团通知，叙利亚移民局将不允许其进入叙利亚境内，或扣留护照。截至2019年10月，叙利亚与中国没有直达航班，中国游客赴叙利亚需要经过迪拜、多哈、莫斯科、巴黎等地转机。

第三节 中叙人文交流展望

　　自建交以来，中叙两国交往已跨越63年，双方越来越意识到人文交流与合作对于促进双边友好关系的重要性。尽管当前叙利亚局势仍不十分稳定，可是两国人文交流和文化交往的步伐不会停止，双方的文化合作与发展前景充满光明。

一、中叙人文交流的特点

　　中叙人文交流呈现出层次较高、互访频率大、效果好、形式多样化等特点。

　　第一，双边高层文化代表团互访频繁，反映了双方重视了解对方的文化，对达成文化互信有重要作用。

　　第二，除官方交流外，两国民间人文交流也很活跃，如中叙友好大会、中阿合作论坛等都是民间交流的良好平台。

　　第三，中叙两国人文交流范围较广，涉及教育、医疗卫生、体育、新闻出版、影视、旅游等方面。

　　第四，艺术交流是中叙人文交流的重头戏，双方在杂技、电影、戏剧和歌舞、造型艺术等方面展开了密切的合作。中国各类艺术团体访问叙利亚，在叙利亚多次举办"中国艺术节"活动，并在叙利亚举办了中国国画展、民间年画展、木版水印画展、剪纸展、陶瓷展、文明史展、摄影展、京剧脸谱展等，向叙利亚人民展示了中国传统文化的精髓。

　　总的来说，中叙两国人文交流以官方为主、民间为辅，这一点为未来中叙人文交流的深化奠定了基础。

二、中叙人文交流的展望

　　未来的中叙两国人文交流仍应建立在平等和相互尊重的基础之上，这符合双方人民交流情感、沟通彼此的意愿，有助于深化中叙两国人民的友谊。中叙两国都是拥有数千年文明史的古国，文化的遗迹和文明成果，包括有形文化和无形文化、物质文化和非物质文化遗产，是双方人文交流的宝贵资源。

中叙两国人文交流中必须弘扬中国传统文化的优良美德，即以和为贵、包容含蓄、友善天下的文化理念，人文交流中也必须考虑叙民众的文化欣赏水平、娱乐习惯和社会风俗。在文化互动中，双方要积极吸收彼此的优秀文化，在合作中促进双方文化的发展，实现文化共赢的目标。

为促进中叙人文交流的深入发展，需要从以下几个方面入手，拓展双方更深层次的人文交流与合作：

第一，积极向叙利亚推介更多真实反映中国现状、展现中国形象的文化、艺术精品，加强对中国文化和伊斯兰文化典籍的互译工作。

第二，进一步多层次、全方位地拓宽中叙两国民间的群众性人文交流空间，鼓励双方群众性的人文交流，开展形式多样的双边文艺交流项目，如歌舞、杂技、武术、影视和艺术展览等，以此增进两国人民的相互了解。

第三，推动中叙从单纯的人文交流走向深层次合作。中叙可以合作共同开发文化产品和文化产业市场，使中叙双边文化达到双赢的结果。

总之，未来的中叙人文交流与合作拥有很大的潜力和前景，需要双方加大更深层次、更加务实的文化合作，以此促进两国人民的友好往来。

参考文献

[1] 戴维·瓦尔德纳. 国家构建与后发展. 刘娟凤，包刚升，译. 长春：吉林出版集团有限责任公司，2011.

[2] 高光福，马学清. 列国志：叙利亚. 北京：社会科学文献出版社，2010.

[3] 哈全安. 中东史：610—2000. 天津：天津人民出版社，2010.

[4] 马丽蓉. "一带一路"软环境建设与中国中东人文外交. 北京：社会科学文献出版社，2016.

[5] 摩西·马奥茨. 阿萨德传. 殷罡，吴静仪，吴薇，等，译. 北京：世界知识出版社，1992.

[6] 穆希基诺夫 H A，等. 现代叙利亚. 祝诚，邬翊光，贾旺尧，编译. 北京：北京出版社，1981.

[7] 彭树智. 阿拉伯国家简史. 福州：福建人民出版社，1999.

[8] 彭树智. 二十世纪中东史. 北京：高等教育出版社，1991.

[9] 彭树智. 伊斯兰教与中东现代化进程. 西安：西北大学出版社，1997.

[10] 彭树智，王铁铮. 中东史. 北京：人民出版社，2010.

[11] 彭树智，王新刚. 中东国家通史：叙利亚和黎巴嫩卷. 北京：商务印书馆，2003.

[12] 时延春. 大使眼中的叙利亚. 北京：世界知识出版社，2014.

[13] 时延春. 中国驻中东大使话中东：叙利亚. 北京：世界知识出版社，2013.

[14] 王新刚. 20世纪叙利亚：政治经济对外关系嬗变. 西安：西北大学出版社，2003.

[15]　王新刚，等. 现代叙利亚国家与政治. 北京：人民出版社，2016.

[16]　严庭国. 当代叙利亚社会与文化. 上海：上海外语教育出版社，2006.

[17]　杨光. 中东黄皮书：中东发展报告 No.18（2015—2016）. 北京：社会科学文献出版社，2016.

[18]　伊萨特·阿尔-努斯，等. 叙利亚地理与历史概要. 马肇椿，译. 北京：生活·读书·新知三联书店，1974.

[19]　赵国忠. 简明西亚北非百科全书：中东. 北京：中国社会科学出版社，2000.

[20]　BESHARA A. The origins of Syrian nationhood：histories，pioneers and identity. Abingdon，Oxon；New York：Routledge，2011.

[21]　CHAITANI Y. Post-colonial Syria and Lebanon：the decline of Arab nationalism and the triumph of the state. London：I.B. Tauris，2007.

[22]　CHOUEIRI Y M. State and society in Syria and Lebanon. Exeter：University of Exeter Press，1993.

[23]　DAM N V. The struggle for power in Syria. London：Croom Helm，1981.

[24]　DAM N V. The struggle for power in Syria. London：I. B. Tauris，2011.

[25]　DAVID T. Syrian Christians under Islam：the first thousand years. Boston：Brill，2001.

[26]　DEVLIN J F. The Ba'th Party：A history from origins to 1966. California：Hoover Institution Publications，1976.

[27]　FFIEDMAN Y. The Nusayri-'Alawis：an introduction to the religion，history and identity of the leading minority in Syria. Boston：Brill，2010.

[28]　GAUNSON A B. The Anglo- French clash in Lebanon and Syria：1940-1945. Hampshire：St. Martin's Press，1987.

[29]　HADDAD B. Business networks in Syria：the political economy of authoritarian resilience. California：Stanford University Press，2012.

[30]　HANNA B. Syria's peasantry，the descendants of lesser rural no-

tables, and their politics. New Jersey: Princeton University Press Princeton, 1999.

[31] HINNEBUSCH R A. Authoritarian power and state formation in Ba' thist Syria. Colo: Westview Press, 1990.

[32] HINNEBUSCH R A. Peasant and bureaucracy in Ba' thist Syria: the political economy of rural development. Boulder: Westview Press, 1989.

[33] HITTI P K. History of Syria: including Lebanon and Palestine. London: Macmillan, 1951.

[34] HOURANI A H. Syria and Lebanon: a political essay. London: Oxford University, 1946.

[35] HOURANI A H. Minorities in the Arab World. London: Oxford University Press, 1947.

[36] IGOR A M. The economic impact of the Syria crisis: Lessons and Prospects. Beirut: Arab Scientific Publishers, Inc, 2018.

[37] JABER A, Kamel S. The Arab Ba' thist Socialist Party: history, ideology, and organization. Syracuse: Syracuse University Press, 1966.

[38] JORDI T. Syria' s Kurds: history, politics and society. Abingdon, Oxon; New York: Routledge, 2009.

[39] Khatib L. Islamic Revivalism in Syria: the rise and fall of Ba' thist Secularism. London, New York: Routledge, 2011.

[40] LESCH D W. Syria: the fall of the Assad. New Haven and London: Yale University Press, 2012.

[41] LONGRIGG S H. Syria and Lebanon under French mandate. London: Oxford University Press, 1958.

[42] MCHUGO J. Syria from the Great War to Civil War. London: Saqi Books, 2014.

[43] NORDBRUCH G. Nazism in Syria and Lebanon: the ambivalence of the German option, 1933- 1945. Abingdon, Oxon; New York: Routledge, 2009.

[44] ÖZBERK M K. Nationalist Ideologies in Syria: 1970-2000. Saar-

brücken: LAP LAMBERT Academic Publishing, 2010.

[45] PEDRO R. The Soviet- Syria relationship since 1955. Boulder: Westview Press, 1990.

[46] PERTHES V. The political economy of Syria under Asad. London, New York: I. B. Tauris, 1995.

[47] PETRAN T. Syria: nation of the modern world. London: Ernest Benn Limited, 1972.

[48] RADWAN Z. Power and policy in Syria: intelligence services, foreign relations and democracy in the modern Middle East. London: I. B. Tauris, 2013.

[49] RAMI G. Syria and the doctrine of Arab Neutralism: from independence to dependence. Brighton, Chicago, and Toronto: Sussex Academic Press, 1988.

[50] SAMI M. Syria and the USA: Washington's relations with Damascus from Wilson to Eisenhower. Macmillan: Palgrave, 2012.

[51] SEALE P. Asad of Syria: the struggle for the Middle East. Berkeley: University of California Press, 2011.

[52] SUSAN M D. Bashar al- Assad. New York: Chelsea House Publishers, 2005.

[53] TREVOR B. Ancient Syria: a three thousand year history. London: Oxford University Press, 2004.

[54] VICTOR L, ELIEZER S. Foreign aid and economic development in the Middle East: Egypt, Syria, and Jordan. New York: Praeger, 1990.

[55] YAPP M. The Near East since the First World War: a history to 1995. London: Longman, 1996.

[56] YOUSSEF C. Post-colonial Syria and Lebanon: the decline of Arab Nationalism and the triumph of the state. London: I.B. Tauris, 2007.